万千
教育

民主主义与教育

Democracy and Education: An Introduction to the Philosophy of Education

【美】约翰·杜威 著
陶志琼 译

中国轻工业出版社

图书在版编目（CIP）数据

民主主义与教育／（美）杜威（Dewey, J.）著；
陶志琼译. —北京：中国轻工业出版社，2014.5
（2022.2重印）
ISBN 978-7-5019-9500-4

Ⅰ. ①民… Ⅱ. ①杜… ②陶… Ⅲ. ①实用主义
教育思想–文集 Ⅳ. ①G40-02

中国版本图书馆CIP数据核（2013）第252022号

总 策 划：石 铁
策划编辑：吴 红　　责任终审：杜文勇
责任编辑：吴 红　　责任监印：刘志颖

出版发行：中国轻工业出版社（北京东长安街6号，邮编：100740）
印　　刷：三河市鑫金马印装有限公司
经　　销：各地新华书店
版　　次：2022年2月第1版第7次印刷
开　　本：710×1000　1/16　印张：23.50
字　　数：275千字
书　　号：ISBN 978-7-5019-9500-4　定价：42.00元
读者热线：010-65125990，65262933　传真：010-65181109
发行电话：010-85119832　传真：010-85113293
网　　址：http://www.chlip.com.cn　http://www.wqedu.com
电子信箱：1012305542@qq.com
如发现图书残缺请与我社联系调换
130480Y1X101ZYW

导　读

一、《民主主义与教育》的内容构成

《民主主义与教育》一书共有26章。

第1—6章的内容分别为“教育是生活的必需品”、“教育具有社会作用”、“教育作为指导”、“教育即成长”、“准备、展现和形式训练”、“教育即保守与进步”。这6章从非正规化的教育谈到学校的兴起，从普遍意义的角度对教育的社会作用及目前各种学校教育目的存在的缺陷进行了剖析，并指出了学校教育改革的方向——向进步的教育迈进。

本书第7—23章研究了民主主义社会所包含的思想及其运用到教育中所做的种种努力，阐明教育在向年轻一代传授知识和经验、培养其品格时的作用。第7章论述“教育中的民主概念”，第8章探讨了适合民主主义社会的“教育的目的”，第9章对历史上出现过的两种教育目的观，即“以自然发展和社会效能感作为教育目的”进行了剖析。为了建设和促进民主主义社会而进行的教育是如何对待“兴趣与训练”、“经验与思维”、“教育中的思维”、“教学方法的性质”和“教育内容的性质”的呢？对这些问题的探讨就构成了本书第10—14章的内容。适合民主主义社会的教育内容又是怎样的呢？本书第15—17章分别探讨了“课程中的游戏和工作”、“地理和历史的意义”及“学习课程中的科学”这些问题。但把民主的标准运用在教育实践过程中时遭遇到了种种限制，因此本书第18—23章分别对这些限制进行了探讨：“教育的价值”、“劳动和闲暇”、“知识性科目和实用性科目”、“自然科目和社会科目：自然主义和人文主义”、“个人与世界”和“教育与职业”。本书第 24 章“教育哲学”对前面各章涉及的哲学上的争论进行了回顾，进而探讨了杜威所认为的实用主义哲学的性质，把哲学解释为一般化的教育理论。本书第 25 章和第 26 章从认识哲学（即“知识论”）和道德哲学（即“道德论”）两方面对前面所探讨的内容进行了总结。

《民主主义与教育》被视为教育理论的经典名著，进步主义教育的理论总纲，是在倡导科学与民主的时代背景下阐述的民主主义社会的理想及实现该理想的教育方略。

二、《民主主义与教育》中的主要观点简析

杜威在《民主主义与教育》（*Democracy and Education*）的副标题“教育哲学导论”（An Introduction to the Philosophy of Education）中所表达的教育思想观点是以实用主义哲学为基础的。下面将对杜威探讨的一些教育的根本问题进行简要的剖析。

（一）教育是什么？教育有什么用？

“教育是什么”这一问题是任何教育理论家都不能回避的问题。杜威在《我的教育信条》中提出：“一切教育都是通过个人参与人类的社会意识而进行的。这个过程几乎是个体在出生时就于无意识中开始了。它不断地发展个人的能力，熏染他的意识，形成他的习惯，锻炼他的思想，并激发他的感情和情绪”，“唯一的真正教育是通过对儿童能力的刺激而来的”[①]。在杜威那里，对“教育是什么”的回答其实就是对“教育有什么用”的回答：就个人而言，教育是发展个人的能力、熏染个人的意识、

---

① 杜威．学校与社会·明日之学校 [M]．赵祥麟，任钟印，吴志宏，译．北京：人民教育出版社，1994：1.

形成个人的习惯、锻炼个人的思想并激发个人感情的过程，教育会通过增进和改造个人的经验来使人获得成长、发展。就人类而言，教育是人类社会生活得以延续的需要。就社会而言，教育是社会进步的手段。

1. 教育是人类社会生活的必需品。

人的高级社会生活包括习俗、制度、信仰、成功和失败、闲暇和工作。“就人类而言，信仰、理想的形成与改变，希望、快乐与痛苦的产生与消失，实践的重新创造，伴随着物质生命的更新。事实上，经验的延续是通过社会群体的不断更新得以完成的。教育从其最广泛的意义上讲，就是社会生活的延续。”（见本书第 2 页）

社会群体中的单个成员都会面临着不可回避的由生走向死的事实，这就决定了教育存在的必要性。“社会群体生活的延续需要博学、审问慎思、明辨笃行。人天生并不了解也不关心社会群体生活的目的和习俗，因此，必须使社会群体成员，特别是新生成员认识它们，并对它们产生强烈的兴趣。教育，也只有教育，才能够完成这个使命。”（第 3 页）社会通过传承过程而存在，“成年人与未成年人的成就不同，这就使教育未成年人变得必要且必需。”（第 6 页）社会生活通过上代把理想、希望、期待、标准和意见传承给下代从而得以延续下去。与人类相关的一切技术、艺术、科学和道德成就需要借助教育才能被掌握。

杜威认为，“不但社会生活本身的延绵不断需要教育和学习，而且共同生活过程本身也具有教育作用。这种共同生活，既扩充又启迪经验；既激发又丰富想象；对言论和思想的正确性和生动性承担着责任。”（第 6 页）

2. 学校是特殊的成长环境。

在发展水平不高的社会群体中，人们让未成年人参与成年人的活动，但随着社会文明的进步，未成年人的能力与成年人所关心的事情之间的距离越来越大。由此就从“广义的教育中区分出一种较为正规化的教育，即直接的教育或学校教育”（第 7 页）。因此，“有目的、有计划地训练的机构（即学校）和目的明确的内容（即课程），就被设计出来了，在此机构中讲授这些内容的任务则由委派的专门人员（即教师）来完成。”（第 8 页），正规的学校教育可以传承复杂社会的一切资源和成就，让未成年人在较短时间内获得系统化的经验，从而更好地适应社会生活。杜威认为，“教育哲学必须要解决的一个最为重要的问题就是，在非正规的和正规的、随机的和有意图的教育形式之间保持恰当的平衡。”（第 9 页）

“一个共同体或社会团体是通过不断的自我更新来维持的，这种自我更新过程，是通过对共同体中的未成年人实施教育使其获得成长来完成的。一个社会通过各种教育机构和非教育机构，把懵懂无知的、与社会格格不入的人改造成有用的社会资源，使其成长为身心健康的理想的社会管理者。在此意义上，教育过程就是抚养、培育和教导，这些词都含有关注一个人的成长条件的意思。”（第 11 页）未经设计过的环境即社会环境对一个人的“语言习惯”、“礼貌”、“美感和美的欣赏”会产生潜移默化的影响，这些用不着思考的习以为常，恰恰是我们通过和他人的日常交往的授受关系形成的。社会环境会通过个体的各种活动来塑造其行为、知识、能力倾向和情感倾向。

而学校教育则是对特定的社会环境的利用。“成人有意识地控制未成年人接受什么教育的唯一方法，就是控制未成年人的环境，他们在什么环境下活动，就在什么环境下思考和感受。我们从来都不会直接施教，而是通过环境间接施教。我们是通过随机的环境来施教，还是通过有目的地设计过的教育环境来施教，两者存在着非常大的区别。”（第 19—20 页）学校是特殊的环境，其“首要职责就是提供一个简化的环境，选择相当基本并能使青少年有所回应的种种特征，然后建立一个循序渐进的秩序，把先期学会的因素作为领会更为复杂的因素的手段”（第 21 页），学校这个特殊环境的职责还在于“尽可能地排除现存环境中的不利因素，以免影响儿童的心智习惯”和“使社会环境中的各种成分保持平衡，使每个人都有机会免受其所属社会群体的限制，并和更为广泛的环境建立生机盎然的联系”（第 21 页）。简而言之，学校对未成年人的成长而言，是简化的环境、净化的环境、平衡协调的环境。

学校教育对未成年人实施内在控制。儿童的本能冲动与其出生所在的群体的生活习惯存在着差异。因此，需要对他们进行指导或疏导。这种指导或疏导作为控制与身体受到控制并不一样；前者把在任何时间起作用的冲动集中到某种具体的目的上来，并使一连串的行为动作前后一贯、井然有序。在社会情境中，儿童必须以他人正在做的事情为参照来恰如其分地选择自己的行动方法。对行动的手段和目的达成共识，乃是社会控制的本质所在。这种社会控制是间接的内在控制，是情感控制和理智控制。学校教育的任务就在于借助认同兴趣和达成共识的方式来实现这种对未成年的受教育者的内在控制。“学校的任务就是营造一种环境，使在这种环境里进行的游戏和工作能促进学生的智力和道德的成长”（第 199 页），学校为了充分发挥其效用，便给受教育者创造更多的机会参与共同活动，通过共同活动使受教育者自己的力量及其所使用的材料和工具，都获得社会的意义，进一步让受教育者成为适应民主主义社会生活的人，成为维持民主主义社会良性运转的人。

3. 教育是通过经验的重组来实现生命成长的。

杜威认为，“生命就是发展；不断发展，不断成长，就是生命。用教育术语来讲，就是：（1）教育过程本身就是目的，教育过程之外不存在目的；（2）教育过程是一个持续重组、持续建构和持续转变的过程。”（第 51 页）“成长能力的大小既依靠别人的帮助，也需要借助于自己的可塑性。”（第 54 页）可塑性或从经验中学习的能力，就是形成习惯的意思。习惯使得我们能够控制环境，并且能够为了人类的利益而利用环境。习惯有两种表现形式：一种形式是习以为常，另一种形式是主动地调整自己的行动，以便能够应付新的情况。前一种习惯提供成长的背景；后一种习惯构成持续不断的成长。主动的习惯包含思维、创造发明和运用各种能力实现新目标的主动精神。因为成长是生命的特征，所以教育就是促进生命的不断成长；在它自身以外，没有别的目的。学校教育的价值及其标准，就是看其能否激发持续成长的愿望，能否提供实现这种愿望的方法。既然“教育过程就是一个持续不断的成长过程，每个成长阶段的目的都是为了增强成长能力”（第 55 页），那么，从此种意义上讲，把教育看作为某种将来的职责或权益所做的准备、把教育看作从内部的展开、把教育看作进行某些官能的训练、把教育看作心灵的塑造、把教育看作文化复演等观点则有失偏颇，杜威对其进行了批判性分析。教育即促进生命成长这种教育观认为，“教育就是经验的持续不断的重组或重构”，“这种经验重构或重组既能增强经验的意义，又能提升指导后续经验进程的能力”（第 77 页）。经验的重构既可以是社会的，也可以是个人的。从社会的角度而言，“不断前进的社会想方设法塑造未成年人的经验，使其不复制现有的习惯，而是形成更好的习惯，使将来的成人社会更上一层楼”，“人们还设想使教育成为人类实现更加美好的希望的工具”（第 79 页）。从个人的角度而言，“教育的重组，要使学习的发生与智力有紧密联系，学习是有目的的活动。教育的这种重组是一项缓慢的工作，它只能通过点点滴滴、一步一个脚印的方式去完成”，“我们要勇敢地从事这项教育重组工作，并坚持不懈地进行下去”（第 139 页）。

（二）民主主义社会的特征是什么？

杜威提出的不断进步的社会不是柏拉图教育哲学理论中构想的由哲学王统治的社会，不是卢梭自然主义教育哲学理论中构设的尊重天性、忽略社会性的社会，也不是国家主义教育观中所指的以国家代替人类的社会，而是他所特别界定的有两个必备要素的民主主义社会：“第一个要素不仅有着数量更大和种类更多的可以分享的共同利益，而且更加依赖对作为社会控制因素的相互利益的识别。第二个要素不仅表示社会群体之间更加自由的互动（这些曾经处于隔离状态的社会群体有意要保持分离），而且意味着社会习惯的改变，通过适应由于各种交往而产生的新情况，社会习惯得以持续地重新调整。这两个特征正好就是民主意义上的社会的特征。”（第 86 页）杜威认为，“一个民主国家不仅仅是一种政府的形式；它主要是一种共处生活和共同交流经验的方式。”（第 87 页）在民主主义社会中，人人有充分的民主权利，有凭借理智方式充分交换意见的机会，能互谅互助，能和衷共济和合作共赢。与此同时，理想的民主国家充分尊重个体差异性，同时又注重共识、共同利益。在科技日益发达和生产日新月异的民主主义社会中，人人需要接受和享受教育，人人需要用科学知识来武装自己。“就教育方面而言，我们首先注意到，由于这种民主的社会生活方式实现了各种利益的相互渗透，在这种社会中特别注重进步或重新调整，使得民主主义社会比其他各种社会更有理由关心审慎的、系统的教育。”（第 86 页）

反过来说，这种“审慎的、系统的教育”即学校教育又为民主主义社会的实现提供了助力。杜威认为，学校是一个雏形社会，是受教育者养成适应民主主义社会生活品质的试验场，是人类实现更加美好的希望的工具。

（三）教学方法观和教育内容观

杜威认为，教学方法的因素与思维因素是一致的，“从理论上讲，没有人会怀疑在学校中培养学生良好思维习惯的重要性”（第 155 页），“教学的种种过程统一到什么程度，它们培养学生良好的思维习惯就重视到什么程度”（第 166 页）。杜威所讲的良好的思维习惯即适应科学试验和检验精神的反省思维习惯。能够培养这种良好思维习惯的教学方法与教育内容是一致的，“教学方法是一种艺术的方法，是受各种目的明智地指引的行动方法”（第 172 页）。从个人的态度角度来看，良好的方法有这样一些特点：“直接的态度，灵活的理智兴趣或虚心的学习意志，

目的的整合性，以及对包括思维在内的个人行动后果负责。”（第 182 页）

杜威认为，所谓教育内容，是由各种事实与各种观念构成的知识，“知识就是决定一个事物用于某种情境时对其各个方面的联系的洞察”（第 335 页）。知识意味着可以从更为广泛的习惯范围中做出选择。真正的知识会增强人的控制能力，会让人体验到更为丰富的意义。“知识在何处决定新经验时会起作用，我们就能在何处获得精神回报”（第 336 页），因此，学生所学的知识内容要具有社会性，“一个课程计划必须考虑学习内容要适应现有社会生活的需要；选择教育内容时，必须要以改善我们的共同生活为目的，使将来的生活比过去的生活更加美好”（第 194—195 页）。地理和历史是学校里的两大教育内容，能够用来扩充个人直接经验的意义：“历史阐明人类的含义，地理阐明自然的联系”（第 220 页）。而“科学代表的是经验中的认知因素的成果”（第 232 页），“科学在课程中必须发挥的职能就是它已经为人类履行过的职能：使人从局部的、暂时的偶然经验中解放出来，开辟没有被偶然的个人习惯和偏爱遮蔽的理智前景”（第 232 页）。“知识的作用就是使一个经验能够自由地用于其他经验之中。”（第 335 页）

但是，由于自由的交往和交流得不到保障，使得人们的知识观产生了片面性，使已有经验无法用于后续经验。实践的经验主义者脱离了远大目标的追求，他们的经验与功利密切相关；实践的理性主义者沉溺于冥想种种意义领域但并不积极地参与创造这些意义；现实主义者只是直接接触事物并且不得不使自己的活动适应这些事物；唯心主义者把事物的意义孤立起来并把其归入与事物隔离的宗教世界或所谓的精神世界；社会改造主义者关心社会进步并努力去改变已被接受的信仰；保守主义者抗拒变化和力保公认的真理。民主主义社会则为了保持社会的连续性，在原则上主张自由交往和交流，因而必须发展一种知识论，通过在一种知识中发现的方法，使一个经验能够给另一个经验提供指导和意义。这种知识论在教育上的相应表现就是，把在学校里获取知识与以共同生活为媒介采取的种种活动或职业活动联系起来。

（四）教育目的观

杜威的教育目的观建立在对历史上已有的几种典型的教育目的观的批判基础之上。杜威提出的是民主主义社会的教育目的。以自然天性发展、社会效能感或文化作为目的都不是良好的教育目的，当然不是民主主义社会的教育目的。杜威认为教育就是使个人继续其教育从而不断成长，“学习的目的和回报就是获得持续不断成长的能力”（第 100 页），因而教育没有别的目的，只有自身持续不断进行下去的过程。杜威指出，“我们最好提醒自己教育本身并无目的。只有人，如家长和教师等，才有目的；像教育这样的抽象概念并无目的可言”（第 107 页），目的意味着预见在一个特定情境中不同行动方式带来的不同结果，并运用这种预见去指导观察和实验。因此，良好的教育目的预示着更为自由、更加灵活的教育行动，它具备这样的特征：必须建立在一定的受教育者个体的内在活动与需要的基础之上；能够转化为与那些从事教育活动的人的种种活动相匹配的方法；教育者必须警惕所谓一般的目的和终极的目的。目的是对行动结局的预想，目的只是构想的结局而非达成的状态，教育者需要有一般结局的视野，它能打开人的眼界，对种种联系进行思虑，对各种手段进行广泛而灵活的观察，为活动准备多种行动方案，从而保持活动的连续性。

（五）教育价值观

价值有两个意思：一是指珍视一个事物的态度，发现事物具有内在价值；二是指进行比较和判断的理智行为。“有用性、文化、知识信息、为社会效能感做准备、心灵熏陶或潜能训练”（第 233 页），这些就是教育的价值。杜威认为，我们绝不可能把课程中的许多学科分成有内在价值的欣赏性科目和有外在价值的工具性科目。那么，“我们怎样才能有开阔的视野而不会牺牲执行效能感呢？我们怎样才能确保兴趣的多样化而不会付出被孤立的代价呢？我们怎样才能使个人运用他的理智而不会牺牲其理智呢？我们怎样才能使艺术、科学和政治在丰富的心灵中相互增强它们的作用，而不会牺牲其他事情来追求自己的目的呢？我们怎样才能使生活的兴趣和强化生活兴趣的科目去丰富人们的共同经验，而不会使人们互相分隔开来呢？”（第 249 页）这就需要打破教育价值的二元割裂。

教育价值的二元割裂现象中最为根本的割裂在于文化修养和实用性之间的割裂。这种割裂起源于古希腊时期的一种观念，即认为少数人能过真正的人的理性生活，多数人只能过欲望的劳动生活。这种观念在教育上的表现就是自由闲暇教育和实用职业教育之间的划分。民主主义社会要消除自由教育与功利教育之间的区别，就需要“把自由培养与有效且幸福地从事生产性职业的能力协调起来”（第 260 页），就需要构建一种学习课程，“从而使每个人都能在思想的引导下自由实践，并使闲暇成为接受服务责任的报偿而不是豁免服务所处的状态”（第 261 页）。杜威认为，如果社会要成为真正的民主主义的社会，就要树立广义的教育观，克服科学科目和人文科目的分离，“一个进步的社会会把个别差异视为珍宝，因为它会在个别差异中找到自己的发展手段。因此，一个民主主义的社会必须与这种理想保持一致，在各种教育措施中，要考虑到理智自由及各种不同的才能和兴趣所起的作用”（第 303 页）。杜威认为，现在的职业教育受到重视，因为“职业是唯一能把个人的特殊才能与其社会服务协调起来的事情”（第 306 页）。“在民主主义社会中，无论是体力劳动、各种商务性职业还是对社会所做的明确服务，都日益受到人们的尊重。”（第 310 页）一个人获得幸福的关键就是找到适合自己做并且有机会去做的事情。民主主义社会的教育价值追求就是个人才能与社会服务能够保持平衡。

（六）道德教育论

杜威认为学校教育的最高目的是道德教育目的，“品格培养是学校教学和训练的一个综合目标”（第 341 页），只有当正式的学习科目使人增长学问的同时也影响其品格的形成时，把道德目的作为教育的最高目的才有意义。学校教育要有助于“纪律、文化修养、社会效能感、个人的优雅、品格的提升”，衡量学校的价值标准就是看其通过社会精神所受到的鼓舞程度。学校本身在精神上要能代表真正的社会生活；学校的纪律、管理、秩序等是社会精神的体现；学校所用的方法对积极的创造能力的培养有吸引力。维持学校教育的这种能力就是道德本质所在。

一切能发展有效参与社会生活的能力的教育就是道德教育，“教育中令人向往的一切目标和价值本身就是合乎道德的……纪律、自然发展、文化修养和社会效能感都是道德的特征，都是教育工作所要造就的有价值的社会成员的标志。俗话说，一个人只做好人还不够，他还必须做一个有用的好人。必须做一个有用的好人的意思就是，他能生活得像一个社会成员，这样他在与别人的共同生活中所得到的与他为社会所奉献的就能保持平衡。作为一个人，作为一个有欲望、有情绪情感和有思想的人，他所接受的与所给予的不是外部占有物，而是拓展和深化有意识的生活——各种意义实现得更加强烈、更加训练有素和更加广泛。”（第 354 页）一个有用的好人首先是有德之人，有开放的心态、专心致志、真诚、见多识广、敢于承担所接受思想带来的后果的责任，能够通过在人生一切事务中与别人的交往而完全、充分地成为他所能够成为的人。“人做的是什么，他就是什么”，通过理想的道德教育让人成长为一个有用的好人，成为一个有参与社会生活、创造美好社会生活的能力的好人。这就是杜威推崇的民主主义社会的教育所要造就的并且对维护民主主义社会有用的好人。

三、对杜威教育思想的解读难免误读

教育即生活，教育即生长，教育即经验的改造，儿童中心论者，这几句话几乎成为评点杜威教育思想的口头禅。其实，与其说杜威是一个儿童中心论者，不如说他是一个社会中心论者更为恰当。杜威的教育理想蓝图，是为一个理想的社会即民主主义的社会而构设的，是为培养出适应这种民主主义社会的生活者而构设的。杜威的教育理想蓝图是以其实用主义哲学思想为基础的。美国实用主义研究的学者约翰·麦克德默特教授认为，如果对杜威毕生所从事的探究工作用比喻方式进行形容的话，杜威哲学就是一张苦心经营的、精心编织的蜘蛛网。杜威本人对这张网的接头、支点、轮廓和面貌等也许了如指掌，他自己可以在这张网上轻盈地上下翻飞、进出自如。然而，那些力图穿过这张大网绘制出路线图的人往往面临着被它永久粘住的危险。是啊，本人在阅读《民主主义与教育》这本书时，试图绘制出杜威教育思想体系构思的路线图，有一种道不清、说不透、走不出的苦闷感，似乎被他那密不可破的思维之网粘住了而无法动弹。

正如杜威所说的教育无结局、教育无止境一样，对杜威教育思想的探究也是永无止境的。

陶志琼

（宁波大学教师教育学院教授）

2014 年 1 月于宁波

目　　录

第 1 章　教育是生活的必需品

一、生活的更新依靠传承

生物以新陈代谢维持自己的生命，这是生物和非生物之间的最大区别。石头受到打击后会产生一个反作用力。如果这个反作用力大于打击力的话，其外表会保持原状；相反，石头则会被击碎。石头本身并不会对外来的打击做出有意识的反应，从而使自己得以完好无损地保存。石头本身更不会把打击变成自己持续活动的助力。生物则不一样，它虽然容易受到强力的打压，但它依然会想方设法把作用于自己的力量变成自己继续生存发展的助力。假如生物无法把外界的作用力变成自己生存发展的助力，那么，它不仅会遭遇粉身碎骨的命运（至少高等生物是如此），而且难以成为名副其实的生物。

只要生物有足够的承受力，它就会全力以赴地利用自己周围的力量，诸如光线、空气、水分和土壤，把它们变成保存自己的助力。只要生物持续不断地生长着，它就是在利用着周围环境的力量，而不是被环境力量利用。换言之，周围环境给它的助力大于阻力。我们在此意义上理解“控制”一词，就可以说生物为了自己的持续活动会去征服和控制周围的各种力量。只有掌控了这些力量，生物才得以延续生命。生命就是对环境力量采取的行动，并在此行动中实现自我更新。

一切高等生物生命的自我更新过程不可能一直不断地持续下去。到了生命的极限时，它们必须屈服，只能走向死亡。生命无法胜任没完没了的自我更新任务，但生命的延续过程并不是依靠任何一个生命个体延长生命来完成的。旧的生命终结，新的生命会诞生，生命的繁衍就是如此反复地进行着。尽管如地质学中所记载的那样，不但个体会消亡，而且物种也会灭绝，可生命的延续过程却以越来越复杂的形式进行着。一些物种灭绝，能够克服其劣势的新物种会随之诞生。生命的延续过程，就是生命对环境持续不断地重新适应的过程。

上述所谈的不过是最低层次的生活形式——物质生活形式。而我们在此运用“生活”一词，既表示个体经验，又表示种族经验，含义丰富。当我们读《林肯传》时，肯定不会期待里面有生理学的内容。但我们会希望书中有关于林肯所处的社会背景、家庭背景及职业状况的描述；希望有对林肯的性格如何形成的描述；希望有对林肯的奋斗经历及个人成就的描述；希望有对林肯的个人希望、爱好、快乐和苦难的描述。我们恰恰会以这样的方式去讲述一个原始部落的生活、雅典人的生活、美国人的生活。“生活”包括习俗、制度、信仰、成功和失败、闲暇和工作。

我们在此运用的“经验”一词，内涵与“生活”一样，非常广泛。生活概念适用于最低层次的生理活动，生理活动通过新陈代谢得以延续。这也适用于经验概念。就人类而言，信仰、理想的形成与改变，希望、快乐与痛苦的产生与消失，实践的重新创造，伴随着物质生命的更新。事实上，经验的延续是通过社会群体的不断更新得以完成的。教育从其最广泛的意义上讲，就是社会生活的延续。无论是在现代城市还是在原始部落里，其社会群体的每个成员都一样，不但生来孤立无援，而且生来处于不成熟状态，没有语言、信仰、观念和社会准则。作为社会群体的单个成员，虽然承载着群体的生活经验，但总有一天会走向死亡。而社会群体的生活则会持续下去。

社会群体中的单个成员都会面临不可回避的由生走向死的事实，这就决定了教育存在的必要性。一方面，现存社会群体中的尚不成熟的未成年人——群体未来的唯一代表——与掌握了该群体的知识与习俗的成年人之间形成了鲜明的对比；另一方面，这些未成年人不仅有必要保持足够的成员数量，而且需要掌握成年人所必需的兴趣、目标、知识、技能和行为。否则，该社会群体将停止其特有的生活方式，将不成其为社会群体。即使在原始部落，成年人的成就也远比未成年人要大。如果听任未成年人随心所欲地行事，那么，随着文明的进化，未成年人的本来能力与成年人的标准和习俗之间的距离就会拉大。仅靠未成年人身体的成长和掌控少量生命的必需品，并不能使社会群体的生活延续下去。社会群体生活的延续需要博学、审问慎思、明辨笃行。人天生并不了解也不关心社会群体生活的目的和习俗，因此，必须使社会群体成员，特别是新生成员认识它们，并对它们产生强烈的兴趣。教育，也只有教育，才能够完成这个使命。

社会通过传承过程而存在，恰如生物的生存。这种传承是指年长者把做事、思考和感知事物的习惯传给年轻人。如果正渐渐离开群体生活的社会成员不把理想、希望、期待、标准和意见传承给正要进入群体生活的社会成员，社会生活就不能继续存在。如果社会群体的成员能一直活着，他们可能会教育新生的成员，但这是以个人兴趣为导向的，而不是以社会需要为导向的。如今，教育是一项必要的工作。

如果一场瘟疫突然夺去一个社会群体所有成员的生命，那么这个群体必将永远消亡。社会群体的每个成员最终都会死亡，就如一场瘟疫会夺去该群体全体成员的生命一样确定无疑。但在正常的社会群体生活过程中，有老年人、有中年人、有小孩，有人死去，有人出生。在这种情况下，社会组织结构通过思想和实践行为的传承得以不断地更新和延续。当然，这种更新并不能自动完成。如果不能做到完完全全、彻彻底底地传承，那么，最文明的社会群体将会退化到野蛮状态，重回原始人的生活水平。其实，新生儿是如此的不成熟，如果无人为其提供指导和帮助，他们甚至连保全生命的能力也难以获得。人类的幼童与许多低等动物的幼崽相比，生存本能相差甚远，人类连维持生命所需要的力量也必须通过教导才能获得。由此可见，与人类相关的一切技术、艺术、科学和道德的成就就更需要教导才能掌握。

二、教育和沟通交流

社会的延续必须依靠教导和学习，这是显而易见的事实。我们似乎在对一个不言而喻的道理做过度阐述。当然，我们之所以再三强调，是为了避免过于学校化的和正规化的教育观念。学校教育是传承的重要方式，通过传承培养未成年人的各种能力。这固然没错，但学校只是传承的一种手段，与其他众多机构比较而言，还是一种比较表面化的手段。只有当我们意识到我们必须要有更为基本的和更为持久的教导方式时，我们才会把教育方法摆放在恰当的位置上。

与其说社会是通过传承和沟通得以持续存在的，不如说社会就是在传承和沟通中得以存在的。就“共同（common）”、“共同体（community）”和“沟通交流（communication）”这几个词而言，它们之间不仅仅在字面上存在着联系。人们因拥有共同的东西而生活在一个共同体内；沟通交流则是他们为了拥有共同的东西而运用的方法。为了形成一个共同体或社会群体，他们必须拥有共同的目的、信仰、期望、知识，即达成共识，也就是社会学家所说的志趣相投。这些东西不能像砖块一样，从一个人手里原封不动地传递给另一个人；也不能像分享馅饼那样，采用切成小块的办法分给他人。要形成一个共同体，必须保证人们进行沟通交流，以便相互了解，沟通交流可以促成相同情绪和理智倾向的产生，对期望和要求做出相同的反应。

人们相邻而居并不一定能成为同一群体，一个人也并不一定不受远在天涯的人的思想观念的影响。一本书或是一封信，可以使相隔几千里的人们心有灵犀一点通，产生天涯若比邻的心灵感应，而同住一室的人则可能同床异梦。从某种意义上讲，即使是为一个共同目的而工作的个体也不能构成一个社会群体。拿一部机器来说，它的各个部分在为一个共同的结果而进行最大限度的合作运转，但它们并没有形成一个共同体。而如果人们都认识到这个共同目的，且都关心这个目的，同时还在考虑为了实现这个目的应该如何调节各自的行动，由此，他们就形成了一个共同体。当然，这会涉及沟通的问题。每个人必须了解他人在做什么，同时必须想办法让他人知道自己在做什么以及做到什么程度了，以使大家达成一致意见。

当然，我们必须承认，即使在社会化程度很高的社会群体内部，也有许多关系的社会化水平并不高。在一个社会群体中，有很多人与人的关系仍旧处在机械呆板层次，为了得到所希望的结果，人们相互利用，而不会顾及所利用的人的情绪、情感、态度和能力。这种情况表明有某种优势可资利用：要么是物质上的优势，要么是地位上的优势，要么是知识、能力上的优势，要么是机械工具上的优势，要么是经济上的优势。就亲子关系、师生关系、老板和雇员的关系、统治者和被统治者的关系而言，他们仍旧处在利用层次这个水平，不管他们各自的活动是多么地密切相关，是多么地相互影响，都并没有形成真正的社会群体。他们之间是发号施令和接受命令的关系，虽然会改变行动和结果，但是他们之间并不存在共同的目的，并不会进行兴趣的交流。

社会生活不仅和交流完全相同，而且一切交流（即一切真正的社会生活）都具有教育性。做一个交流的接受者，就会获得更为广泛的和改变过的经验。一个人分享别人所想到的和所感受到的东西，他自己的态度就会多多少少有所改变。交流的发起者也会受到影响。你不妨试验一下，把某种经验，尤其是比较复杂的经验，完全地、正确地传递给另一个人，你将会发现，你对自己经验的态度也在发生变化；要是没有发生变化，你一定会突然惊叫起来。要交流经验，就必须形成经验；要形成经验，就要置身于经验之外，以另一个人的眼光来看这个经验，思考它和另一个人的生活有什么样的联系，只有这样，才能理解经验的意义。

在经验的交流中，除了论述平凡的事物和令人注目的话以外，必须要富有想象力地吸收他人经验中的一些东西，这样才有可能把自己的经验巧妙地告诉别人。一切交流都是艺术。因此，完全可以说，任何社会组织的安排，只要保持重要的社会性，或是充满活力，大家能分享到它的社会性和活力，那么对那些参加这个社会组织安排的人来说，都是有教育意义的。一个社会，只有当它形成一成不变的模式并且一切都只是照章办事时，才会失去它的教育力量。

总而言之，不但社会生活本身的绵延不断需要教育和学习，而且共同生活过程本身也具有教育作用。这种共同生活，既扩充又启迪经验；既激发又丰富想象；对言论和思想的正确性和生动性承担着责任。一个身与心皆与世隔绝的人，他很少甚至根本没有机会去反思自己过去的经验并提取经验的精华。成年人与未成年人的成就不同，这就使教育未成年人变得必要且必需。对教育的需要则产生了一个巨大的动力，即把经验按一定的顺序和形式进行整理，从而使其易于传承并且最为有用。

三、正规教育的地位

由上可知，一个人在与他人共同生活（只要他是在真正生活而非苟活）中所受到的教育，与未成年人有目的、有计划地受到的教育，显然有很大的区别。前者所接受的教育带有偶然性或随机性，是在自然状态下进行的。这种教育虽然重要，但并不是人们需要联合的准确原因。尽管我们可以毫不夸张地说，任何社会制度，无论是经济制度、家庭制度，还是政治制度、法律制度和宗教制度，其价值在于能够影响经验的拓展与改进，但这种影响并非它们的本来动因，它们的本来动因仅限于注重实际和直接的目的。比如说，宗教追求联合的动因在于获得统治者的恩赐；家庭生活追求联合的动因在于希望各种欲望能够得到满足，并且自己的家庭能够绵延不断、香火不绝；劳动追求联合的动因主要是为了役使他人，等等。当然，一种制度会带来额外的收获，会提高生活的认识水平，会提升生活的质量，其效果并不显著，只会逐渐被意识到。把这种效果当作实施一种制度的指导因素从而被人们意识到，更是一个缓慢的过程。即使在今天这样一个工业社会中，除了勤奋和节俭的价值观念成为大家的共识之外，人们在各种世俗工作中所开展的各种各样的联合形式，想要得到理智的回应和情感的共鸣，与对物质产品的态度相比较，前者受到的关注则要少得多。

可对于未成年人来说，事实上他们是处在共同生活的环境中的，共同生活对其人生非常重要。我们在和未成年人打交道的时候，比较容易忽视我们的言行举止会对他们的社会倾向产生影响，或者说，我们不会认为这种隐性影响和其他某种显性影响同样重要。这样对待成年人就不那么容易了。由此可见，对训练的需要不但显而易见，而且非常急迫：需要改变未成年人的态度和习惯。由于训练未成年人的愿望迫切，所以我们完全不考虑训练会带来的后果。既然我们的主要任务在于让未成年人有能力参与共同生活，那么就必须考虑我们的训练是否在形成未成年人的共同生活的能力。如果人们认识到各种制度的最终价值是对人生的特殊影响，即拓展与增加有意识的人生经验，那么我们完全可以相信，这种认识主要是通过与未成年人打交道获得的。

因此，我们可以从上面所探讨的广义的教育中区分出一种较为正规化的教育，即直接的教育或学校教育。在发达水平不高的社会群体中，很少有正规化的教育和训练。原始部族主要依靠成年人在共同生活中表现出来的忠诚，从而把该群体必需的生活方式（价值观念）灌输给未成年人。他们除了举行入社仪式让未成年人变成真正的社会成员之外，没有其他特殊的教育方法、教育内容和教育制度。他们让未成年人参与成年人的活动，在活动中学习成年人的风俗习惯，从而获得成年人的情感态度和思想观念。这种参与有直接与间接之分。所谓直接参与，即作为学徒参与成年人的各种职业活动；所谓间接参与，即未成年人通过扮演游戏模仿成年人的行为，从中学习成年人的言行举止。对于原始部族而言，要建立一个仅供学习之用的场所是非常荒诞的事情。

然而，随着社会文明的进步，未成年人的能力与成年人的期望之间的距离越来越大。除了科学技术含量不高的职业外，要想通过直接参与成年人的职业来学习从事此职业已越来越困难。成年人所从事的工作无论在空间上还是在意义上，都与孩子的游戏相去甚远，游戏性质的模仿再也难以复制它的全貌。所以说，未成年人需要事先接受训练，从而形成有效参与成年人活动的能力。有目的、有计划地训练的机构（即学校）和目的明确的内容（即课程），就被设计出来了，在此机构中讲授这些内容的任务则由委派的专门人员（即教师）来完成。

没有这种正规化的学校教育，人们就不可能传承复杂社会的一切资源和成就。由于书籍和符号化的知识已被人类掌握，所以正规教育就为未成年人获得系统的经验开辟了道路。如果让未成年人在和他人的非正式接触中训练，他们是不可能得到这种系统化的经验的。

可是，从间接的教育转向直接的教育，存在着显而易见的冒险。无论是直接还是通过游戏间接参与实际事务，这种学习活动都充满生气，还有种亲切感。从某种程度上讲，这些优势可弥补学习机会的不足。相反，正规化的直接教学容易显得教条、呆板，缺乏人情味，换言之，显得抽象和书呆子气。而不发达社会所积累的知识，与社会实践密切相关，这种知识很容易转化为人的品性，它隐含在日常生活事务中并且具有深刻的人生意义。但在文明程度较高的社会中，许多需要人们学习的东西则储存在文字符号里，远远没有变成人们习以为常的行为和对象。用一般的现实标准来衡量的话，这种学习材料专业化且肤浅化，是人造的。一般的标准与实际事务相关，这种人为创造的学习材料有自身的逻辑，不容易融会贯通在日常的思想和表达习惯之中。因此，总存在着这样的危险：正规化教学所使用的材料只能用作学校教材，不但与生活经验脱节，而且可能忽略永恒的社会价值。那些大部分表现为符号的、未被社会生活吸收的专门知识，普遍受到学校教育的重视。因此，便形成了这样一个被普遍认同的教育概念：这个教育概念忽视教育的社会性，忽略教育与对社会群体生活进行有目的的影响的一致性，把教育与传授和生活不相关事物的知识，以及通过语言文字符号传递学问等同起来。

所以说，教育哲学必须要解决的一个最为重要的问题就是，在非正规的和正规的、随机的和有意图的教育形式之间保持恰当的平衡。如果人们所获得的知识和专业技能不能对形成社会倾向产生影响，如果充满活力的日常生活经验的意义得不到彰显，那么学校教育就只能制造“学术骗子”（即自私自利的专家）了。一种知识是人们有目的地学到的，因为他们知道通过完成规定的学习任务就会掌握这些知识。另一种知识是人们随机学到的，因为他们在与人交往中获取知识从而养成自己的品性。之所以要大力发展正规学校教育，是为了避免人们获取的这两种知识彼此割裂，这也成了学校教育越来越难以完成的任务。

总　　结

生活的本质就是想方设法使生命绵延不断。因为生活的延续只能通过生命持续不断的自我更新才能达到，所以生活的过程就是一个自我更新的过程。教育对社会生活的意义，正如营养与生殖对生理生活的意义一样。首先，通过沟通与交流，教育行使传承的使命。在个人经验变成共同经验之前，沟通交流便是一个共同参与经验的过程。沟通交流将会使参与经验的双方的倾向有所变化。人类联合的种种方式都具有多种意义，其长远意义在于它会对经验的改进做出贡献。这个意义，在与未成年人打交道时最容易被辨识出来。换句话说，虽然每种社会组织安排都会具有教育功效，但是教育的功效首先表现为联合目的之一：成年人与未成年人要能够共同生活，需要达成联合的目的。当社会结构变得越来越复杂、社会资源变得越来越丰富多样时，对正规教育与学习或目的明确的教育与学习的需求也会越来越大。当正规教学与训练的范围不断扩大时，会存在这样的危险：人们在比较直接的共同生活中获得的经验和在学校获得的经验之间，会产生糟糕的割裂情况。过去几个世纪以来，各种知识和专门技能得到了飞速发展，这种割裂的危险到目前已严重到了史无前例的地步。

第2章 教育具有社会作用

一、环境的性质和意义

我们在第一章中讲到过，一个共同体或社会团体是通过不断的自我更新来维持的。这种自我更新过程，是通过对共同体中的未成年人实施教育使其获得成长来完成的。一个社会通过各种教育机构和非教育机构，把懵懂无知的、与社会格格不入的人改造成有用的社会资源，使其成长为身心健康的理想的社会管理者。在此意义上，教育过程就是抚养、培育和教导，这些词都含有关注一个人的成长条件的意思。我们也用"养育"、"培养"、"教化"这些词，它们体现了教育的不同水平和层次。从词源学上讲，"education"（教育）一词正好是引导或教养的过程。当我们思考教育过程的结果时，会把教育表达为塑造、形成、模塑的活动，即按照社会活动的标准模式对受教育者进行塑造。在本章中，我们会探讨社会团体根据自己的社会模式，来对未成年人进行培养时所运用的方法的一般特点。

既然要求把经验改造成为社会团体广为接受的不同兴趣、目的和观念，那么经验的改造显然就并非单纯对物质方面加以改变的问题了。物质在空间上可以搬动，可以转移，信念和理想抱负却不能像物质一样随便取出或放入。那么，信念和理想是怎样传递的呢？我们已经知道，它们不可能直接传递或灌输，因此我们必须找到一种方法，让未成年人吸收年长者的观念，年长者促使未成年人与自己形成共同的志趣。

一般来说，对如何形成共同志趣的回答会是：通过环境的刺激引起相应的反应。需要未成年人形成的信念不能硬性灌输，需要未成年人形成的态度无法粘贴上去。然而，个人生活的特定环境会促使人对一件东西视而能见、见而能感，而对另一件东西则视而不见。个人所处的生活环境会促使其拟订某种计划，从而能与他人的行动保持步调一致。个人所处的生活环境会强化某些信念并弱化另一些信念，这样能使他获得别人的称赞与认同。因而，个人的生活环境会潜移默化地在其身上形成特定的系统的行为和行动倾向。“环境”、“生活环境”这些词，不仅表示与个人生活相关的周围事物，而且表示这些事物与个人的主观趋向持续不断的特殊关联。尽管非生物也和周围事物联系在一起，但如果不用比喻来表达，周围事物并不构成非生物的环境，因为非生物并不能关心影响它的各种各样的外界力量。虽然有些东西在时空上与生物，特别是与人类相隔甚远，但它比一些与人类在时空上更为接近的东西，更能成为人类生活的真实环境。如果一个人的活动随着事物的变化而变化，那么这些事物就是他的真实环境。所以说，天文学家的活动随着他所凝视或计算的星星的变化而变化，在他直接接触的周围事物中，望远镜就是他最亲密的环境。文物工作者的环境包括：他所关注的人类生活，远古朝代，他借以与该朝代建立联系的遗迹、铭刻，等等。

一言以蔽之，环境包括促成或阻碍、激发或抑制生物的特有活动的种种条件。鱼的环境是水，因为鱼的活动和生活离不开水。北极探险家的重要环境是北极，无论他是否已成功到达北极，因为北极界定了他的活动，使其活动变得独特。生命并非消极存在物（如果有这种存在状态的话），而生活是一种行动方式。环境或生活环境在生命活动中要么起着支持作用，要么起着阻碍作用。

二、社会环境

一个人的活动和他人的活动产生了联系，就构成了他的活动的社会环境。他将依据他人的期望、要求、赞同和谴责，来决定自己会做什么、能做什么。一个人的活动与他人有牵连，如果在活动时不考虑他人的活动，那么自己的活动也难以完成，因为他人的活动是实现自己的活动不可缺少的条件。当他进行活动时，会引起别人的活动，别人的活动也会引发他的活动。我们不妨设想一下一个商人做生意的行为，他自买自卖，则他的活动是孤立的行为。一个制造商在其账房里独自拟订生产计划，他的计划活动与他购买原材料或出售制成品时的活动，都会受到社会导向的影响。形成与别人联合行动的思想和情感，采取最明显的协同行动或敌对行动，它们都是社会行为。

社会环境如何培育未成年人是特别值得一提的事情。要想了解社会环境如何塑造未成年人的外部行为习惯并不太难，甚至连狗、马在与人产生关联时也会改变它们的行为；它们会养成不同的行为习惯，因为人十分关心它们的行为。人通过控制自然刺激来影响动物，从而达到控制动物的目的。换言之，人通过创造一定的环境，如通过食物、嚼子、缰绳、噪声、车辆，来引导马的自然反应或本能反应。通过固定的操作引发相应的动作来形成所需要的习惯，这种习惯和原来的刺激一同发挥作用。如果把一只老鼠放在迷宫里，使它遵循一定的顺序转几个弯才能得到食物，它的活动就会逐渐发生改变，直到养成习惯：当它饥饿时，会直接走这条路而不会走另一条路。

人的行为也会以同样的方式发生改变。被烧伤的孩子会怕火。如果父母设置一种情境，孩子每次接触到某个玩具时，就被烫一下，那么孩子就会像他不再去接触火一样，学会自觉地避开那个玩具。然而，我们刚才讨论的是训练，它与教育性教学并不相同。在训练中我们考虑的是外部行为的变化，而不是内部心理和情感倾向的变化。不过，这种区别并不明显。我们不难想象，这个孩子以后可能不仅对那个特定的玩具，而且对和它类似的玩具都会产生强烈的反感。这种反感，甚至在他已经忘记原来被烫伤的情况下依旧存在，将来他甚至会捏造某种理由，来说明他那并不合理的反感有其合理性。在一些情况下，可以通过改变环境来改变行为的刺激源，从而使外部的行为习惯得到改变；也可以通过改变心理倾向来改变行为习惯。但是这种情况并非总会发生。训练一个人躲避威胁性打击，当他的躲避行为成为习惯后，就没有相应的思想或情感了。因此，我们必须要找出训练和教育的真正区别所在。

有个事实可以说明这种区别。一匹马并不会真正理解它的行为的社会作用。有人给马一些好处，比如给它食物，以此利用马来做有益的事情。但这匹马也许并不会产生什么新兴趣，除了仍然对食物感兴趣外，对干活并不会感兴趣。它称不上共同行动的伙伴。假如马能成为一个合作者，那么在与人从事共同活动时，它对活动的成功会和人一样感兴趣，并且能够分享人的思想和感情。

在许多情况下，未成年人的活动只是为了获得有用的行为习惯，这种情况比比皆是。未成年人像动物一样被训练，而不是像一个人那样接受教育，他会根据原先所遭遇到的痛苦或所经历的快乐而采取本能的反应。但是，要想得到成功的快乐或避免失败的痛苦，他就必须按照别人同意的方式采取行动。在其他情况下，未成年人真正分享或参与了共同活动，他会改变原来的本能冲动，他行动时也会认同别人的行动方式，而且他会在行动中激发别人产生同样的思想和感情。譬如说，一个好战部落竭尽全力所追求的成功和重视的功绩，都会与战斗和胜利有关联。生活在这种环境里的孩子，会表现出好战性。好战首先会在游戏中得到表现，当他足够强壮时，他就会在实践中进行演练。他参与战斗就可能赢得赞许和升迁；他不参与战斗就不会被喜爱，甚至会被嘲笑，当然不可能得到好评了。毫不奇怪，他本来的好斗趋向和情感，在削弱其他趋向和情感的情况下得到了强化，他的思想观念会转向与战争相关的事物。只有这样，他才能真正成为部落承认的成员，因而他的心理习惯逐渐被部落群体的心理习惯同化。

如果对上述例子包含的原则进行概括的话，那就是：社会环境既不直接给人灌输某些愿望和观念，也不只是养成某些纯粹机械的动作习惯，如“本能地”眨眼或躲避打击。第一步就是营造一种氛围，让某些行为看得见、摸得着。参与这些行为的个人变成了共同活动的参与者和合作伙伴，他将与活动共荣辱：活动成功，他成功；活动失败，他失败。一旦群体的情感态度对他起了支配作用，他就会对群体的特殊目标和获取成功要使用的方法保持高度的警觉。换句话说，他将把群体的信念和观念当作自己的信念和观念，他将从群体中获取丰富的知识，这种知识是他从事共同事业的有机组成部分。

通过语言获得知识非常重要，主要原因在于，人们通常认为知识可以直接从一个人传递给另一个人，似乎要把一个观念传入另一个人的头脑，我们必须要做的事情就是把声音传进他的耳朵。因此，传授知识的过程就和纯粹物质传递的过程类似了。但如果我们对语言学习稍做分析就会发现，语言学习还真的符合这里所提出的原则。一个孩子通过模仿他人使用帽子的行为——把帽子戴在自己的头上，把帽子给别人戴上，出门时给别人戴帽子，等等——获得帽子的概念。这个过程不言而喻，人们会毫无疑义地认同。但也可能有人会问：人们并未直接使用过古希腊头盔，那么人们是怎样遵循共同活动原则通过言语和阅读来对古希腊头盔形成概念的呢？通过书本学习美洲发现史，共同活动是什么呢？

既然语言通常是学习掌握诸多学问的主要工具，就让我们来看一下语言是如何发挥作用的吧。当然，婴儿的语言是从发出没有意义即不表达任何意思的单纯声音、嘈杂声音和音调开始的。声音只是一种引起直接反应的刺激而已，一些声音会产生安抚作用，一些声音会把人吓一大跳，等等。

“帽子”的读音，如果不与相关的行为联系起来的话，就会和发音不清楚的呼噜声一样没有任何实际意义。当一位母亲带着婴儿出门的时候，她把一个东西戴在婴儿的头上，同时说出“帽子”两个字。婴儿对被妈妈带着出门会很有兴趣；妈妈和婴儿不仅一起出门，而且两个人都喜欢出门。通过和出门活动中的其他因素相关联，“帽子”的发音对婴儿来说，很快就会产生和对母亲来说同样的意义；“帽子”这个发音变成了他所参与的出门活动的一个符号。由此看来，语言是由可以相互理解的声音构成的，这个事实足以证明，语言意义的获得取决于与共同经验产生的联系。

一句话，读出“帽子”的发音和出示“帽子”的实物，其实是以同样的方式获得它的意义的。“帽子”的发音和“帽子”的实物，在孩子和成人那里会获得同样的意义，他们在共同的生活经验中会运用声音和实物。帽子的实物和“帽子”这两个字的发音，作为成人和孩子之间建立主动联系的手段，首先会在成人和孩子的共同活动中被使用。共同活动会保证成人和孩子使用方式的一致性。两个人之所以会产生类似的观念或意义，是因为这两个人是从事同一个活动的伙伴，两个人所做的事情是相互依存、相互影响的。比如说，有两个原始部族的人一起打猎，一个人发出的信号对自己而言是“向右走”的意思，而另一个接受信号的人却把这个信号理解为“向左走”，那么显而易见，他们两人不可能一起打猎成功。相互了解，意味着包括声音在内的信息和事物，对从事共同工作的双方而言，价值是一样的。

声音通过与联合工作时运用的其他事物相联系而获得意义之后，可以和其他类似的声音产生联系从而发展出新的意义，就如同它们所代表的东西能够联合起来一样。所以说，孩子所学习的词语，比如“古希腊头盔”，孩子们因为曾经在一次具有共同兴趣和共同目标的行动中使用这个词而理解了它，使它获得了意义。现在，通过激发正在听或朗读的孩子去想象古希腊头盔有什么用，这种活动使古希腊头盔产生了新的意义。此时此刻，了解“古希腊头盔”意思的人在心理上变成了使用头盔之人的伙伴。他通过想象从事着共同的活动，但要掌握这个词的全部意义并非易事。大多数人对“古希腊头盔”的理解，也许仅止于它表示古希腊人曾经戴过的一种奇怪的帽子而已。

综上所述我们得出的结论是，通过运用语言来传递和获得观念，是事物通过共同经验或联合行动获得意义的原则的拓展和提炼；它绝对不会违反参与共同经验获得意义的原则。当词语并未明显地或是想象地成为一个共同情境的因素时，它们像纯粹的物理刺激一样发生作用，却不具有意义或理智的价值。它们会使活动按部就班地进行，但并不伴随清晰的目的或意义。例如，加号“+”可能成为把一个数字写在另一个数字下面并进行相加这个行为的刺激物，但如果做这个动作的人并不了解其所做事情的意义，那么他的活动就和机器人的活动没有两样。

三、教育是社会中介

根据以上的讨论，我们可以得出这样的结论：社会环境会通过个体的各种活动来塑造其行为的知识能力倾向和情感倾向。个体从事的这些活动能激发和强化某些行为冲动，这些活动具有特定的目标，还要承受特定的结果。一个出生并生长在音乐世家的孩子，他的音乐方面的潜力不可避免地会得到激发和挖掘，相对而言，其音乐潜力要比生长在另一环境中得到更充分的开发，其他可能被唤醒的冲动则会受到抑制或忽视。如果这个孩子对音乐兴趣浓厚，受到激发就会在这方面有一定的造诣，否则就会没有希望，因为他不能共享所属音乐群体的生活。一个人参与一些与自己联系紧密的人的生活是不可避免的；对他们来说，社会环境潜移默化、没有特定目的地发挥着教育影响和塑造作用。

在野蛮的未开化社会中，直接的参与（即前面讲过的直接教育或随机教育），几乎成为青少年接受的唯一的教育影响，这使他们获得所属社会群体的习俗和信念。在今天的社会，即使对于那些接受学校教育最为坚决的年轻人而言，直接的参与也为他们的基本教养的形成起了添砖加瓦的作用。根据社会群体的兴趣爱好的职业倾向，一些事物备受推崇，而另一些事物则会遭到厌恶。联合并不创造喜爱和厌恶的念头，但会提供他们所要依附的对象。群体或阶级做事情的方式往往会决定其恰好注意的事物，从而列出观察和记忆的方向及范围。稀奇古怪的或陌生的东西（即在群体活动以外的东西）往往不被道德许可，通常还受到理智上的怀疑。比如说，我们今天非常了解的东西，在过去的时代却没有被很好地认识，对我们来说似乎是不可思议的事情。我们倾向于把这种情况归因于我们的祖先天生愚笨，还会假定我们自己具有卓越不凡的先天智力。然而，之所以会产生这种情形，其实是由于他们的生活方式并不会引起他们对这些事情的注意，他们在关注其他的东西。就如同我们的感官需要感觉得到的东西来刺激它们那样，我们的观察力、记忆力和想象力也不会自发地发挥作用，它们是由当前社会职业所提出的要求引发的，我们的情感态度和价值观的主要结构就是由这些影响形成的，与学校教育并无关系。有目的的、深思熟虑的教学所能做的事情，最多不过起着释放由此形成的各种能力的作用，使其得到更加充分的运用，去粗取精、去伪存真，并给青少年提供一些对象，从而使他们的活动更富有意义。

虽然这种“环境的无意识影响”不但难以捉摸而且无处不在，影响着性格和心灵的各个方面，但对其效果最为显著的几个方面进行详细说明很有必要。

第一，语言习惯。言语的基本模式和大量的词汇，是在日常生活交往中形成的，这种生活交往不是规定的教学手段，而是社交的需要。众所周知，婴儿是在生活交往中学会母语的。虽然这样养成的语言习惯可能会被修正，甚至也可能被目的明确的教学取代，但是在一个人兴高采烈的时候，有目的地学会的言语模式通常会被弃置不用，他完全陷入本族语（母语）的表达模式中。

第二，礼貌。榜样的影响力远远超过格言。我们常说，与其说有礼貌是良好教养的结果，毋宁说有礼貌就是良好的教养。教养是通过对习惯进行刺激以形成习惯性行为来获得的，而不是通过知识的传授获得的。我们虽然一直不停地在对儿童进行着有意识的修正和教导，但其周围的气氛和风气是最终形成礼貌的主要力量。礼貌只是次要的道德。在主要的道德方面，目的明确的教导也许只在其符合构成儿童成长的社会环境的一般言行标准时才有效果。

第三，美感和对美的欣赏。如果眼睛一直饱览造型和色彩搭配和谐的高档物品，审美品位自然就会高雅起来。俗气、杂乱而且过度装潢的环境会破坏人的审美感受，就犹如贫瘠和荒芜的环境会扼杀审美渴望。在这样糟糕的条件下，意识清醒的教授只不过在向人传达一些他人讲过的有关审美的第二手知识而已。从他人传授得来的审美知识，只是用来提醒人们别人对审美有何种想法，不可能变成自发的审美品质，也不可能对人产生根深蒂固的影响。

比较深刻的审美价值判断标准，是一个人在日常活动情境中慢慢形成的，这一点不能作为第四个方面来探讨。因为这一点是上面三点的融会贯通。我们之所以做出有意识的明确评价是为了分辨什么东西有价值、什么东西没有价值。然而，我们很少注意到，这种有意识的明确评价，会在多大程度上受到我们根本无法意识到的那些标准的影响。当然，通常来说，凡是不经过我们的研究或思考而被视为理所当然的东西，恰恰是决定我们的明确思想和结论的东西。这些用不着思考的习以为常，恰恰是我们通过和他人的日常交往的授受关系形成的。

四、学校是特殊的环境

前面我们论述了无论人们喜欢与否都在进行着的教育过程。探讨它的重要性在于让我们注意到：成人有意识地控制未成年人接受什么教育的唯一方法，就是控制未成年人的环境，他们在什么环境下活动，就在什么环境下思考和感受。我们从来都不会直接施教，而是通过环境间接施教。我们是通过随机的环境来施教，还是通过有目的地设计过的教育环境来施教，两者存在着非常大的区别。任何环境，如果没有根据教育效果在深思熟虑后对其进行调控，那么它就只是作为随机环境对教育产生影响。一个明智的家庭和一个不明智的家庭，它们的主要区别在于，家庭中的日常生活和交往习惯，是否是根据家长对与孩子发展有关的思想进行选择，或者至少带有这种思想色彩。不过，学校理所当然是根据对受教育者的智力和道德的品质实施影响来打造的典型环境。

大体而言，当社会传统复杂到已把大量的社会经验用文字记载下来，并且通过书面符号进行传递时，学校就产生了。与口头语相比，书面符号更具人为性或更加因袭陈规，不可能在和别人的偶然交往中学会。此外，比较而言，书面表达形式通常会选择和记录与日常生活不太相干的事物。世世代代积累起来的成就都会贮存在里面，虽然一些成就暂时已无用处。因此，一旦一个社会在相当程度上依靠域外和现时代以外的东西，那么，它就必须依靠固定的学校机构来保证所有知识信息的充分传承。举个显而易见的例子：古希腊人和古罗马人的生活对我们的生活产生了深刻的影响，可是其影响并没有表现于我们日常经验的表面。同样，现在依然存在但与我们远隔千山万水的人，英国人、德国人、意大利人，和我们的社会事务有着直接的关联，但是，如果不进行明确的说明和深入的关注，相互影响的性质就不会得到理解。同样的道理，我们不能依赖日常共同生活来向未成年人说明远处的自然力量和隐蔽组织在我们的活动中所起的作用。因此，我们建立了社会交往的特殊机构即学校来关注此类事情。

把学校与日常的生活协作进行比较的话，就会注意到学校这种协作模式有三个非常特殊的作用。

第一，复杂的文明过于复杂，不能被儿童全部吸收，必须把它分成许多部分，逐步地、分层次地、一部分一部分地教授给儿童。在当今社会，社会生活中的关系种类繁多，数量庞大，而且相互交织，即使身处优越环境中的儿童，也不能快捷地分享其中许多最为重要的社会关系。

由于儿童没有介入这些关系，这些关系的意义就不能被儿童理解，因而就不可能变成儿童的情感、态度和价值观的组成部分。商业、政治、艺术、科学、宗教，各种关系吵吵嚷嚷争夺人们的关注，结果是一团混乱，使人们无所适从。我们称之为学校的社会机构，其首要职责就是提供一个简化的环境，选择相当基本并能使青少年有所回应的种种特征，然后建立一个循序渐进的秩序，把先期学会的因素作为领会更为复杂的因素的手段。

第二，学校环境的职责在于，尽可能地排除现存环境中的不利因素，以免影响儿童的心智习惯。学校要打造一个纯净的活动环境。对环境进行选择不仅旨在简化环境，而且旨在消除其不利因素。每个社会都会被一些无关紧要的东西、过去的残留废弃物以及广为流传的邪恶的东西拖累，它们会阻碍社会的进步。学校有责任从一般环境中排除这些障碍物，从而竭尽全力消解它们在日常社会环境中产生的负面影响。学校从环境中选择精华的东西，然后物尽其用，想方设法强化它们的优势力量。随着社会开明程度的增强，学校认识到其责任不仅仅是要把社会现存的全部成就传承下去、保存起来，而且要把有助于发展未来更美好社会的部分传承下去、保存起来。学校就是社会完成这个目的的主要机构。

第三，学校环境的职责就是使社会环境中的各种成分保持平衡，使每个人都有机会免受其所属社会群体的限制，并和更为广泛的环境建立生机盎然的联系。“社会”和“共同体”这类名词可能会使人产生误解，因为我们通常认为会有单独的东西与这些名词相匹配。其实，现代社会是由许多社会群体较为松散地联系起来的，比如说，每个家庭与和它亲近的朋友构成一个社会群体；乡村或街道上的一群游戏伙伴构成了一个共同体；每个经商团体、每个俱乐部都算得上是共同体。超出这些较为亲密的群体之外的群体，比如在我们的国家里，就有不同的种族、不同的宗教团体和不同的经济区域。在现代都市内，撇开它是一个名义上的政治统一体不论，或许有比过去任何时代在整个大陆存在的群体都要多的共同体以及各种不同的风俗习惯、传统、抱负和政府形式或管理模式。

每个这样的群体都在发挥着形成群体成员积极倾向的影响力。一个派系、一个俱乐部、一个团伙、一个盗窃集团的教唆犯、一个监狱里的犯人，就如同一个教会、一个工会、一个商业团体或一个政党一样，都在为那些加入他们的群体或共同活动的人提供教育环境。每个群体都是一种共处的或共同生活的模式，正如一个家庭、一个城镇或一个国家一样。还存在着许多共同体，它们的成员互相之间很少有或者根本没有直接的联系，比如说美术家协会、作家协会以及分布在世界各地的专业学术团体的成员，因为怀有共同的目的，每个成员的活动会因为知道其他人正在做什么而受到直接的影响。

在过去的时代，群体的多样性大体上缘于地理因素，存在着许多社群组织，但每个社群组织在自己的疆域内比较类似。可是，随着商业、运输、交通和移民事业的发展，像美国这类国家，由具有不同传统习俗的群体组成了联邦国家。这种情形，也许比任何其他原因都更加强烈地需要有个教育机构来为青少年提供一个相似和平衡的成长环境。只有这样，在同一个政体内，不同群体并存所引起的离心力才能得到调整。不同种族、不同宗教和不同风俗习惯的青少年在同一所学校里上学，这种混合学校与传统学校不一样，为大家创造了一个崭新的、更为广阔的环境。学校使用共同的教材来使大家形成统一的观念，学校比任何孤立群体的成员具有更为开阔的视野。美国公立学校产生的同化力量，是对学校能实现共同目标、起平衡作用的最有说服力的证据。

学校也发挥着协调作用。每个人所处的社会环境各不相同，每个人的情感、态度、价值观受到不同势力的影响，学校则起着协调作用。一种准则会在家庭中通行；另一种准则会在街道通行；第三种准则会在工作场所或商店通行；第四种准则会在教会通行。当一个人从一种环境转入另一种环境时，免不了会受到各种相互对抗的标准的牵扯，这就会产生一种危险，即会使一个人在不同场合运用不同的评判标准和情感标准。这种危险给学校强加了一项职能：固定标准和整合标准。

总　结

面对持续发展的社会生活，青少年必须形成相应的态度和思想价值观念，但它们无法通过直接传授信念、情感和知识来形成，而是要通过环境这个中介才会发生。环境是由一个生物进行特殊活动时所包括的全部条件构成的。社会环境由社会中任何一个成员与所有伙伴一起参与的所有合作活动组成。个人参与某种共同活动到什么程度，社会环境的真正教育效果就发挥到什么程度。由于个人参与合作活动，所以他会把激励共同活动的目的当作自己的目的，了解熟悉参与合作活动的方法和所要运用的材料，掌握必要的技能，吸纳和养成共同活动的情感精神。

当青少年逐渐参与他们所属的不同群体的各种活动时，他们的情感、态度、价值观就在不知不觉中得到了更为深刻、直接的教育熏陶。但是，社会变得日益复杂，因此有必要提供一个特殊的社会环境即学校来特别关注培养未成年人的能力。这个特殊的社会环境有三个比较重要的功能：一是简化和安排发展未成年人需要的倾向时所需要的各种因素；二是净化现有社会习惯并使其观念化；三是创造一个更加广阔、更加平衡的环境，使青少年摆脱原来环境的限制。

第3章　教育作为指导

一、环境作为指导

现在，我们来进一步探讨教育发挥一般功能时所采取的特殊形式。换言之，特殊形式是指：指导（direction）、控制（control）或引领（guidance）。在这三个词中，“引领”一词恰到好处地表达了通过合作促进受引领的个人的自然能力的观念；“控制”一词，说得更为准确些，它表示承受外力并遭遇到被控制者施加的一些阻力的意思；相比而言，“指导”是个中性的词语，表示把被指导者的积极趋势引导到某个连续的过程中去，而不是漫无目的地到处用力。“指导”表达的是基本功能，这种功能的一个极端变为引领性促进，另一个极端变为管制或主宰。然而无论如何，我们必须要谨慎，以防时不时加进“控制”的意思。有时，我们会做显而易见的或下意识的假定，个人趋向是天生的、纯粹个人主义的或自我中心的，因此是反社会的。控制的意思是，使个人的自然冲动服从公共目的或共同目的的过程。就概念而言，既然个人的本性和这个过程格格不入，是与这个过程唱反调而不是有助于这个过程的，按照这样的观点，控制就带有压制或强迫的意味。政府制度和国家学说就是建立在这样的观念之上的，这种观念严重地影响着教育的思想和实践。但是，任何这类观点都是毫无根据的。每个个体肯定偶尔喜欢按照自己的方式行事，而他们自己的方式可能会与他人的方式截然相反。但从总体上讲，他们也会有兴趣参加他人的活动，参与共同事业和合作事项。否则，像共同体这样的东西就不可能存在了。如果人们不能从给警察提供信息的过程中得到某种个人好处，就没有人会有兴趣给警察提供信息从而保持社会和谐了。其实，控制只是一种引人注目的权力指导形式而已，包括个人通过自己努力所赢得的规则，这与通过他人领导所带来的规则一模一样。

一般来说，每个刺激都在指导着活动。它不只是简单地激起活动或掀起活动，而且会指导活动朝着目标前进。换句话说，一个回应（response）不只是一个反作用，也不是所谓的对受到干扰所做出的抗议。正如这个词所表示的意思那样，一个回应就是一个回答。活动遭遇刺激，并回应刺激，再调整刺激。刺激和活动彼此回应。比如，光线通过刺激眼睛，使眼睛看到一些东西，眼睛的任务就是看。如果眼睛是睁开的，又有光线射进眼睛，那么眼睛就会看见东西。刺激只是实现器官的恰当功能的一个条件，而并非来自外界的一个干扰。那么在某种程度上可以说，一切指导或控制都是活动实现自身目的的向导；它对某些器官已经准备要做的工作起着促进作用。

这个一般性的表述有两点需要进一步阐明：

第一，除少数本能以外，未成年人所受到的各种刺激都不够明显，在开始时不会引起具体的回应。未成年人总有大量的剩余精力被激发出来，这些剩余的精力可能不会用到正事上，而是被浪费掉；也可能干扰一个行动的顺利完成。这种剩余的精力会因妨碍他人而带来害处。比较一下自行车初学者和骑车能手的行为，就可看出剩余精力是如何造成妨害了。初学者所用的精力没有一个中心方向；这种精力总体上是散漫的、离心的。指导就是集中和固定一个动作，使它真正变成一个回应，这就需要把多余的动作和杂乱的动作排除掉。

第二，如果一个人没有一定程度的合作，就无法进行活动，那么他的回应就可能和行动的步骤和连贯性并不匹配。一个拳击手可能会成功地躲避一次打击，但这个行为可能使其面临另一次更沉重的打击。恰当的控制意味着让接连不断的动作变得井然有序；每个动作不仅会与直接的刺激交锋，而且会帮助后续动作顺利完成。

总而言之，指导既同步发生，又相继发生。在特定的时间，它要求从只是被部分激发出来的所有倾向中选择出完成目标需要的倾向，并集中精力去实现目标。就连续性而言，指导要求每个动作和它前后的动作保持协调，使活动井然有序。所以，全力聚焦和井然有序是指导的两个方面，一个是空间的，另一个是时间的。前者保证目标明确；后者保持进一步行动的协调。显而易见，我们可以在观念上对其进行区分，但在实践中则不可能截然分开。活动必须在特定的时间，用这种方式加以集中，从而为接下来的行动做好准备。直截了当地回应的问题，由于人们必须关注未来发生的事情而变得十分复杂。

从这些一般性表述中可以得出两个结论：

一方面，不可能存在单纯的外部指导。环境最多只能提供刺激来激发出回应。这些回应起始于个人已经拥有的倾向。甚至当一个人由于受到威胁产生恐惧，使其去做某件事情时，威胁之所以能起作用，也仅仅是因为人有害怕的本能。如果没有害怕本能的存在，或者，虽然有这种本能存在却在他的掌控之中，那么威胁对他产生的影响，并不会比光线使一个什么也看不见的人看到东西的影响大。虽然成人的习俗和规则提供刺激，指导并激发未成年人的活动，但是未成年人也会参与对他们自己的活动的指导。在严格的意义上讲，我们不能强加给未成年人什么东西，或者说，不能强行灌输给他们什么东西。忽视这个事实就意味着扭曲和曲解人性。把被指导者原有天性和后天习惯会做出的贡献考虑进来，就能对其进行更为省力和英明的指导。准确地说，一切指导都只会是再指导；它使正在进行的活动转入到另一轨道。如果一个人不是很清楚已经在起作用的力量，那么他做出的指导的努力，几乎可以确信，会以失败而告终。

另一方面，他人的风俗习惯和规章制度所提供的控制也许会缺乏远见，这种控制的效果可能是立竿见影的，但会使受控制者后来的行动失去平衡。比如说，一个威胁可以阻止一个人去做他本来想做的事情，因为如果他坚持要做，就会承担不良后果。但是，众人皆知他一旦受人威胁就罢手的情况，以后就会引导他去做糟糕的事情。他的狡猾和诡秘的本能可能被引发，使其今后可能采取回避和欺骗的做事方式。扮演他人行为的指导者，总存在着某种忽视受指导者连续发展的重要性的危险。

二、社会指导的模式

当成人直接以指导他人的行为为目的的时候，自然最能够意识到自己在指导他人的行为。一般来说，当成人发现自己受到未成年人的拒斥时，或者未成年人在做成人不希望他们做的事情时，就会清晰地意识到他们的指导目的的存在。比较有持久影响力的控制模式，则是随时随地都在进行指导却没有被未成年人意识到。

1. 当他人并不去做我们希望他们做的事情或者以违抗来威胁时，我们会清醒地意识到控制他们的需要，以及他们会受到控制的各种影响。在这种情况下，我们的控制就变得最为直接，也就是在这一点上，我们最有可能犯刚才所谈到的错误。我们甚至可能会用强制力来进行控制，却忘了这样的道理：虽然我们可以把马牵到河边，却无法强迫它喝水；虽然我们能够把一个人关进监狱，却不能使他悔过。所有这些对他人施加直接行为的情形，我们需要对直接行为造成的身体影响和道德影响进行区分。一个人可能处于被迫进食或强行禁闭的情况，如为其自身利益着想，则有必要。一个孩子可能会被人粗暴地从火边拉开，以免被烧伤，但这个行为并不一定使他的素质有所提高，也不一定会产生教育的效果。刺耳的命令腔调也会奏效，使孩子远离火焰，并且接下来会产生同样令人满意的效果，就好像他已经被人从火边拉开一样。可是，这两种情况，就产生道德上的遵从而言，一种情况不会比另一种情况更好。为了防止一个人破门而入他人的屋子，可以把他关起来，可是，把他关起来并不会改变他盗窃的习性。当我们对身体影响和教育影响混淆不清的时候，就会失去调动个人的参与热情来获得所希望的结果的机会，因此也就失去了以正确的方式在其身上形成一种内在的、持久的方向的机会。

一般来说，更加自觉地控制行为的情形，应该限于本能的冲动行为——完成这些行为的人没有办法预见它们的结果。如果一个人不能预见其行为的后果，又不能理解有经验的人告诉他的这种行为的后果，他就不可能理性地引领自己的行为。在这种情况下，对他来说，每个行为都是一样的，没有任何区别。凡去打动他的东西都能打动他，除了打动之外，别无他用。在某些情况下，不妨让他尝试一下自己去发现后果，这样，以后遇到同样的情况他就会采取理性的行动了。然而，有些行动方法使人难以遵从，让人反感。现在，人们直接表示不赞成，采用羞辱、讥笑、疏远、叱责和惩罚等方法，或者利用孩子的逆反心理，使其远离那些麻烦行为。孩子对赞许非常青睐，希望通过令人惬意的行为赢得人们的赞同。我们可以利用这种心理，诱导其行为走向我们期望的方向。

2. 这些控制方法（由于故意运用）是如此明显，如果不是为了和另外一种非常重要的控制方式进行对比的话，它们几乎不值一提。另外一种控制方法是经常和未成年人打交道的人使用的方法，同时也是未成年人用来实现自己目的的工具。人在社会媒介中生活、迁移、生存；这种社会环境就是指导其活动的持久有效的力量。

这个事实需要我们对社会环境的含义进行更为详细的考察。我们已习惯于把我们生活于其中的自然环境和社会环境分隔开来。这种分隔，一方面，要对夸大我们谈到过的比较直接的或个人的控制模式的道德重要性承担责任；另一方面，要对目前心理学和哲学中夸大与纯粹物理环境打交道的理智可能性承担责任。其实，除了把物理环境作为影响人的中介以外，并不存在一个人对另一个人产生直接影响这回事。一个微笑、一个皱眉、一声斥责、一句警告或鼓励，都涉及一些身体上的变化，否则，一个人的态度不能改变另一个人的态度。比较而言，这种影响模式可以看作个人性质的。有种方式与这种直接的相互影响的方式截然不同，即在共同的追求中协同做事，把一些东西用作方法与手段，并借此获取结果。例如，母女两人共同生活，即使母亲从来没有叫女儿帮助她，或从来没有因为女儿不提供帮助就对其大加指责，女儿在活动中也会服从母亲的指导，因为女儿在家庭生活中与母亲朝夕相处，祸福与共。模仿、赶超、一起做事的需要，都能强化控制。

如果母亲递给孩子所需要的东西，孩子要得到这个东西，就必须伸手去拿到它。有给就必须有拿。孩子拿到这个东西以后怎样对待它、使用它，肯定会受到他看到的母亲对其使用方式的影响。当孩子看到母亲在寻找某个东西时，他自然也会去寻找这个东西。他一旦找到，就会把它交给母亲，就像以前在其他情况下接受这个东西时一样。在日常交往中出现的这类例子不胜枚举，于是，我们就对指导未成年人活动的最永恒、最持久的方法有了一个清晰的画面。

我们之所以这样讲，不过是在重复前面曾经探讨过的参与共同活动是形成性格、气质的主要方法。然而，我们曾经明确强调过，使用东西在共同活动中会起作用。学习哲学观曾经过于受到错误心理学的主宰。人们频频声明，一个人只会通过感官把事物的特性铭记于心。接受了诸多感觉印象后，通过联合或思维的综合，使这些感觉印象联结成为系列观念，给事物赋予意义。一个东西、一块石头、一个橘子、一棵树、一把椅子，会传达各种不同的印象，如颜色、形状、大小、硬度、气味、味道，等等，这些印象集合起来构成每个东西区别于其他东西的特点。可事实上一个东西之所以有意义，让人认识它，乃是因为这个东西独特的性能被人特殊使用的缘故。一把椅子有自己的用途；一张桌子，为了另外一个目的而被使用；一个橘子值很多钱，在温暖地区才会生长，可以吃而且味道很美，令人精神倍增，等等。

适应物质刺激和进行智力活动的区别在于，进行智力活动包含对事物的意义的反应，对物质刺激的反应则没有这层意思。大声吵闹可能会把我吓一大跳，但并不存在复杂的心智活动。如果我听到大声吵闹时做出理性的反应，跑出去提水灭火，则吵闹声意味着起火了，起火意味着需要灭火。我碰到了一块石头，一脚把它踢到一旁，这是身体上的反应。因为害怕有人可能被这块石头绊倒，于是我把它搬到一旁，这就包含着理性因素了。我对这块石头做出了意义的反应。一声惊雷，无论我是否意识到，都会吓我一跳。如果没有意识到，我更会吓一大跳。如果我大声地或自言自语地说那是雷声，那么我就对这个干扰做出了意义的反应。我的行为就存在着理性的特点。如果事物对我们而言有意义，那么我们会非常清楚我们所做的事情；如果所做的事情没有意义，我们的行为就会盲目、缺乏意识、缺乏理性。

我们对外界的这两种反应所采取的行为都会受到指导或控制。当然，纯粹盲目的反应，其指导作用也是盲目的。虽然能够受到训练，却没有受到教育。对经常出现的刺激，反复做出反应也可能锁定按某种方式采取行动的习惯。每个人都有很多习惯，但我们并不是非常理解这些习惯的内涵，因为它们是在潜移默化中形成的。因而，这些习惯支配着我们，而不是我们支配着它们。它们推动我们、控制我们。如果我们不理解这些习惯的作用，不能判断它们引发结果的价值，就不能控制习惯。我们可以强按一个孩子的颈部肌肉，从而使他遇到每个人都会鞠躬，到后来鞠躬就变成了他的自动行为。可是，在他的鞠躬具有一定的目的和意义之前，他的鞠躬行为并不带有认可或尊敬的意味。如果他不明白自己所做事情的意义并按此意义去做出行为，那么就不能说培养或教育过他，让他以某种方式去做出行为。因此，要形成事物的观念，并不只是获得一些感觉就够了，还要根据事物在全部行为计划中所处的地位对其做出反应，要能预见到事物的作用对我们会产生什么影响和可能的结果，也要能预见到我们的行为对事物会产生什么影响和可能的结果。

因此，要想真正成为社会群体的成员，就要和别人有同样的对事物的看法，就像有同样的思想观念一样，对事物和行动所赋予的意义也要和别人一样。否则，就不会有共同的理解和共同的生活。在一个共享活动中，每个人所做的事情都会参照他人所做的事情，反之亦然。这也就是说，每个人的活动都得放在同一个完整的情境之中来看待。拉一条碰巧他人也在拉的绳子，这并非一个共同的或联合的行为。如果一个人拉绳子时知道别人也在拉，而且是为了帮助或阻碍他们才去拉绳子的，那才是共同活动。又比如，一根针在其制造过程中可能经过许多人的手，但是，每个人自己做自己的事情，并不知道其他人在做什么，也并没有以其他人所做的事情为参照；每个人也许只是为了单独的结果——为了自己的工钱。在这种情况下，几个行动并不存在共同的结果，虽然几个行动并列在一起，虽然它们各自所做的事情有助于一个单一的结果，但并不存在真正的对话或联合。但是，如果每个人把自己的行动结果和其他人所做的事情关联起来看待，并考虑他们的行为对自己行为的影响，那么他们就有了共同的思想、共同的行为意图。在不同行为者之间建立一种理解，这种共同理解控制着每个人的行动。

假如安排这样一种情形：一个人自动地接住一个球，然后把球扔给另一个人，这个人接住球，又自动地扔回来；每个人都这样做，但并不知道球来自何处或者将扔向何方。显而易见，这种行为并没有什么意义。这种行为只是肢体上的控制而已，而并不是社会意义上的指导。但是，假如每个人都知道他人做的是什么事情，并且对他人所做的事情感兴趣，进而对把自己所做的事情与他人的行为联系起来感兴趣，那么每个人的行为就是理智的行为；就社会性而言，这种行为不但可以理解，而且是受到指导的。再举一个比较真实的例子。一个婴儿感觉饿了，有人当着他的面准备食物，他却还在哭。如果这个婴儿不把自己的境况和他人的行为联系起来，也不把他人的行为和自己将得到食物的满足联系起来，那么他不过是对自己越来越不舒服的感觉做出越来越烦躁的反应而已。此时，他受到自己的身体器官状态的控制。但是，如果他能左顾右盼一下，他的整个态度就会改变。正如我们所说的一样，他会转移兴趣，他会注意到并注视他人正在做的事情。他不再只是对自己的饥饿状态做出反应，而是根据他人的行为将会满足他的期望而做出反应。这样，他也不再只是毫无了解地屈从于饥饿状态，而是会注意、认识或认同自己的状态。这种状态变成了他关注的对象。他对饥饿的态度，在某种程度上讲就含有理智的因素了。由于这种对他人行为与自己状态的意义的关注，他就在社会性方面得到了指导。

稍做回顾，我们的主要命题包括两个方面：一个方面已经探讨过，即物质的东西如果不与为了实现预期结果而采取的行动有关联的话，它就不会影响心智（或形成观念和信念）；另一个方面就是，人们只有通过对物质环境的专门利用才能改变彼此的倾向。首先考虑一下这种情形，即容易被他人感觉到的所谓富有表现力的肢体动作：脸红、微笑、皱眉、紧握拳头，以及其他各种肢体动作。这些肢体动作本身并不富有表现力，它们是一个人的态度的有机组成部分。一个人脸红并不表明他在别人面前感到惭愧或窘迫，而是因为毛细血管中的血液循环由于反应的刺激而产生了变化。但是，其他人会将与自己有关联的人的脸红状态或肌肉上稍微可以察觉到的绷紧状态，当作那个人所处境况的一个信号及其会有所举动的一个暗示。皱眉表明这个人准备面对斥责，或是表明这个人正处于犹豫不决的状态，必须通过说点什么或做点什么来重拾信心。

远处有个人在胡乱地挥动手臂。我们只需保持一种没有感情色彩的、熟视无睹的态度，那个人的动作就会和我们偶然注意到的任何遥远的物体的变化一样。如果我们对挥动手臂没有兴趣，那么它对我们而言就像风车叶翼的旋转一样，没有任何意义。但是，如果挥动手臂引起了我们的兴趣，我们就会开始介入。我们会把这个人挥动手臂的动作作为参照，来考虑我们自己正在做的或应该做的事情，我们必须判断他的动作的意义，以便决定我们该怎么做。这个挥动手臂的人是在招手求助，还是在警告我们应该避免一次爆炸？如果是前一种情形，他的动作意味着我们要向他跑过去；后一种情形则意味着我们必须逃离。无论是哪种情形，他在物理环境中所引起的变化都是我们应该采取行为的一个信号。我们的行为受到了社会性的控制，因为我们是以他的行为所处的同样情境作为参照，来竭力完成我们要做的事情的。

我们在前面已经讲到过（见第 2 章第二节），语言是根据一个共同情境把我们自己的行为和他人的行为进行联合的例子。因此，语言作为社会指导手段的重要性是无与伦比的。但是，如果我们不先运用未经加工的、比较实际的物质手段与方法来达成想要的结果，并以此作为语言的背景，那么语言就无法成为有效的工具。一个孩子看到与他一起住的人以某种方式使用椅子、帽子、桌子、铲子、锯子、犁头、支架、钱，如果他真能分享他们所做的事情，他就会受到引导，以同样的方式运用这些东西，或者以适当的方式使用其他东西。如果有人把一把椅子移到桌子旁边，就等于是发出了要他坐这把椅子的信号；如果一个人伸出了右手，那么他也必须伸出他的右手；类似的情形数不胜数。利用人类艺术产品和天然原料的习惯，在很大程度上构成了最深刻和最普遍的社会控制模式。当孩子去上学时，他们已经有了“主意”，即已经有了诉诸语言的知识和判断的倾向。但这些“主意”不过是他们过去通过像其他人那样使用东西，从而获得的有条理的明智反应的习惯。这种控制不可避免并渗透在人的性情之中。

讨论所得出的明确结论是，控制的基本方法不是个人化的，而是理性化的。这种理性化的控制方法的“道德”意义，并非用直接的个人魅力去激励他人，尽管这种方法在关键时刻也非常重要。这种理性化的控制方法包含着理解的习惯，这种习惯是建立在和他人步调一致地运用事物的基础之上，要么通过合作和协助，要么通过竞争和竞赛。心智作为一种具体的东西，恰巧就是根据运用去理解事物的能力；社会化的心智就是在共处或共享情境中根据运用去理解事物的能力。在这个意义上，心智就是社会性控制的方法。

三、模仿和社会心理学

我们曾提到一个学习心理学流派存在的不足之处。这种学习心理学认为，只要使个人的先天心智与外物接触，它们产生相互作用就会生成知识、观念和信念。只是到了最近人们才意识到，人类的共处生活对智力倾向和道德倾向的形成起着主宰作用。甚至就是到了现在，人们还常会把这种影响当成与外物直接接触的学习方法的附属品，这种影响产生的仅是涉及人的知识，是涉及物质世界知识的补充。我们的探讨说明这种观点在人与外物之间制造了不可能存在的荒谬的划分。人与外界事物的互动，可以使人养成适应外物的习惯。但是，只有当这个人希望利用外物来达成想要的结果时，人与外物之间的互动才算得上是有意义的、有主动意愿的活动。一个人要想改变他人的心智，唯一的方法就是运用天然的或人为的物质条件来激发他人参与会做出特定回应的活动。这就是我们的两个主要结论。我们最好通过这两个结论与另外一种理论之间的比较，来使这些结论得到进一步的发挥和强调。另外一种理论假定，人与人之间产生直接关系的心理学，是隶属于人与外物直接产生关系的心理学的。这个所谓的社会心理学，其本质在于以模仿概念为基础。因此，我们需要讨论模仿（imitation）在形成心理倾向方面的性质与作用。

根据社会心理学这个理论，社会对个人的控制取决于个人的模仿或对他人的行为亦步亦趋的本能趋向。个人会把他人的行为当作模板。孩子天生的模仿能力强，会竭尽全力把他人确立的行为模板在自己的行为系统中重演出来。根据我们的理论所说的“模仿”是个容易引起误解的名词，事实上，它是指与他人共同运用某些东西来达成双方都感兴趣的结果。

这种流行的模仿概念存在根本的错误，如同马在后车在前，因果本末倒置。无疑，许多个体只有有了共同的思想和相互的了解后，才会组成一个社会群体。他们在类似的环境中，通常会根据起控制作用的相同观念、信念和意向采取行动。从外在表现看，可以说他们是在进行相互“模仿”，意即他们在用相同的方法做同样的事情。这种说法也许非常正确。可是，“模仿”不能充分说明他们为什么会采取这种行动。“模仿”的意思，只是把对事实的重复说成了事实本身。这种解说的表达方式很像一句俗话：“因为鸦片有催眠效果，所以它会使人入睡。”

我们的许多行为动作都存在着客观的相似性。我们会因为自己的行为动作与他人保持了一致而感到心满意足，我们把这样的表现称为模仿。接下来，这个社会事实会被当作产生相似行为状态的心理学力量。

事实上，所谓模仿，意指绝大部分在组织结构上相似的人们，以同样的方式对相似的刺激做出的回应。人因受到侮辱而怒不可遏并想打击侮辱者，这并非由于模仿才会如此做。对这种说法，也许会有人引用一个不容置疑的事实来反驳，即不同的群体有不同的风俗习惯，他们对侮辱会采取不同的回应方式。在一个群体中也许会用拳头来解决，在另一个群体里可能会用决斗来解决，而在第三个群体里则可能会用轻蔑的漠视来解决。有人说，之所以会发生这种情况，是因为模仿的模式不同。但我认为用不着求助于模仿。群体的风俗习惯不同这个事实说明，行为受到的实际刺激是不同的。另外，意识明确的教学也起了部分作用；早先对行为的称赞和斥责会对其产生很大的影响。事实上，如果一个人不根据其所在群体流行的方式行动，那么实际上他已脱离这个群体。一个人要想在亲密和平等的意义上与他人进行联合，那么他的言行举止必须和其他人保持一致。一个人以一种方式行动，就会得到允许参加群体的活动；以另一种方式行动，就会遭受拒绝，不能参加群体活动。这一事实带来的压力是持续不断的。所谓模仿的效果，主要是意识明确之教学的产物，也是与其关联的人的下意识赞同和认可产生的选择性影响的产物。

如果有个人把一个球滚给一个孩子，这个孩子接住球后，又把球滚回给他，游戏就会这样进行下去。这里的刺激，不只是看见了球或看见了滚球的人。刺激是这个情境——正在玩的游戏。这里的回应不只是做出把球滚回去的动作，而是为了让他人把球接住从而把球滚回给他，他人会再把球滚回来——这样游戏就可以继续下去。这里的“样式”或模式并不是其他人的行为。整个情形要求每个人都考虑到他人已经在做的事情和将要做的事情，以此来调整自己的行为。其中可能存在着模仿的作用，但其作用显然是次要的。孩子出于自己的利益考虑而对这个游戏产生了兴趣，他希望把游戏继续下去。为了提高自己的接球和滚球技能，接下来他也许会关注他人是怎样接球和抓球的。他在模仿行为方式，而并非模仿行为动作的结局或要做的事情。他之所以要模仿这个行为方式，是因为这是代表他自己的主动精神的一部分，他希望有效地参与这个游戏。孩子从幼小时候起，为了成功实现自己的企图，会不折不扣地依靠模仿，使自己的行为与他人的行为完全吻合，他明白参照他人的行为举止去采取相应的行动能得到何种奖励，并去理解他人的行为举止，以便自己能依样画葫芦。从这种情况来看，要求在行动中的想法一模一样的力量如此巨大，求助于模仿就显得多余了。

其实，鹦鹉学舌似的模仿和为了实现某种目的而模仿是截然不同的。鹦鹉学舌似的模仿是在做表面的和暂时的事情，对性格的影响很小。白痴最善于进行鹦鹉学舌似的模仿，这种模仿影响外在的行为表现，却并不影响行为表现的意义。当我们看到孩子进行鹦鹉学舌似的模仿时，我们不会鼓励他们（假如这种模仿是作为社会控制的重要方法而存在，我们就必须鼓励），还可能责备他们简直就像类人猿、猴子、鹦鹉或盲目的模仿者。从另一角度来看，如果把模仿作为完成一件事情的手段，模仿就变成了理性的行为。这种模仿包含着细致的观察和谨慎的选择，选择是为了使其能把已尝试在做的事情做得更好。如果为了实现某个目的而运用模仿本能，那么模仿本能可能会和其他本能一样，变成发展有效行为的一个因素。

上面的探讨有效地强调了我们的结论，即：真正的社会性控制意味着要形成一定的心理倾向，意味着形成理解事物、事件和行为动作的方法，从而使我们能有效地参与共同活动。只有遭遇他人的拒斥而引发争执时才会产生这样的看法：通过强迫采取一系列与自然倾向相反的行为，就会出现社会性的控制方法。只有不考虑人们互相关心的情境（或对彼此回应的行为产生兴趣），才会把模仿当作促进社会性控制的主要力量。

四、教育上的一些应用

为什么一个野蛮群体会一直处于未开化状态，而一个文明群体则保持着文明状态？我们的脑海里浮现的第一个回答恐怕是：因为野蛮人就是野蛮人，野蛮人智力低下，或许其道德观念也存在不足。但慎之又慎的研究使我们对野蛮人的先天能力是否明显低于文明人的先天能力产生了怀疑。可以确定的是，先天的差异不足以用来解释文化的差异。在某种意义上讲，来自野蛮群体的人的心智水平是其落后制度的结果，而不是落后制度的原因。他们所从事的社会活动，使其所要注意和所感兴趣的东西受到限制，由此，这种社会活动也使能够促进智力发展的刺激受到限制。即使对于他们关注范围之内的事物，原始社会的风俗也会吸引人们的观察力和想象力，使其心智素养得不到任何成长。缺乏对自然力的控制就意味着，只有少量自然事物进入到共同行为之中。只有少量自然资源得到了利用，而且利用得还不恰当。文明的进步就意味着大量的自然力量和自然事物转化成了人类的行动工具，转化成了确保目的实现的手段。与其说我们具有优越的接受能力，不如说我们拥有引发和指导我们的接受能力的高级刺激。野蛮人所应对的大部分是天然的刺激；我们却能权衡刺激。

过去人类的努力使自然环境得到了改造。按原貌存在的自然环境对人类的努力漠不关心。每种经过驯化的动植物、每件工具、每个用品、每种器械、每种工业品、每种装饰品、每件艺术品，都是在把过去人类特殊活动中存在的充满敌对或漠视的环境，变成友好而有益的环境。由于今天的孩子所参与的活动都会受到选择过的有力刺激的控制，所以人类需要经过漫长而痛苦的岁月才会得到的东西，孩子在短短的一生中就能获取。人类与自然界的斗争，承载着前人所获得的所有成就。

现在存在的许多刺激，都能引发出经济有效的回应。比如说，我们的道路系统和交通工具，我们得心应手掌控的光、热和电，我们现有的各种机器和仪器，这些东西本身或是它们的组合体并不构成文明，可是我们能够使用这些东西便是文明了。如果这些东西不存在，就谈不上使用了。如果没有这些东西，我们得把时光用来与恶劣的自然环境进行生存抗争，抵御严寒。现在，可以把这些时间节省下来了。前人所积累的知识可以传承，知识转化成的物质设备所引发的结果与自然界的其他现象相匹配，知识的合法性就得到了保证。

我们上面谈到的许多工具会给我们提供一种庇护，或许是主要的庇护，使我们不再由于对自然界缺乏了解而产生迷信思想、荒诞神话和贫乏想象。过去，人类把许多最充满智慧的力量都花在了这些事情上面。现在，我们有许多工具可以利用，如果再增加一个因素，即我们为了真正的共同生活或共处生活而使用这些工具，那么这些工具就会变成积极的文明来源。如果说物质资源仅有我们十分之一的古希腊创造了充满理性的、富有价值而且瑰丽无比的艺术事业，这主要缘于古希腊把其所有工具都用来实现社会目的。

然而，不管怎样的情境，无论情境是野蛮的还是文明的；无论情境对自然力量能有限制地控制，还是部分受到还没有归属于共同经验的机制的约束，只要人类行为有另外的东西介入其中，就会提供日常生活中有教育意义的情境，就会指导智力倾向和道德倾向的形成。

我们早已谈到过，意图明确的教育是经过专门选择的环境，这种环境使用的材料和方法，所带来的成长都会朝向令人惬意的方面。因为语言是为社会生活的益处而经受了最大限度改造的物理环境，物质的东西在变为社会工具的过程中已经丧失其原有特性，所以与其他工具比较而言，语言应该是起着最大作用的工具。我们通过语言间接地参与人类过去的经验，由此拓展和丰富了当前的经验。我们能够通过符号和想象去预料各种情境。语言能够通过记录社会成果和预言社会前景来浓缩意义。自由享受值得过的生活，其意义非同小可。因此目不识丁和未受教育几乎成了同义语。

然而，学校强调语言这一特殊工具存在着危险。这种危险不是表现在理论上，而是表现在实践中。虽然灌输式教学和被动吸收式的学习普遍受到人们的谴责，但它们在实践中为什么如此根深蒂固呢？教育并非一件“告知”和被告知的事情，而是一个主动的建构过程。这个原理，在理论上几乎人人承认，而在实践中却又几乎无人不违反。这种令人遗憾的情形难道不是由于原理本身不过是被人告知的教条吗？这个原理只是被人宣讲、被人讲授、被人写作的对象而已。但是如果这个原理要在实践中得到贯彻，就要求学校环境配备执行的机构、各种设施和具体的材料，可这样的要求很少能够达到。要实践这个原理就需要改变教育和管理的方法，使学生能够直接并且持续不断地利用事物进行学习。我们的意思并不是要削弱对语言这种教育资源的运用，而是要使语言和共同活动建立起规范的联系，使语言的运用更有生气和成效。“这些事情你们理应把它们做好，但不能不顾及别的事情。”对学校来说，应该做的“这些事情”意味着为合作的或共同参与的活动提供各种设施和设备。

如果学校与校外环境中的有效教育条件脱离，学校必然用书呆子似的、虚假的理性精神来代替社会性的精神。孩子毫无疑问要到学校来学习，但是，如果孩子的学习成为与社会没有联系的目标单一的事情，学习行为能否有效发生，就有待证明了。如果把学习看成与社会没有联系的事情，就会排除由于参与有共同兴趣与相同价值观的活动而获得的社会意义。努力获取孤立的知识，是与学习目的背道而驰的。我们让一个人与外界产生联系，也许能让其参与活动学会动作，让其感官产生兴奋，但是，我们没有办法让他理解各种事物在生活中存在的意义，没有办法让他理解他自身就是生活的组成部分。我们可以保证他获得从技巧上掌握代数、拉丁文或植物学方面的专门能力，但无法形成指导此种能力去达成有用目的的智慧。一个人只有通过从事共同活动，在这种活动中运用材料和工具，并有意识地模仿其他人运用其能力和设备，他的倾向才会获得社会性的指导。

总　　结

儿童自然或本能的冲动与其出生所在的群体的生活习惯存在着差异。因此，需要对他们进行指导或疏导。这种指导或疏导作为控制与身体受到控制并不一样；前者把在任何时间起作用的冲动集中到某种具体的目的上来，并使一连串的行为动作前后一贯、井然有序。他人的行动常常受到引发其行为的刺激的影响。但在某些情况下，人们给出的刺激，如命令、禁止、赞同和谴责，会直截了当地影响行为。因为在这样的情况下，我们在意图明确地控制他人的行为，我们极有可能对此种控制的重要性夸大其词，结果让永久有效的方法没有用武之地。基本的控制取决于儿童所处情境的性质。在社会情境中，儿童必须以他人正在做的事情为参照，来恰如其分地选择自己的行动方法，这样一来，儿童的行动就能得到指导，使行为结果趋向一致，并使参与者达成共识。大家采取不同的行动却达成了同样的目标（即殊途同归）。对行动的手段和目的达成共识，乃是社会控制的本质所在。这种社会控制是间接的控制，或者说是情感控制和理智控制，而不是直接的控制或个人控制。进一步说，这种控制是内在于一个人的情感、态度、价值观（倾向）的，不是外在的，也不是强迫的。教育的任务就在于，借助认同兴趣和达成共识的方式来实现这种内在控制。尽管书籍和对话能起相当大的作用，但这些手段常被过度依赖。学校为了充分发挥其效用，便给受教育者创造更多的机会参与共同活动，通过共同活动使受教育者的力量及其所使用的材料和工具都获得社会的意义。

第 4 章　教育即成长

一、成长的条件

社会通过指引青少年活动方向的过程来决定青少年的未来，同时也决定着社会自身的未来。由于一定时代的青少年将在今后某个时间成为下一个时代的社会组成部分，所以这个时代社会的性质主要取决于上一时代给予青少年活动的方向。这种面向未来结果的累积行动就是成长的含义。

成长的基本条件是未成熟状态。我们说一个人只能在他未发展的某些点上发展，这似乎是不言自明的真理。可是，“未成熟状态”这个词的前缀“未”却有一些积极的因素，不仅仅意味着空无或缺乏。值得注意的是，“才能”（capacity）和“潜能”（potentiality）这两个术语都有双重含义：一个意思是消极的，另一个意思是积极的。才能可以仅指接受能力，如 1 夸脱（美制，0.946 升）的容量。我们可以把潜能仅仅理解为潜伏或休眠的状态——在外部影响下才会变成某种不同的东西的才能。但是，我们也可以把才能理解为一种能力，一种力量；把潜能理解为一种效力，一种势力。现在我们说未成熟状态意味着成长的可能性时，这句话的意思并不是说现在不具备的能力到了后来就会具备；而是指现在就存在着积极的势力，即发展能力。

用比较的眼光而不是内在的眼光看待儿童期时，我们就会倾向于把未成熟状态只是看作缺乏，把成长看作弥合未成熟的人和成熟的人之间存在的沟壑。我们之所以只是把儿童期作为匮乏的代名词，是因为我们在用成年期作为固定标准来衡量儿童期。这样一来，我们就会把注意力集中在儿童现在所没有的、直到他长大成人时才会有的东西上。这种比较的立场，如果为了某种目的倒是有足够的合法性，但是，如果我们把这种立场看作不能改变的终极真理，那就会产生疑问：我们是否应该对这个唯我独尊的自负断言感到内疚。如果儿童能清楚流利并且感情真挚地表达自己的意思，他们将会讲述一个截然不同的故事。而且也有优秀的成人权威人士让我们坚信，在某些道德的和智力的意图方面，成人必须变成“小小孩”才行。

当我们对把设置一个静止的目的当作理想和标准进行慎重考虑时就会发现，未成熟状态存在着消极性质的可能性，这个假设隐含着显而易见的严重后果——把不断成长的实现理解为已经完成成长，换言之就是停止成长（ungrowth），即不再继续成长。从下面的事实可以看出这个假设是无益的：任何一个成人都会厌恶有人说他没有进一步成长的可能性了；而且一旦他发现自己没有进一步成长的可能性时就会悲痛欲绝，他会把这个事实当作丧失的证据，而不会转而寻求过去取得成就时其充足力量显现的证据。为什么我们对儿童和成人采用不平等的衡量标准呢？

如果我们不用比较的眼光，而是用绝对的眼光来看待未成熟状态，那么，未成熟状态就意味着一种积极的势力或能力——成长的力量。我们没有必要像一些教育学说所讲的那样，从儿童那里激发出或引发出各种积极的活动。哪里有生命存在，哪里就已经存在着充满渴望和激情的活动。成长并不是从外部加诸儿童身上的东西，而是他们自己所做的一切。

可能性存在着积极的、具有建设性的方面，这是理解未成熟状态的两个主要特征——依赖性（dependence）和可塑性（plasticity）的关键。听到把依赖性说成某种积极的东西时，未免让人觉得可笑；把依赖性说成一种力量，就更加让人觉得荒谬。然而，如果依赖性就是完全的无能为力，那么发展就永远不会发生。一个十足的软弱无能的人，永远需要依靠别人的关照、扶持。依赖性伴随着能力的成长，而不是越来越陷入寄生状态，这个事实暗示了依赖性已经是某种具有建设性的东西。只是寄人篱下不会促进成长。因为：寄人篱下不过是给软弱无能筑起了一道围墙。就物质世界而言，儿童是无能为力的。在出生时和之后相当长的一段时间内，他不能独立行走和维持自己的生命。如果必须自己生存，那么他恐怕连一小时都难以存活。在这个方面，儿童几乎是完全的无能为力，幼小的动物则要比他强得多。婴幼儿的身体是虚弱的，不能运用他所拥有的力量去应付物理环境。

1. 这种彻底的无能为力的特征，暗示着具有某种补偿的力量。幼小的动物早期就具备能够很好地适应物理环境的相应能力。这个事实表明，幼小动物的生命与它们身边动物的生命并没有密切的联系。可以这样说，由于动物缺乏社交天赋，所以它们必须具备身体优势。人类婴儿的身体软弱无能，之所以还能生存下去，正是因为他们有社交的能力。我们偶尔谈起儿童、想到儿童，似乎他们只是社会环境中的一个物体；似乎社交力量只是存在于照料他们的成人身上，儿童只不过是被动的接受者而已。如果说儿童自己本来就具有巨大的力量去引起他人的合作注意，也许会被认为是在转弯抹角地说，成人对儿童的需要十分关注。但是，观察表明儿童天生就有上等的社交能力。儿童所具有的灵活性和敏感能力，很少有成人能够把其保持下来。儿童对其周围的人的态度和行为都会产生同情的回应。儿童对物质的东西不太注意（因为无力控制它们），相应地强化了他们对成人所做事情的兴趣和注意，这两方面是相互伴随的。儿童天生的机能和冲动都倾向于敏锐的社会反应能力。儿童在进入青少年期以前是利己主义的和自我中心的，这个说法即使是正确的，也和我们前面表达的观点没有矛盾。这个说法只不过揭示了儿童的社会反应能力是用来为自己的利益服务的，并不是说儿童根本不存在这种社会反应能力。但是，事实上，这个看法并不正确。用来证明儿童是纯粹的利己主义者的事实，实际上说明了儿童达成其目标的愿望的强烈性和直接性。如果构成目标的许多结果在成人看来是狭隘的和自私的，这仅仅是因为成人（借助幼年时类似的专注行为）已经获得了这些结果，所以他们不再对此有兴趣。所谓儿童保留下来的天生利己的成分，大部分不过是与成人利己主义相反的利己主义而已。成人过于专注于自己的事务，而对儿童的事务则没有兴趣。毫无疑问，儿童似乎无缘无故地专注于他们自己的事务。

从社会的立场看，依赖性指的是一种力量而不是虚弱；依赖性牵涉到相互依赖。总是存在着这样一种危险，即个人独立性的增强将会降低个人的社会能力。让一个人更多地依靠自己可能使他越发地自以为是；可能使其走向离群索居，对外界漠不关心。一个人过分独立，常常使其对与别人的关系感觉迟钝，以致产生一种错觉：自己真的能独善其身，自行其是——这是一种莫名的疯狂，世界上大部分本可挽救的苦难都要归咎于这种疯狂。

2. 未成熟的人为了成长而具有的特殊适应能力，构成其可塑性。这种可塑性与油灰或蜡的可塑性截然不同，它并不是一种由于受到外来压力就会改变形状的性能。这种可塑性与柔韧的弹性相近，有些人能够富有弹性地与其周围的环境共舞，与此同时保持自己的倾向。当然，人的可塑性比伸缩性更加突出，从本质上讲，可塑性就是从经验中学习的能力，是根据经验而保持的力量，可以用来应对以后面临的情境中的困难。这就意味着可塑性是以先前经验的结果为基础从而改变行为活动的力量，是发展各种倾向的力量。没有这种力量，就不可能养成习惯。

高等动物的幼崽，尤其是人类的婴幼儿，必须学会利用自己的本能反应，这是大家熟悉的事实。人类生来比其他动物具有更多的本能倾向。但是，在出生后不久，低等动物的本能就会为了适应活动而自行完善，而人类婴儿的本能按其本来的状态，大部分都不会有什么用处。一种原始的专门的适应能力会立刻发挥作用，就好比一张火车票只能用在一条路线上一样。一个婴儿要运用他的眼睛、耳朵、双手和双腿，必须尝试进行各种不同的组合反应，从而实现灵活多样的控制。比如说，一只小鸡孵出后几个小时就能准确地啄食。这就是说，小鸡用眼睛看东西，动用身体和头部用嘴啄食，这几个动作达到准确且协调的程度，只要经过几次试验就得以完成。而一个婴儿出生后6个月，才能够实现用眼看物和伸手接近准确地抓物这两个动作的协调；也就是说，要6个月他才知道自己是否能伸手抓到他所看见的物体以及怎样才能抓得着。结果，小鸡反而受到原来本能相对完善的限制。人类的婴儿则具有这样的优势：进行大量尝试性的本能反应，并伴随着这些反应得到许多经验，即使这些尝试性反应会相互阻碍，以致使其暂时处于不利处境也没关系，这种情况不过是暂时的。人类学习一种动作，并不是按照现成动作去做，而是必须学习多种多样的因素，根据不同情形做出不同因素的组合。人类学习一种动作时，能够开发出许多方法，应用到其他的情境中去，由此创造持续前进的可能性。更为重要的是，人类获得了学习的习惯，学会了怎样学习。

依赖性和可变控制这两个事实在人类生活中至关重要，这个原理早就有人在论述延长婴儿期的重要意义时对其进行过总结[①]。婴儿期的延长，无论从人类群体中成人的观点还是未成年人的观点来说，都意义非凡。儿童的依赖性和好学性会刺激成人去教养和抚爱他们。儿童需要成人持续不断的呵护，主要办法也许就是把暂时的同居转变为永久的婚姻。儿童被持续呵护的主要影响在于，形成关爱和富有同情心地照顾别人的习惯；对别人的幸福有积极的兴趣，这是共处生活必不可少的因素。从智力方面来说，这种道德方面的发展意味着会引进许多需要关注的新东西，从而激发对未来的高瞻远瞩并为未来设计蓝图。因此，道德

① 许多作家提出过延长婴儿期的意义，约翰·费斯克（John Fiske）在其《一个进化论者的游记》一文中首先对其进行了系统的阐述。

和智力之间存在着一种互惠互利的影响。社会生活日益复杂，儿童需要一个较长的婴幼儿期来获得所需要的力量；这种依赖性的延长意味着可塑性的延长，或者说意味着获得可变的和新颖的控制模式的力量。因此，这种延长会进一步地推动社会的进步。

二、习惯即成长的表现

我们已经提到过，可塑性是保持和提取先前经验因素来修正后续活动的能力。可塑性意指获得习惯或发展一定倾向的能力。现在，我们有必要仔细思考一下习惯的显著特征。习惯是一种执行技能或做事效率。习惯的意思是把自然条件作为手段从而达到自己目的的能力。习惯就是通过支配行动器官从而主动地掌控环境。我们也许倾向于强调对身体的控制，而不重视对环境的控制。我们会想到步行、谈话、弹钢琴，以及雕刻师、外科医生和桥梁建造师的专业技能，好像他们的技能不过是行为器官表现出来的流畅、灵巧和精确而已。当然，这说得没错。但是，衡量这些行为品质的价值标准在于，他们确保了能对环境进行经济而有效的控制。我们能够习惯走路，是因为我们能够掌控自然界的某些属性，所有其他的习惯也是同样的道理。

教育常常会被界定为获得各种习惯，从而使个人能有效地适应环境。教育的这个定义表达出了成长的本质。但是，这个定义中的“适应”必须从主动控制手段从而达到目的的意义上来理解。如果我们把习惯仅仅看作有机体内部引起的变化，而忽视这种变化旨在形成有效应对环境中后续的种种变化的能力，就会把“适应”理解成与环境保持一致，正如用一块蜡刻印章一样，环境被看成某种固定不变的东西，这种固定不变性会为有机体内部发生的变化提供结果和标准；适应不过是使我们自己与外部环境的这种固定不变性达成一致[①]。如果把习惯理解为“习以为常”（habituation），的确是相对有点被动。我们习惯于自己周围的事物——我们习惯了穿衣服、鞋子和戴手套；我们习惯于变化不大的气候；习惯于朋友聚会，等等，这些都含有被动的性质。为了与环境保持高度一致，只让有机体内部做出改变，而不考虑有无能力改变周围环境，这就是习以为常的显著特点。我们不能把这种适应（不妨称之为迁就，以此与主动适应区别开来）的特点用来理解主动利用周围环境的习惯。除此之外，还要注意的是，“习以为常”有两个主要特点。第一个特点是，我们首先通过使用事物而习惯于这些事物。

想一想我们是怎样习惯一个陌生城市的吧。我们刚到一个城市时，遇到的刺激太多，会引起过多的、不太适应的反应。慢慢地，我们会选择一些与自身紧密相关的刺激做出反应，而把其他的刺激降级到我们不再对其做出反应的程度，或者更为确切地说，我们对这些刺激已经做出了持续长久的反应，已产生了适应心理。这种永久的适应给我们提供了一个随情形变化而做出具体适应的背景，这就是“习以为常”的第二个特点。我们从来不会热衷于改变整个环境；我们会理所当然、怡然自得地接受很多事情。在这种情况下，我们的行为活动会聚焦于某些点上，努力对此进行必要的改变。由此，所谓“习以为常”就是当时我们对还没考虑改变的环境的一种适应，这种环境对我们的主动习惯具有益处。

总而言之，适应既指我们的活动对环境的适应，也指环境对我们的活动的适应。比如说，一个原始部落想方设法在沙漠平原上生存下来。适者生存，但是其适应包含着最大限度的对现实的接受、忍耐和容忍，适应即最大限度地被动默认和最小限度地主动控制和利用环境。后来，文明社会的人出现（在同样的土地上）了，他们也尽力使自己适应，他

---

① 当然，这个概念与前一章所研究的刺激和反应的外部关系的概念及本章所研究的未成熟状态和可塑性等消极概念在逻辑上也是彼此相关的。

们引水灌溉；寻找能在这种环境下茂盛生长的植物和繁殖生存的动物；通过慎重的选择，改良正在那里生长的动植物。这样一来，这片荒芜的土地变得像盛开的玫瑰园一样。原始部落只是习以为常地顺应环境；文明社会的人却有改造环境的习惯。

然而，习惯的重要意义并不限于习惯的执行和发动方面。习惯还意味着培养理智的倾向和情感的倾向，使行动变得更轻松、经济和高效。无论什么习惯，都标志着一种倾向——能主动选择习惯运行的环境。习惯并不像米考伯式的人物①那样，等到刺激出现后才有事可做。习惯会主动地寻求进入全面运转的机会。如果习惯的表现受到不恰当的阻碍，就会表现出不自在和强烈的渴望。习惯也具有智力的印迹。哪里存在着习惯，哪里就存在着需要采取行动熟悉所用材料和设备的情况。有确切的方法可以用来理解习惯起作用的情境。思维、观察和反思的模式，变成各种各样的技能和要求一起进入到习惯之中，这些习惯使人成为工程师、建筑师、医师或商人。不熟练的劳动中存在的智力因素很少，这恰巧是由于它们所包含的习惯等级不高的缘故。判断和推理的习惯就如操纵一种工具、绘制一幅图画或操作一个实验的习惯一样。

但是，这些陈述只是轻描淡写的说法。在用眼和用手的习惯之中包含了心智的习惯，就会使用眼和用手的习惯的意义增加。首先，习惯的智力因素使习惯与各种灵活多变的关系固定下来，因而也就与持续成长产生关系。我们常说固定不变的习惯（fixed habits），这个词语的意思可能意味着人们已经拥有的种种力量会成为他们的资源，一旦需要他们随时可以调用。但是，也有人用这个词语表达这些意思：老规矩，陈规陋习，没有新鲜感，心胸狭隘，缺乏创造性。习惯的固定不变性是指，有些东西牢牢地控制着我们，而不是我们自由地控制着这些东西。这个

① 英国作家狄更斯的小说《大卫·科波菲尔》中的人物，幻想突然走运的乐天派。——译者注

事实说明了关于习惯概念的两个普遍观点：一个观点把习惯等同于机械呆板的、外部的行动模式，它忽视智力和道德的态度；另一个观点往往赋予习惯不好的意思，把习惯和“坏习惯”等同起来。很多人可能会对人们把他们选择职业的心理倾向称作习惯感到惊讶，他们不自觉地会把抽烟、喝酒或使用俗气不雅的语言看作典型的习惯。对这类人而言，习惯就是某种控制着他们的东西，某种被判断为该受谴责却轻易扔不掉的东西。

习惯与智力脱离到何种程度，习惯变成例行公事式的行为方式或是使做事变成苦差事就会到什么程度。例行公事式的习惯就是不假思索的习惯；“坏”的习惯割裂了与理智的联系，与有意识地审思与抉择所得出的结论背道而驰。我们已经理解了习惯的养成是由于我们天性所固有的可塑性：我们具有各种应对变化的能力，从而能发现恰当而有效的行动方法。例行公事式的习惯会控制我们，而不是我们控制它们，这种习惯终结了可塑性，是应对变化的能力丧失的标志。毫无疑问，随着年龄的增长，有机体器官的可塑性、行为动作的生理基础会逐渐衰退。童年时代天生好动和盼望变化的行为表现，以及对新刺激和新发展的爱好很容易“安定下来”，由此厌恶改变，乐于躺在过去的成绩上睡大觉。只有当在养成习惯的过程中会充分运用智力的环境存在，才能抵制不思改变的这种倾向。当然，有机体的老化也会影响与思维有关联的生理结构。但这个事实只是表明，需要一直关注使智力作用发挥到最大限度的可能性。如果我们目光短浅，求助于机械呆板和反复的操练来获得习惯的外在效率，追求没有思维参与的动作技能，就等于是蓄意束缚成长。

三、发展概念的教育意义

本章讲到这里还没怎么谈到教育。我们一直在致力于探讨成长的条件和含义。当然，如果我们得出的结论正确，结论就包含着明确的教育结果。当我们说教育就是发展时，这取决于对发展的含义的理解。我们的结论是：生命就是发展；不断发展，不断成长，就是生命。用教育术语来讲，就是：（1）教育过程本身就是目的，教育过程之外不存在目的；（2）教育过程是一个持续重组、持续建构和持续转变的过程。

1. 当我们使用比较观点即从儿童和成人生活的特点来解释发展时，发展的意思就是将能力引导到特别的渠道上来，如养成各种习惯，这些习惯包含执行技能、明确兴趣以及特定的观察和思维的对象。不过，比较的观点并不是最终的结论。忽视儿童具有特别能力这个事实，就是阻碍成长所依赖的器官的发育，或是可能使其畸形发展。成人会利用自己的能力改造环境，由此引发许多新的刺激，这些新刺激进而引导其各种能力得到不断的发展。不顾这个事实的话，发展就会受到阻碍，就会变成被动的适应。换句话说，正常的儿童和正常的成人都在不断成长。他们之间的区别不是成长和不成长的区别，而是适合于不同情况的不同成长方式的区别。就发展专门解决具体的科学和经济问题的能力方面而言，我们说儿童应该向成人方向看齐。就富有同情心的好奇心、不偏不倚的敏感性和开放的心灵而言，我们说成人应该像儿童一样成长。这两句话都是正确的。

我们在本章已经对三种思想观点进行了批判性的分析。它们是：未成熟状态只是剥夺性质的匮乏状态；发展就是对固定环境的静止适应；习惯具有呆板性。这三种思想都与成长或发展的错误观点关系密切，也就是说，都认为成长或发展就是朝着一个固定目标前进。它们把成长看作有一个目的，而不是把成长本身就看作目的。这三种错误思想在教育上会产生相应的错误看法：第一，不考虑儿童的本能或先天能力；第二，不发展儿童应对新情境的主动精神；第三，过于强调机械训练和其他确保自动反应技能的方法，但牺牲了个人的理解力。这三种情况都是把成人的环境作为儿童的标准，儿童的成长就是为了达到这个标准。

自然的本能要么被视而不见，要么被当作讨厌之物，即被看作应该受到压制的特征，或者是在任何情况下都应该与外部标准保持一致的应受谴责的特征。由于把遵从看作目的，所以青少年阶段的特性被忽视，自然的本能被看作调皮捣蛋或是不遵守纪律的根源。同时，又把遵从等同于千篇一律。结果就会导致青少年对新鲜事物不感兴趣，对进步产生反感，并且害怕不确定和未知的事情。由于成长的目的在成长过程之外，超越不断成长的过程，所以就不得不依靠外部力量来促使成长走向设定的目标。当一种教育方法被指责为机械的方法时，我们可以肯定这就是在依靠外部的压力来达到外部目的。

2. 既然实际上除了更多的成长之外，没有别的东西与成长有关系，那么，除了更多的教育之外，也就没有别的东西是教育所附属的。我们常常说，一个人可以离开学校，但不应停止接受教育。这句话的意思是说，学校教育的目的在于，通过组织和保证成长的各种力量从而保证教育得以持续不断地进行。人们乐于从生活本身学习，并乐于创造这样的生活条件，使人人能在生活过程中学习，这就是学校教育的最佳结果。

当我们放弃用成人的成就进行一成不变的比较来界定未成熟状态的尝试时，就会放弃把未成熟状态看成缺乏所渴望的特性的看法。放弃了这种看法，我们也就被强制放弃一种习惯思维，把教学看作向空无的心理和道德的洞穴中灌输知识，而这个心理和道德的洞穴等待着教学来填充。因为生命就是成长，所以一个人在一个阶段的生命和在另一个阶段的生命，是同样真实和同样积极的，这两个阶段的生命的内容同样丰富，地位同样重要。因此，教育就是，无论人的年龄大小，都向其提供保证其成长或足够生活条件的事业。起先，我们没有耐心对待未成熟状态，希望它过去得越快越好。于是，用这种方法教育出来的成人回顾儿童期和青少年期时会感到无穷的遗憾，只看到失却机会和浪费能力的景象。在我们承认生命有其内在的品质，而教育的任务就在于发展这种品质以前，这种具有讽刺性的情境将会继续下去。

认识到生命就是成长，使我们能够避免把儿童期理想化。把儿童期理想化的做法其实不过是懒惰成性。生命不是通过每个表面行为和兴趣得以认识的。尽管我们无法轻易断定，有些表面上看起来肤浅的玩闹行为，是否就是某种初生而未经训练的能力的征兆，但是我们必须记住，不要把表面现象当作目的本身。它们不过是有成长可能的征兆而已。我们要把它们转变成发展的手段和使能力进一步发展的工具，不要为了表面现象而纵容它们或培养它们。过于注意表面现象（同时使用指责和鼓励的方式）可能会使这些现象稳固下来，由此导致发展受阻。对于家长和教师而言，重要的是注意儿童的哪些冲动在向前发展，而不是注意他们以往的冲动是怎样的。关于尊重未成熟状态的正确原则，埃默森[①]的一段话表达得特别到位。他说："尊重儿童。家长不要过于摆架子。不要侵扰儿童的独处生活。可是对于这个建议，我却听到有人在叫嚷：你真的要放弃公开的和私下的约束孩子的缰绳吗？你真的要让儿童进入他自己热衷的奇思怪想的疯狂职业生涯，还把这种无政府状态称为尊重儿童的天性吗？我的回答是：尊重儿童，尊重他到底，但是也要尊重你自己。……关于儿童的训练有两点需要注意：保存儿童的天性，除了儿童的天性以外，别的都要通过训练去除掉；保存儿童的天性，但是阻止他胡作非为、干傻事和瞎胡闹；根据天性指引的方向来保存儿童的天性，用知识把儿童的天性武装起来。"埃默森接着指出，这种对儿童期和青少年期的尊重，并不会为教师开辟一条轻松而悠闲的道路，"立刻介入，要求教师有大量的时间、丰富的思想和许多生活经验。这种方法需要时间，需要经常运用，需要远见卓识，需要经历事情，还需要上帝的教导与帮助；只要想到了要运用这种方法，就意味着品格高尚和知识渊博了。"

---

① 埃默森（George Barrall Emerson，1797—1881），美国教育家。——译者注

总　　结

成长能力的大小既依靠别人的帮助，也需要借助于自己的可塑性。这两个条件，在儿童期和青年期达到需要的最高峰。可塑性或从经验中学习的能力，就意味着形成习惯。习惯使我们能够控制环境，并且能够为了人类的利益而利用环境。习惯有两种表现形式：一种形式是习以为常，即有机体的行动和环境取得全面的、持久的平衡；另一种形式是主动地调整自己的行动，以便能够应对新的情况。前一种习惯提供成长的背景；后一种习惯构成持续不断的成长。主动的习惯包含思维、创造发明和运用各种能力实现新目标的主动精神。这种主动的习惯和以阻碍成长为标志的墨守成规是截然相反的。因为成长是生命的特征，所以教育就是不断成长；在它自身以外，没有别的目的。学校教育的价值及其标准，就是看其能否激发持续成长的愿望，能否提供实现这种愿望的方法。

第5章 准备、展现和形式训练

一、教育即准备

我们已经对教育过程进行了界定：教育过程就是一个持续不断的成长过程，每个成长阶段的目的都是为了增强成长能力。这个观点和对教育实践产生过影响的其他许多观点形成了鲜明的对比。我们把对比讲清楚，这个观点的意思就会更加清楚地显露出来。第一个与它有强烈对比的观点是：教育是一种准备的过程或正在准备的过程。当然，所要准备的就是成人生活的种种职责和权益。儿童未被当作有完全正式地位的社会成员，他们只是被看作列在等待批准名单上的候补人员。这个观点只比下面这种看法稍稍高明了一点儿：成人生活本身是没有什么意义的，不过是作为“另外生活”的准备期而已。这种把教育看作准备的观点，只不过是我们曾经批判过的与成长的消极性质和缺乏性质有关的观点的另一种表达形式而已。因此，我们在此不再赘述，而是把注意力放在探讨把教育建立在这个基础上所产生的不良后果上。

第一，教育即准备这种观点会引起动力的丧失，原动力未能被利用。众所周知，儿童总是生活在当下状态，这不仅是一个不能回避的事实，而且是一个优势。将来只是作为将来而存在，它对儿童而言缺乏紧迫性和现实意义。为某件事情做准备，如果不知道要准备什么，也不知道为什么要准备，就等于是抛弃已有的力量，而在模糊不清的机会中寻找原动力。

第二，这种情况助长了迟疑不决和拖拖拉拉。所要准备的将来遥不可及；在将来变为现实以前要经过很长一段时间。为什么要急匆匆地为将来做准备呢？因为现在会提供许多精彩绝妙的机会，会提供各种惊险刺激的诱惑，所以把为将来做准备放在次要地位的诱惑就会大大增加。自然地，注意力和精力就会用在这些方面，作为结果，教育自然而然就增加了。但是，如果尽可能地使环境具有教育作用，那么就只需要更少的教育。

第三，用传统期望的一般标准和要求代替受教育者个人实现特殊能力的标准。用模糊不清和变化不定的观念，来代替以个人的优势和劣势为基础进行的严格而明确的判断，对青年在遥远的将来会成为什么样子做出预期。例如，一年结束准备升级时，或准备升入大学时，或开始承担与试用期不同的正式工作任务时，由于我们把注意力从控制关键点转移到了相对而言没有多大成效的方面，所以会对所造成的损失估计不足。这种预期性的办法最失败的地方，正是它自以为很成功的地方——自以为为将来做好了准备。

第四，根据准备的原则，人们不得不在很大程度上冒险把外在的愉快和痛苦用作驱动力。如果要准备的将来与现在的可能性是割裂的，就不会有激发力和引导力，因此就必须搭上另外的一些东西才能发挥作用。于是，人们就把奖赏作为许诺，把痛苦作为威胁。为了现在的缘故和为了生存需要而做的有益于身心健康的工作，大部分是无意识的。刺激因素存在于一个人实际上面临的情境中。但是，如果我们不顾及这个情境，就得告诉学生：如果他们不按规章做事，将要受到惩罚；如果他们按规章做事，就有望在今后的某一天获得报偿，以此补偿现在所做出的牺牲。每个人都知道，为将来做准备而忽视现在可能性的教育制度，大体上都不得不借助各种惩罚制度。然而，学生讨厌这种严厉苛刻和软弱无能的方法，于是准备原则又摇摆到另一个极端，把为将来做准备所需要的知识包上了一层糖衣，哄骗学生吃下他们本不想吃的一些东西。

这当然不是一个教育是否应该为将来做准备的问题。如果教育是成长，那么，这种教育必须循序渐进地实现现在的可能性，从而使个人有能力应对随后的各种要求。成长并不是利用零碎时间就能够完成的事情；成长是持续不断地走向未来的过程。如果校内和校外的环境能提供充分利用未成年人现有能力的条件，那么，从现在生发出来的将来是肯定能得到关照的。把教育看作为将来做准备，错误不在于强调为将来的需要做准备，而在于把准备将来作为现在努力的主要驱动力。由于为持续不断发展的生活做准备的需要是强烈的，所以，应该把所有精力用于使现在的经验尽可能地丰富和有意义，这样做绝对重要。于是，随着现在在不知不觉中融入将来，将来也就被关照到了。

二、教育即展现

有一种教育观念自称是根据发展的思想提出的。但是，这种教育观念，其一只手拿出来的东西，却被另一只手收了回去。发展没有被构想为持续不断的成长，而是被看作潜在能力向特定目标的展现。这个目标又被设想成为完成的、完美无缺的。任何阶段的生命都没有达到这个目标，只不过是向着这个目标的展现。从逻辑上说，这个观念不过是准备说的变种而已。实际上两者的区别在于：准备说的追随者重视正在准备的实际的和专业的职责，而发展说则谈到展现过程原理所具有的理想特点和精神特性。

主张展现说的人认为，成长和进步不过是一步步地向着终极不变的目标靠近，从静态地理解生命转到动态地理解生命的过程中，展现说是最后的思维弱点。它模仿动态的生活方式，对发展、过程和进步高唱赞歌。但是，它只是把发展和进步看作过渡性的，认为它们本身并没有什么意义。只有当发展和进步被看作离开现在正在进行的事情而向着某种目标前进时，发展和进步才有意义。因为成长只是向完满状态前进而已，所以最后的理想是固定不变的。一个抽象的不确定的将来控制着一切，其中包括贬抑现在的力量和机会。

既然完美无缺的目标和发展的标准离我们如此遥不可及，那么严格地说，它们根本就无法达到。因此，为了使对现在的指导成为可能，就必须把目标和标准转化为能够代表它的东西。否则，我们就会被迫把儿童的任何一个表现看作从内部的展现，因而都是神圣不可侵犯的。如果我们不设置某种正确的标准来代表这个理想的目的，借以判断某种态度和行为是否接近或远离这个标准，那么，我们的唯一选择便是撤走环境的一切影响，以免它们阻碍适当的发展。实际上，这种办法行不通，必须设置一个管用的替代物。当然，这就是成人希望儿童获得的某种观念。于是教师就通过“暗示性提问”或者某种别的教育方法，从学生那里“引出”教师所希望的答案。如果教师得到了所希望的回答，就证明儿童正在恰当地展现。可在这种指引中，学生总的来说是缺乏主动精神的，结果就是他们漫无目的地摸索想要的东西，而且会形成依赖别人提供线索的习惯。正因为这种方法模仿了一个正确的原则并声称得到了认可，所以它可能比直截了当地“告诉”造成的危害还要大。采用直接告诉的方法，至少儿童记得多少就会存留多少。

在哲学思想领域内，为提供一个对实现绝对目标管用的典型，曾经出现了两次有代表性的尝试。这两次尝试都是从人类生活中“内在的”整体观——绝对观——开始的。他们认为，完美无缺的或完满的理想不仅仅是一种理想；此时此地，它还在起着作用。但是，这种理想只是隐含地、“潜在地”存在着，或者只是处于被包裹的状态。所谓发展，就是逐渐地使被包裹着的东西变得显而易见。这两个哲学体系的创始人是福禄培尔（Fredrich Froebel，1782—1852）和黑格尔（Georg Wilhelm Friedrich Hegel，1770—1831）。他们对于如何逐步实现这个完满原则所提出的道路并不相同。按照黑格尔的思路，一系列的历史制度是绝对观念中包含的各种不同要素的体现，完满的原则是通过历史制度得以实现的。按照福禄培尔的思路，实现这个完满原则的力量，在于给儿童呈现与绝对观念的本质特性相匹配的象征物，这些象征物基本上属于数学象征物。当这些象征物呈现在儿童面前时，沉睡在其内心的整体观或完美观就会被唤醒。有一个简单的例子可以说明这个方法。每一个熟悉幼儿园的人都会了解组织儿童的形式是让他们围成一个圆圈。对儿童进行组织比较方便的做法就是用圆圈，但这样说并不充分。之所以必须使用圆圈的方式，是“因为总的来说，圆圈是人类共同生活的普通象征符号”。

福禄培尔认识到儿童天赋能力的重要性，他对儿童的热情关注以及他在劝引他人研究儿童方面的影响力，也许代表了现代教育理论中使成长的概念得到普遍认可的最有效力的一股力量。但是，他把发展理解为现成潜在的原理的展现，这种理解严重阻碍了他的发展观念的表述和促进发展的方法的组织。他没有看到持续不断的成长就是成长，持续不断的发展就是发展，因而强调已经完成的结果。他设定了一个目标，这个目标意味着成长会受到阻碍。他设置了一个标准，只有转换成一种抽象的和符号的公式，方可在实践中直接用来指导才能。

一个完全展现的遥远目标，用专门的哲学语言来表达就是先验论。也就是说，这种遥远目标与直接经验和觉察力毫不相关。就经验而论，这种目标是空洞的；它代表一种模糊不清的多愁善感似的愿望，而不代表可用理智把握和说明的东西。这种模糊性必须用某些先验的公式来弥补。福禄培尔就这样把经验中的具体事实与先验的发展理想联系起来，即把前者作为后者的象征物从而把两者联系了起来。根据某种主观独断的先验公式——每一个先验的观念都必定是主观独断的——把已知的事物作为标志、象征，这种做法容易引起一种浪漫的想象，捕捉引起想象的任何相似的东西，并把它们当作金科玉律。在制订运用符号的计划之后，必须发明某种明确的方法，使儿童能够理解所运用的感觉符号的内在意义。成人是运用整套符号的计划的制订者，他们自然也是使用这种方法的创造者和控制者。这样一来的结果就是，福禄培尔对抽象的象征主义的热衷，常常会胜过他的富于同情心的洞察力。由此，教育史上曾出现这样的情况：以主观独断的、从外部强加的命令式的计划代替了发展。

根据黑格尔的观点，要想找到一个对应物，能够用来代表难以理解的绝对观念，并且是具体的东西，就得采取制度形式而不是采取象征方式。黑格尔的哲学与福禄培尔的哲学一样存在着片面性，从一个方面表达了正确生活过程的观念，在这方面做出了不可或缺的贡献。黑格尔非常了解抽象的个人主义哲学观的缺陷；他认识到根本就不可能彻底扫除种种历史制度，根本就不可能把这些历史制度看作产生诡计和欺诈的专制主义的东西。黑格尔成为历史哲学和社会哲学的集大成者，他系统地总结了德国历史上著名思想家如莱辛、赫德尔、康德、席勒、歌德等人的学说，使人们认识到伟大的人类集体制度这个产物的教育力量。从那以后，凡是了解这个思想运动的教训的人，都不可能把种种制度或文化看作人为的东西。这个运动的教训从观念上而不是从事实上彻底摧毁了把“精神”看作纯粹现成的个人占有物的心理学，表达了“客观精神”（objective mind）——语言、政府、艺术、宗教——在形成个人精神方面的重要意义。但是，由于黑格尔对绝对目标观念念不忘，他不得不根据具体情况把种种制度排成一步一步向上接近目标的阶梯。每一级阶梯在时间上和地点上都是绝对必需的，因为每一级阶梯都是绝对精神的自我实现过程中的一个阶段。这种一级一级的阶梯的存在被证明是完全合理的，因为它是被称为理性（Reason）的整体的一个组成部分。与制度相反，个人没有精神权利；个人的发展和教养在于老老实实地吸收接纳现存制度的精神。教育的本质是遵从规范，而不是改变心情。历史表明各种制度是变化的，但是制度的变化、国家的兴衰都是“世界精神”的事情。至于个人，只有伟大的“英雄人物”才是“世界精神”的代言人，其他个人则与“世界精神”并无瓜葛。19 世纪末期，这种典型的唯心主义和生物进化学说相结合，认为“进化”就是能够自己发展从而实现自己目的的一种力量。与进化的力量截然相反，或者与进化的力量比较而言，个人有意识的想法和偏好都是无能为力的。更确切地说，个人只不过是进化和成就自己的工具而已。社会进步是一种“组织内增长”（organic growth）而不是一种实验的选择。理性力量强大，但是只有绝对理性（Absolute Reason）才无所不能。

伟大的历史制度是对心灵进行智力培养的积极因素，这种认识（或重新发现，因为希腊人对这个概念很熟悉）对教育哲学而言是一个伟大的贡献。这种认识表明它既超越了卢梭的思想，又摧毁了卢梭的观点，是真正的进步。卢梭主张，教育必须是顺其自然地发展而不是从外部强加于个人或移植给个人，但卢梭认为社会条件不是自然的，这个观点有损他的主张。当然，黑格尔的理论也有其缺陷。黑格尔认为，发展的目标是完全的、包罗万象的，这种理论虽然夸大了抽象的个人，却淹没了具体的个性。黑格尔的一些追随者想用社会是一个有机整体或有机体的概念来调和整体性和个体性的要求。毋庸置疑，这个社会组织必须以个人能力的适当运用为先决条件。但是，如果按身体器官相互之间的关系以及身体器官与整个身体的关系来解释社会有机体的话，就意味着每个人都只有一种有限的地位和功能，需要用其他器官的地位和功能来补充。比如说，身体组织的一部分被区分开来，它可能是手而且只能是手，另一部分可能是眼睛，如此等等，身体的各个部分组成一个整体才成为一个有机体。说到社会，可以把每个人区分开来，一个人可以负责社会的机械操作，另一个人负责政治家的工作，第三个人负责学者的工作，等等。因而这种“有机体”的观念被用来为社会组织的阶层区分提供哲学认可——这个观念运用在教育上又意味着遵从外来的命令，而不是遵循自然的成长。

三、教育即官能的训练

在成长观产生很大影响之前，就有一种理论已经存在并且非常风行，那就是“形式训练”（formal discipline）的理论。这个理论有一个正确的观念，即教育的一个结果应该是造就使人获得做事的具体能力。一个受过训练的人在做对他自身而言非常重要的事情时，应该做得比没有受过训练的人更好。所谓“更好”，是指更加娴熟、更有效率、更加经济、更为敏捷，等等。说这是教育的一个结果，我们在前面的章节中讲习惯就是教育发展的产物时已经说过了，但是我们谈到的这个理论，从某种程度上讲是要走捷径，它把（下面列举出的）一些能力看作教学的直接而有意识的目的，而不只是作为成长的结果。一个人需要训练一定数量的能力，就如同人们列举打高尔夫球的人必须要掌握的几种打法一样。所以，教育应该以直接训练这些能力为目的。这个思路说明已经有各种能力以未经训练的形式存在着；否则，它们就可能是其他活动和力量的间接产物。既然这些能力已经存在，只是还没受到训练，那么教育所要做的事情就是持续地、分阶段地反复操练，使这些能力自然而然地得到提炼和完善。“形式训练”这个词语就是在这种观念上被应用的，所谓“训练”，既指经过训练的能力的结果，也指通过反复操练的训练方法。

在此谈到的种种能力，诸如感知能力、保持能力、记忆力、联想能力、注意力、意志力、感觉能力、想象能力、思维能力等，只要用提供的材料进行操练，各种能力就能形成。洛克（John Locke，1632—1704）对这个理论进行了经典的表达：一方面，外部世界通过我们的被动接受的感觉器官给我们提供材料或知识内容；另一方面，我们的心智有一定数量的现成能力，如注意力、观察力、记忆力、比较能力、抽象能力、综合能力，等等。如果心智能把事物按照自然本性进行区分和联合，知识就形成了。对教育而言重要的事情就是练习或锻炼这些心理能力，直到它们成为稳固的习惯为止。人们常用这样一个比喻：一个打台球的人或者体操运动员会用同一方式反复练习某些肌肉，最终使其获得自动反应的技能。甚至思维能力也能通过反复练习简单的区分及其组合从而形成受过训练的习惯。洛克认为，数学会给思维能力的训练提供不可比拟的机会。

洛克的主张很适合当时的二元论。这种说法似乎对心和物、个人和世界都能兼顾到。其中的一方提供心灵应该操作的知识材料和物质对象；另一方提供特定的心理能力，这些心理能力不多，可采用具体的练习对其进行训练。这个计划似乎应该对知识的材料给予应有的重视，但是它坚持教育的目的不在于单纯吸收知识和储藏知识，而在于形成个人的注意力、记忆力、观察力、抽象能力和概括能力。这种设计一方面强调一切知识材料都是从外界获取的，具有现实主义色彩；另一方面强调最终要形成智力，又具有理想主义色彩。这个体系是客观的、非个人的，认为个人不能靠自己拥有或产生任何真正的观念；但它又是个人主义的，认为教育的目的就是完善个人天生的各种心理能力，这种二分的价值观念准确地表达了洛克之后几个世纪里人们的观点。用不着明确地表达这种观点来自洛克，因为这种观点早已成为教育理论和心理学上的常识。在实践上，这种观点似乎给教师提出了清楚而非模糊的任务，使教师能够比较容易地详细阐述教学技巧，所需要提供的就是给每种能力足够的操练。这种操练就是使学生反复运用其注意力、观察力、记忆力等能力。把多种行为根据难易程度分成不同的等级，使后一等级的反复操练的行为动作比前一等级的难度大一些，一个完整的教学方案就这样产生了。

就这个观点提出的基本原则及其在教育上的应用进行令人信服的批判性分析有多种方法。

1. 也许最为直接的抨击方式就是指出观察力、记忆力、意志力、思维能力等假定的先天固有的心理能力纯属子虚乌有。根本就不存在这种现成的能力等着人们去操练并由此得到锻炼培养。我们的确存在许多原本就有的天赋倾向和各种本能的行动模式，这些天赋倾向和行动模式都以中枢神经系统中的神经元的最初联结为基础。比如说，我们的眼睛存在趋光的倾向，会产生追踪和注视光线的冲动；我们颈部的肌肉有转向光线和声音的冲动倾向；我们的双手有伸手抓取、旋扭和捶击的冲动倾向；我们的发音器官有发声的冲动倾向；我们的口有喷涌出使人不舒服的东西、张合嘴唇的冲动倾向，等等。真是数不胜数。但就这些倾向而言，它们的数量不少而且彼此之间并不存在截然的界限，而且种类繁多，会以各种各样的巧妙方式相互交织在一起；它们并不是只需要加以操练就可能得到完善的潜在智能，而是以某种方式去应对环境中的变化从而引起其他变化的倾向。比如说，喉咙里有异物会使人咳嗽，会产生一种想要吐出这种令人恶心的异物的倾向，从而改变随后的刺激。又比如说，手碰到一件热的东西，便会条件反射式地、完全不用任何思考地把手拿开。把手缩回来改变了刺激物起的作用，使这些刺激和有机体的需要更加一致。通过有机体行为的这种具体变化从而应对环境中的特殊变化，实现对环境的控制（参见第 3 章第一节）。我们最初的一切所见、所闻、所触、所嗅和所尝都属于这类倾向。这类倾向都缺乏精神的、理智的或认知的特性，无论进行多少次反复操练，都不能使这类动作产生观察力、判断力或意志力等理智特性。

2. 我们对原初的冲动性活动的训练并不像人们通过练习强化肌肉一样，可以通过“操练”而得到改善和完善。这种训练包括：（1）从在特定时间所引起的发散性的回应中选择出那些特别适合利用刺激的回应。也就是说，我们的眼睛受到光线刺激时，我们的全身[①]特别是手会本能地做出种种反应。从这些反应中选择出那些特别适应有效地够着、抓住和操作物体的反应予以保留，其余不适宜的反应则慢慢消除，或者根本不进行训练。我们在前面已解释过，许多原发性反应（primary

① 事实上，各种反应相互之间的联系非常密切，有很多通道，每一个刺激在所有反应器官中都会引起一些变化。但是，我们习惯于对整个有机体活动的大多数变化视而不见，而把注意力放在与当时最紧急的刺激特别匹配的一个反应上。

reactions），除了极少数例外情况，都过分发散和普通，对人类婴儿期没有多大的实际用处。因而，进行训练也就等于是进行有选择的回应。（2）与进行选择同样重要的是对发生回应的种种因素进行具体的协调。比如说，我们的眼睛受到光的刺激时会引起种种反应，我们不但选择适于用手抓的动作反应，还要选择能够刚好引起这些反应而不会引起其他反应的特定的视觉刺激，并使两者建立起联系。但是，协调作用并非就到此为止了。当我们抓住物体时，也许要发生特有的温度反应。这种温度反应将会被带进反应系统；以后，温度反应可能直接与光刺激发生联系，手的反应会被阻止——看见明亮的火焰时，即使没去碰触，也会使人把手拿开。儿童拿着物件并对其进行敲打，或者把它扭弯，由此发出一种声音。耳朵对声音的反应便引入反应系统。如果别人发出某种声音（一个惯用名）并伴随着相应的行为，耳朵和发音器官的反应与知觉刺激联系起来，就变成复杂反应中的一个相联的因素。①

3. 反应和刺激的相互适应越来越专门化（考虑到活动的顺序，反应适应刺激，刺激也适应反应），所获得的训练也就越来越呆板，越来越没有普适性。换句话说，训练的理智性质或教育本质就越少。说得通俗点就是，反应越专门化，通过操练和完善这个反应所获得的技能就越不容易迁移到其他的行为方式中去。根据正规的形式训练理论，一个学生在学习拼写时，除拼写那个特殊的词的能力之外，并不会增强观察力、注意力和记忆力——这些能力只要被需要就能加以运用。事实上，如果学生只注意和注视词的形式，而不顾及这个词与其他事物的联系（例如词的意义、习惯使用时的上下文关系、词语的派生和分类，等等），那么这个学生除了注意到词的视觉形式之外，很少会获得可以用于其他事情的能力，甚至增强对几何图形的辨别能力也不可能，更不用说增强一

① 这几句话应该与前面所讲的关于反应的顺序和排列的观点互相参照。这里所说的不过是一种更显而易见的说法罢了，指出了持续安排所发生的方法。

般的观察能力了。这个学生只是选择了字形所给予的刺激以及口读默写的机械反应，协调整合的范围非常有限。当学生仅仅练习字母和词的形式时，有意识地排除了在其他观察和记忆（或再生）中所发生的联系。这些联系一旦被排除，需要时就不能恢复。其所获得的观察和记忆词语形式的能力，就不能用来观察和记忆其他事物。用通常的话来说就是，这种能力不能迁移。但是，前后的关联范围越广——就是说，协调整合的刺激和反应越是多样化——获得的能力就越能够用来有效地完成其他行为；严格地说并非因为有任何“迁移”存在，而是因为在特殊的行为中利用的诸多因素让活动的范围广泛，使得协调活动的形式灵活多样而不狭隘呆板。

4. 归根结底，形式训练理论的根本谬误在于它的二元论。也就是说，这个理论把人的活动和能力与所用材料分隔开来。其实，我们并没有所谓一般的看、听或记忆的能力；我们只有看、听或记忆某种东西的能力。离开训练所用的材料，一般的心理能力和身体能力的训练全都是空谈。锻炼身体可能对血液循环、呼吸和营养产生影响，能发展体力，但是要使这种力量适用于特殊的目的，则必须与实现这些目的的物质手段联系起来使用才行。就打网球或高尔夫球而言，一个有活力的人肯定比身体虚弱的人打得更好，驾驶帆船也是如此，但是，只有用特定方式使用网球和网球拍、高尔夫球和高尔夫球棒、帆和舵柄，才能增强打网球、打高尔夫球或驾驶帆船的能力。我们做一件事情，只有表现出良好的肌肉协调能力倾向或者包含同样的协调机能时，才能在另一件事情上获得熟练技能。此外，我们训练拼写能力有两种方法：一种方法是仅仅注意狭隘的上下文中的视觉形状，训练拼写能力；另一种方法是联系需要领会意义的活动，如根据上下文、词源等来看视觉形状，训练拼写能力。这两种训练方法的区别，可以与在健身房里练习滑车举重来“发展”某些肌肉和竞技（或运动）游戏的差别进行比较。前一种训练方法是不变的、机械的，是呆板的、专门化的。后一种训练方法是时刻变化的，没有两个动作完全相同；必须应对新的突发事件；形成的协作必须保持灵活并且有伸缩性。因此，这种训练是比较“一般的”；换句话说，它包含较为广泛的范围和更多的因素。心智的专门教育和普通教育与这两种操练的区别相似。

没有变化的单调练习可以通过一种特别的动作练习而获得高超的技能。但是，这种技能，不管是簿记，还是对数运算，抑或是关于碳氧化合物的实验，都限于这种专门的动作训练。一个人也许是某个领域的权威，但是，如果他在专门领域的训练和其他领域所用的材料没有关系的话，那么对于其他没有密切联系的事情，他的判断力的拙劣程度也许会超过一般水平。

5. 像观察力、记忆力、判断力、审美能力等，都是天赋的主动倾向有组织地运用某些材料的结果。一个人并非通过按一个按钮使观察力开始活动（即“愿意”去观察）就能仔细地、全面地进行观察了；但是，如果他有某件事情要做，而这件事情只有通过全神贯注地和广泛地使手眼协同发挥作用才能顺利完成，那么他自然而然地就会去进行观察。观察力是感觉器官和材料相互作用的一个产物、一个结果。因此，观察力将随所用材料的不同而有所不同。

如果我们没有事先决定希望学生熟练观察和回忆的是什么材料、为了什么目的，那么只管去发展学生的观察力和记忆力等将徒劳无功。这里只是用另一种形式重复我们已经说过的话而已，就是主张在这里必须要采用社会的标准。我们希望这个人注意、回忆和判断的事物必须能够使他成为一个与他紧密相关的群体的实际成员。否则，我们也可以让学生仔细观察墙壁上的裂缝，记忆一种陌生语言的毫无意义的单词表——这几乎就是当我们进行形式训练时实际上所做的事情。如果说一个植物学家、一个化学家或一个工程师的观察习惯比这样养成的习惯要好，那是因为他们所处理的材料是生活中非常有意义的东西。

对这部分的讨论进行一下总结，我们就会注意到，专门教育和普通教育的区别与功能或能力的可迁移性没有关系。从字面意义上讲，任何迁移都是不可思议并且不可能的。但是，有些活动涉及的范围非常广；它们包含许多因素，需要协调发生作用才行。它们的发展要求持续不断的改变和调整。当条件发生变化时，某些因素必须退居从属地位，而原来比较次要的因素反而变得重要起来。行动的焦点经常会重新调配，正如我们在用一系列动作去匀速拉一个重量固定、运动方向相反的物体的例子中所见到的那样。因此，随着行动焦点的转移，使材料适应变化，需要立刻进行新的组合练习。哪里的活动的范围宽广（就是说，这种活动包含多种附属活动的协调作用），而且不得不经常地、突然地需要改变循序渐进发展的方向，哪里就必然会产生普通教育的效果。因为这就是“普通”的含义：范围宽广而动作灵活。实际上教育是符合这些条件的。因此，教育考虑社会关系到什么程度，它所具有的普遍性质就到什么程度。一个人可能擅长专门的哲学、语言学、数学、工程学或财政学，而在他专业以外的行动和判断中却愚蠢至极。但是，如果他把这些专门性题材的研究与具有广泛社会意义的人类活动联系起来，那么专门性研究所引起的作用与灵活的主动反应相联系的范围就会广阔得多。所用材料与社会背景的割裂，是当前教育实践中心智的普通训练存在的主要障碍。文学、艺术、宗教等如果与社会背景相脱离，就与一贯主张普通教育的人所强烈反对的专门的东西一样狭隘。

总　　结

教育过程的结果就是形成进一步接受教育的能力，这个观念与曾经深刻地影响过教育实践的其他几种观念截然相反。第一个与此相反的观念就是把教育看作为某种将来的职责或权益所做的准备。这个目的把教师和受教育者的注意力引开了，使其无法有成效地指向教育的唯一目的，即充分利用当前的种种需要和可能性。我们阐述了这个事实所造成的特殊恶果，使该观念自称的目的不攻自破。第二个相反的观念就是把教育看作从内部的展现。这个观念似乎与前面提出的成长的观念非常相似，但是，就像福禄培尔和黑格尔的理论指出的那样，这个观念忽略了当前有机体的倾向与当前环境的相互作用，与准备的观念有同样的弊端。某种隐含的整体观被看作现成的，成长的重要性只是暂时的，成长本身并不是目的，只不过是使已经隐含的东西显露出来的手段。因为没有显露出来的东西就不能明确使用，所以必须找到一种可以代表它的标志物。根据福禄培尔的观点，某些对象和行为动作（主要是数学方面的）具有的神秘象征意义，代表正处于展现过程中的绝对整体。根据黑格尔的观点，现存的种种制度就是这种绝对整体的有成效的实际代表。强调符号和制度会使人注意不到经验会直接产生丰富的意义的观念。还有一个有影响但也存在缺陷的理论，认为心灵天生就具有某些心理官能或能力，如观察力、记忆力、预测力、判断力、概括能力、注意力等，教育就是通过反复练习训练这些能力。这个理论把教材看作比较外部的、并不重要的东西，教材的价值只在于它可以引起一般能力的操练。我们对其将不同能力相互割裂及其与所运用的材料之间的割裂进行了批判性分析。这个理论在实践中产生的结果表明它过于强调训练狭隘的、特殊的技能，而牺牲了主动性、创造性和适应性，后面这些特性要依靠各种特殊活动的广泛而持续的相互作用。

第 6 章　教育即保守与进步

一、教育即塑造

现在，我们将探讨一种理论，它否认心理官能的存在，强调精神和道德发展过程中教材的独特作用。这个理论表明，教育既不是一个从内在向外在展现的过程，也不是对人们的心灵既有能力的一个训练过程。它是借助外部提供的教材建立起某些联系来完成的，教育就是心灵的塑造。从严格的意义上说，教育就是通过教学循序渐进地对心灵进行塑造的一个过程。毋庸置疑，教育塑造了心灵，这种观点早已有人提出过。但是，就教育是建立在某些外部操作基础之上的观点而言，塑造在此有技术层面的意思。

历史上，赫尔巴特（Johann Friedrich Herbart，1776—1841）是“教育即塑造”这个理论最有代表性的人物。他完全否认了内在能力的存在。他认为，人的心灵只是具备产生各种素质的能力，而这些素质是人对各种各样的现实做出反应的结果。就素质而言，这些不同的反应就是表象。每一个表象一旦形成就会一直存在，但它有可能在意识“阈”之下被其他新的、更为强烈的表象驱动，在对外界新信息进行反应的过程中形成新的表象，但旧表象的活动是在意识的表面之下被其本身固有的动力驱动的。所谓的心理官能——注意力、记忆力、思维能力、领悟能力甚至情感，就是各种安排能力、联合能力与处理错综复杂情况的能力，它们是在融合在一起的各种表象相互之间及其与新表象的互动过程中形成的。举例来说，领悟能力就是各种表象的复杂结合物，是不同旧表象接纳和综合各种新表象的结果。记忆力便是通过新表象与旧表象的相互交织，使旧表象浮现于意识“阈”之上，等等。愉快是随着各种互不依赖的表象活动都得到了强化而产生的，痛苦则是由于这些活动被削弱了，等等。

由此可以说，心灵的具体特性完全是由不同品质的种种表象所形成的各种不同的安排构成的。心灵的“设备”就是心灵。心灵完全是个“内容”问题。这个理论的教育含义包括三个方面：（1）这一种或那一种心灵之所以会形成，完全是由于在利用事物的过程中引发了这样或那样的反应，这些反应又导致这样或那样的安排。心灵的塑造问题，完全是一个提供恰当教育材料就可以解决的问题。（2）既然先前的表象会组成“统觉器官”来掌控新的表象的同化，那么，先前表象的特点就十分重要。新表象的效力在于强化以前形成的归类。教育者的任务就是：第一，为了固定原来的反应就得选择适宜的材料；第二，在保证先前处理所储存的观念的基础上，安排后来的表象的顺序。控制来自后面和过去，而不是在观念的展现过程中出现的，也不是在最终的目标中出现的。（3）所有的教学方法都可以根据几个正式步骤进行设计。呈现新的科目内容显而易见是教学的中心点，但是，既然认知过程就是使新的科目内容与已经潜伏于意识之下的内容之间产生相互作用，那么教学的第一步就是“准备”。所谓准备就是唤起旧有表象的特殊活动，使旧有表象上升到意识层面上来并进而同化新的表象。那么，在呈现新内容以后，接下来就是新旧表象产生相互作用；再接下来的一步就是运用新形成的内容去完成某些任务。无论教什么科目都必须经过这样的过程，因此，对于所有年龄的所有学生而言，所有科目的教学都完全可以采用统一的方法。

赫尔巴特的伟大贡献在于，他使教学工作摆脱了陈规陋习和偶然为之的领域。他把教学带进了运用有意识的方法的范围，使教学变成了具有特定目的和特定过程的有意识的事情，而并非一种偶然灵感与屈从传统的调和物。而且，教学和训练过程中的每件事情，都可进行具体化，而不必满足于终极理想和思辨精神象征物等模糊的、多少有点神秘性质的一般原则。赫尔巴特抛弃了形式训练的理论，这种理论认为我们有许多现成的心理官能，可以通过操练任何材料得到锻炼。他十分关注具体的科目内容，认为内容是重中之重。在关注教材内容方面，毫无疑问，赫尔巴特比其他任何教育哲学家产生的影响都要大。他从教学方法与科目内容是紧密联系的观点来阐述教学方法上的种种问题：教学方法必须要注意呈现新的科目内容的方式和顺序，保证新内容与旧内容产生适当的相互作用。

这个观点的基本理论缺陷在于忽略了活生生的人具有许多主动的和特殊的机能，这些机能是在它们应对环境时所发生的转向和合作中发展起来的。这个理论意味着学校教师已是名副其实的学校教师。这个事实既表达了这个理论的优点，也暴露了它的缺点。心灵是由所教授的东西构成的，而所教授的东西之所以重要是因为它有利于进一步的教学，这个观念反映了教师的人生观。这个哲学观把有关教师教授学生的职责讲得非常动人，但是对教师的学习权利只字未提。这种哲学强调智力环境对心灵的影响，但忽视了事实上环境也包括个人对共同经验的分享。这种哲学观不够理性，它过分夸大了有意识地形成和运用的方法的可能性，而低估了充满活力的、无意识的态度的作用。这种哲学坚持陈旧的和过去的东西，而对真正新颖的、不可预料的东西却轻描淡写。简而言之，赫尔巴特的哲学考虑教育的一切事情，唯独没有考虑教育的本质，充沛的精力是要寻求有效发挥作用的机会的。一切教育都能塑造性格、锻炼智力和培养道德，但是这种塑造工作在于选择和调节人们的本能活动，使其能运用社会环境的素材。这种塑造工作不仅要对先天本能进行塑造，而且要通过后天活动来进行塑造，这是一个重构（reconstruction）和重组（reorganization）的过程。

二、教育即复演和追溯

由内部向着设定目标的发展和从外部材料进行的塑造，这两种思想的特殊组合产生了教育上的复演理论，包括生物复演说和文化复演说。个体在发展，但是个体的真正发展在于有秩序地重复过去的动物生活和人类进化历史中所经历过的不同阶段。动物生活的重演是在生理学意义上发生的；人类历史的复演则借助教育才可能发生。在生物学意义上，人们认为个体的成长是从简单的胚胎到发育成熟的过程，是重复动物生命进化的历史，从最简单的形式进化到最复杂的形式（用专门术语表达就是，个体发育与种系发育是并行不悖的），这个观点除了假定它为过去的文化复演说提供了科学基础之外，与我们并没有什么关系。文化复演说认为一定年龄的儿童的智力与道德的状况与野蛮时代的人不相上下；由于他们的祖先有一个时期过着漂泊不定和到处掠夺的生活，所以他们的本能就是这个样子的。坚持这个理论的人由此推断，在儿童时期，为其教育提供的合适内容就应该是人类在相似阶段所创作的材料，特别是神话、民间故事和歌谣这一类文学材料。那么，儿童就要经历某种与游牧时代相应的生活方式，一直到做好参与现代生活的准备时，他才进入到现代文化时代。

除德国的一小群人（多数是赫尔巴特的追随者）对这个理论坚信不疑之外，它的流传并不广泛。这个理论的基本观点认为，教育在本质上是回顾性质的；教育的本质主要就是回顾过去，特别是回顾过去的文学作品。我们根据过去的精神遗产模式塑造心灵到什么程度，心灵就会被充分地塑造到什么程度。这个观点对更高级别的教学有着巨大的影响，因而有必要对其极端的构想进行考察。

这个观念的生物学基础是错误的。毫无疑问，人类婴儿的胚胎生长保存了低级形式的生命的一些特性。但是人类婴儿并不会严格地经历过去的各个阶段。如果说存在什么严格的重复“规律”，那么，进化式的发展显然就不会发生了，每个新生代都不过是重复前人的存在方式而已。简而言之，发展就是通过改变先前的成长计划的捷径得以实现的。这意味着教育的目的就是促进这种缩短路线的成长。从教育的角度讲，儿童的未成熟状态是个重要优势，它可以使我们不必停留在过去的套路上，借助未成熟状态的优势来解放儿童。因此，教育的任务就在于把儿童从复演过去和重蹈旧辙中解放出来，而不是把他们导向重演过去的道路。儿童的社会环境是由文明人的各种思维习惯和情感习惯所呈现的行为构成的。忽略目前这种环境对儿童的指向性的影响，就等于放弃教育的职责。有个生物学家曾经说过：“各种动物发展的历史……给我们提供……一系列灵巧的、确定的、多样的但又多多少少不太成功的努力，目的在于避免必须复演过去并以比较直接的方法代替祖先的方法。”无疑，如果教育不想方设法在有意识的经验里促成类似的努力并使这种努力日益成功，就太愚蠢了。

复演观包含两个真理性的因素，理清它们与曲解这两个因素的虚假背景的关系还是比较容易的。就生物学方面而言，我们获得了这样的事实，每个婴儿开始都会表现出各种各样的冲动性行为，这些行为活动是盲目的，其中的许多行为还相互冲突，它们的发生有偶然性，与它们的直接环境并不匹配。另一点就是，只要过去历史的成果有助于将来，利用历史成果就是明智之举。既然它们代表先前经验的结果，它们对将来经验的价值就是不可估量的。过去创造的文献只要人们现在还掌握着并在运用，它们就是个人目前环境的一部分；但是，把目前环境作为我们当前的资源，与把它们当作回顾性质的标准和模式，两者之间存在着极大的差异。

1. 第一点被曲解，通常是因为误用遗传观念造成的。有人认为遗传的意思就是过去的生活以某种方式预先决定了个体的主要特点，这些特点非常牢固，因此不太可能会做出重大的改变。这样的理解就把遗传的影响与环境的影响截然对立起来了，而且环境的功效被看低了。但是遗传恰恰就是一个人的天赋资本。教育必须从一个人的天赋着手。基本的事实就是一个人先天就有这样那样的活动“装备”。这些先天能力会以这样那样的方式产生出来或者是来自祖先的遗传。这个事实对教育者来说并不特别重要，但是对生物学家来说也许就很重要了。教育者只关注现在已有什么能力而并不关注能力的来源。假如我们指导一个人了解关于继承遗产的问题，如果说因为这是遗产所以就能决定其未来的用途，这个假设的荒谬是显而易见的。指导者的任务是充分利用已经存在的东西——使已经存在的东西在最有利的条件下发挥作用。他当然不能利用根本就不存在的东西；教师也不可能利用不存在的东西。从这个意义上讲，遗传是教育的底线。承认这个事实就可以防止先天能力的浪费，就可以避免现在十分普遍的想通过教育养成与一个人的天性不相符的东西所引发的愤怒。但是这个理论并未决定怎样利用先天能力。而且除低能儿之外，甚至反应比较迟钝之人所拥有的先天能力也比我们懂得如何利用的能力种类要多，潜力要大。因此，尽管我们一直把对一个人的先天倾向能力及其不足的慎重研究作为必不可少的一步对待，但接下来的重要一步就是提供一种环境，无论现在从事的是什么活动，这种环境都要能够充分地发挥作用。

遗传与环境的关系，在语言学习方面体现得最为清楚。一个人如果没有能发出清晰声音的发音器官，没有听觉器官，没有这两种器官的共同作用，要想教他学会交谈简直就是白费工夫。如果这个人天生就有这种缺陷，教育就必须承认这个限制。但是，即使这个人拥有这种天赋器官，也不能保证他会说话或说出他想要说的话，这要看他的生活环境。如果他生活在没有社会交往关系的环境中，人们拒绝彼此交谈，只是使用维持生活最低限度的手势语，他就不会讲口头语言，就好像没有发音器官一样。如果他在讲中国话的人的环境里发音，他就会选择和调节发出同类的语音。这个例子可以应用于任何一个人可受教育的所有方面。

这就要求过去的遗产需要与现在的要求和机会保持恰当的联系。

2. 复演论认为，合适的教学内容来自过去时代的文化产物（要么说来自一般的文献，要么更为具体地说，来自与受教育发展阶段相对应的文化时代所产生的各种特别的文学作品）。这个理论给我们提供了成长的过程与成长的结果是割裂开来的另一个例证。我们已经批判过这种割裂现象。使成长的过程持续不断地进行，并使将来的成长变得更加容易，这就是教材应该起的作用。但是，一个人只能生活在现在，现在并不只是跟在过去后面，更不是由过去所产生的。现在就是离开过去迈向未来的生活展现。研究过去的结果并不会帮助我们理解现在，因为现在并不归功于过去这些结果，而应归功于作为成果的生活。过去的知识与遗产，只有进入到现在而不是相反，才具有重要意义。把过去的记录和遗存物作为主要的教育材料的错误在于割裂了现在与过去的生动活泼的联系，使过去成为现在的竞争对手，使现在成为过去的或多或少的无益模仿。在这种情况下，文化变成了装饰品和安慰品；文化成了避难所和庇护所。人们逃避现在的天然状态而使自己生活在想象的高雅境界之中，而不是把过去所提供的东西当作使天然状态走向成熟的力量。

总之，现在产生了这样的问题：引导我们从过去发生的一切中去寻找建议，并且在搜寻时为找到的东西提供意义。过去之所以是过去，正是因为它并不包含现有东西的特点。当现在利用过去指引自己的活动时，前进中的现在就包含着过去。过去是想象力的伟大源泉；它给生活增添新的方面，但条件是必须把过去看成现在的过去，而不是看成另一个与现在根本没有关联的世界。如果不重视采取现在的生活方式并不断成长，现在要做的唯一事情就是遵循这样的原则——指望过去，因为未来的目标是遥不可及而且空洞无物的。但是，对现在置之不理，也不可能用过去的残枝败叶铺设出一条现在的金光大道。心灵会对当前现实的需要与机会保持充分的敏感性，心灵会保持最活跃的动机去对现在的背景资料产生兴趣，决不会打退堂鼓，因为过去与现在永远都有联系。

三、教育即重构

前面讲到了两种对比鲜明的观点，无论是依凭生理的本质，还是根据过去的历史文化产物，一种观点认为教育就是内部的潜在能力的展现，另一种观点认为教育就是从外部进行的塑造。成长的理想观与这两种观点都不一样，认为教育就是经验的持续不断的重组或重构。教育一直都有一个直接目的，只要活动具有教育性，这个目的就能达到——直接改变经验的质量。婴儿期、青年期及成年期都处于同样的教育层面上，这就是说，在任何一个经验层次真正学到的东西，都会构成该阶段经验的价值。也就是说，就谋生的各个方面来说，人生的主要任务就是使生活丰富多彩并且意义深刻。

这样，我们就获得了一个技术层面的教育定义：教育就是经验的重构或重组。这种经验重构或重组既能增强经验的意义，又能提升指导后续经验进程的能力。

1. 经验意义的增长是与我们所从事的种种活动紧密相关的，这些活动会使不断增强的洞察力不但相互联系而且具有持续性。活动往往是以一种冲动的方式开始的；也就是说，这时的活动是漫无目的的。这种活动不知道自己在做什么，也即不知道自己与其他活动有怎样的相互作用。但一个与教育或教学相关的活动能让人认识到过去没有觉察到的某些联系。重提一下我们前面举过的简单例子，一个儿童伸手去碰触闪耀的火光会被灼伤，从此以后，他就会知道，某个碰触行为与某个视觉行为一旦联系在一起（反过来，某个视觉行为和某个碰触行为会产生联系）就意味着火热与疼痛；或者，明白了某种光就意味着火热的来源。一个科学工作者在其实验室里通过实验学到了更多关于火焰的知识，这与孩子的行为在原理上没有什么区别。他也是通过做一些事情从而觉察到过去曾被忽视的火热与其他事情的某种联系。因此，他把这些事情关联起来的行为就获得了更多的意义；当他必须要应对这些事情时，他对自己正在做什么或是将要做什么就更为清楚了；他能够有意识地设计结果，而不只是让结果自行发生。所有这些各不相同的表达其实都是在谈同一件事情。这样一来火焰就获得了意义；所有关于燃烧、氧化作用以及有关光和温度的知识，都可以变成有关火焰的知识内容的组成部分。

2. 教育性经验的另一方面的作用是增强后续指导能力或后续控制力。说一个人知道他要做什么或者说他能够为某些结果进行设计，就是他能够更好地预见将要发生的事情；因此他能事先准备好或做好预备，从而获得有益的结果并避免不良的后果。那么，一种真正的教育性经验就是能传递教益和提升能力的经验，它一方面与按部就班的活动显然不同，另一方面与变化无常的任性活动也有显著区别。（1）变化不定的活动，当事者“不关心到底会发生什么”；他只是由着性子去做，而不把自己的行动与行动结果进行联系（这种结果就是这个行动与其他事情有关联的证据）。对于这种漫无目的的、杂乱无章的行为，人们往往不敢苟同，把其看作故意捣蛋、漫不经心或无法无天。但是存在着一种错误倾向，即孤立地从青年人本身的性格倾向中寻找这种漫无目的的行为产生的原因。但事实上这种行为是爆发性质的，是由于不能很好地适应周围环境才发生的。无论什么时候，当人们在外来的命令下行动或者是根据别人的指示行动的时候，都会表现出反复无常，因为他们没有自己的目的，看不到这个行动对其他行动的意义。一个人可以通过做一件他不理解的事情达到学习的目的；甚至最明智的行动也有许多都是我们无意之中做出来的，因为我们有意识地想做的事情，其行为中极大部分的关联并没有被觉察到或预想到。只是事情做了以后，我们才学到了从前没有觉察到或预料到的东西。学校的许多工作就是由制定学生需照做的规则构成的，甚至学生照做之后，还不能引导他们去发现所用的方法与结果——说出答案——之间的关系。到目前为止学生所关心的整个事情就是一个骗局、一个奇迹。这种活动本质上是反复无常的活动，会养成反复无常的习惯。（2）按部就班的行动、不假思索的自主行动，可能提高做某件特定事情的技能。就这一点来看，按部就班的活动也可以说具有教育效果。但是这种活动不会引领人去对活动的关系进行新的理解；它只会限制而不会拓展意义的领域。既然环境会改变，我们行动的方式也必须做出相应的改变，这样才能成功地与各种事物保持和谐的关系，孤立无援的、千篇一律的行动方式在某些紧要关头会成为灾难，造成惨重的损失。这种夸夸其谈的“技能”原本就是无能的。

教育作为持续不断重构的思想，与本章及前一章所批判的其他几个片面观点有着本质区别，教育即重构这个思想把目的（即结果）与过程看作一件事情。这句话在字面上有点自相矛盾，但只是字面上的矛盾而已。这句话的意思是说经验作为一个主动的过程会占据时间，它的后一步会完成它的前一步；它会把经验所包含的、一直未被觉察到的联系显露出来。因此，后面的结果揭示前面结果的意义，而作为整体的经验就是要建立起对拥有这种意义的事物的爱好或倾向。所有这些持续不断的经验或行为活动是教育性的，所有的教育都是存在于这种经验之中的。

还有一点需要指出的是，经验的重构既可以是社会的，也可以是个人的（这一点后面还要详细讨论）。前面各章为简明起见，我们的探讨多少有点把对未成年人的教育看作向他们灌输其所属社会群体的精神，使儿童具有成年人的才能和智谋的行为。在没有变化的社会里，在把维护现存风俗习惯作为价值标准的社会里，这种观点大体上是适用的。但是这个观点不适用于不断前进的社会。不断前进的社会想方设法塑造未成年人的经验，使其不复制现有的习惯，而是形成更好的习惯，使将来的成人社会更上一层楼。人们长期以来都在宣扬要有意识地利用教育消除明显的社会弊病，从而使年轻人避免在会产生社会弊病的道路上行走。同时，人们还设想使教育成为人类实现更加美好的希望的工具。但是毫无疑问，利用教育力量来改善社会，我们还远没有实现教育的这个潜在功效，也还远没有实现使教育不仅代表儿童和青年的发展，而且代表未来社会的发展——这些儿童和青年将是这个未来社会的成员。

总　结

教育可以解释为回顾性的或是展望性的。也就是说，教育可以被看作使未来适应过去的过程，也可以被看作把过去作为资源去发展未来的过程。回顾性教育是在过去的事物中寻找其标准和模式。心智会被看作呈现特定事物的系列内容，在这种情况下，先前的表象构成了后来的表象会进行同化的材料。尤其是现在，存在着一种轻视早期经验的倾向，因此，重视未成年人早期经验的价值是至关重要的。但这些经验并非由外部呈现的材料构成的，而是由先天本能行为与后天环境相互作用产生的，在相互作用过程中，先天行为活动与后天环境不断地进行着各自的调整。赫尔巴特提出的通过表象形成心智的理论，其缺陷在于轻视这种持续不断的相互作用与改变。

这个批判分析的原则，同样可以用来分析以人类历史的文化产物——尤其是文学作品——作为主要学习材料的理论。这些文化材料与个人进行活动的当前环境并没有关联，因此成为敌对的、扰乱心绪的环境。历史文化的价值在于增强我们当前必须积极去做的事情的意义。前面几章提出的教育观点，概而言之，就是经验的持续不断的重构。这个教育思想是与教育即为遥远的未来做准备、教育即内在潜能的展现、教育即外在的塑造和教育即过去的重演这些观点截然不同的。

第7章　教育中的民主概念

除了偶然提到的以外，到目前为止我们主要是在关注在任何社会中都可能存在的教育观念。现在我们必须要讲清楚的是，在各种不同类型的社会生活中所实施的教育，其精神、内容和方法存在着差异。说教育有一种社会作用，使未成年人在参与其所在群体生活的过程中受到指导和得到发展，实际上就是说教育会随着群体生活质量的高低而有所不同。一个不仅会变革而且有改善社会的变革理想的社会，与目的只是为了社会本身的风俗习惯延续下去的社会相比，会有不同的教育标准和教育方法，这一点是千真万确的。因此，要把提出的一般思想应用于我们自己的教育实践，就有必要详细考察一下目前社会生活的性质。

一、人类共处的含义

社会虽然只是一个名词，但内涵很丰富。人们以各种各样的方式并且为了各种各样的目的而共处在一起。一个人会与众多的不同群体有关联，可能与这些群体中不同的人打交道。这些群体通常似乎除了有一些共处生活的方式之外，再无其他共同之处。在每个较大的社会组织内部存在着数个小群体：不仅有政治小团体，而且有工业、科学和宗教上的协会；包括有不同目标的政党、社会派别，小集团，帮派，公司团体，合作伙伴，血缘关系结成的亲属团体，等等。在许多现代国家和某些古代国家中，人口多种多样且差异很大，语言各不相同，宗教、道德准则和传统也千差万别。从这个立场来看，许多小的政治单位，就拿我们的一个大城市来说吧，不过是一个只有松散联系的社会，而并非一个无所不包的、具有渗透作用的思想行动共同体[①]。

由此可见，“社会”、“共同体”这些术语的含义是模糊不清的。它们既有颂扬性或规范性的意味，也有描述性的意味；同时有法律上的意思和事实上的意思。在社会哲学中，前一种含义几乎总是最受重视。从社会的性质上讲，社会被构想为一个整体，于是人们特别强调这种统一体所具有的种种品质、值得称赞的共同目的与共同福利、对公共目的的忠诚以及相互的同情心，等等。但如果我们着眼于“社会”这个术语所表述的事实上的意思，而不把注意力限制在社会的内在含义方面，我们找到的就不是统一体，而只是许许多多、好好坏坏的群体而已。聚众搞阴谋犯罪活动的群体，在服务公众时诈取公众利益的商业团体，为掠夺而联合起来的政治团伙，都可以包括在社会之内。有人会说这些组织不是社会，因为它们并不符合社会观念的理想要求，对此的回答是：社会这个概念置事实于不顾，定义得太“理想化”因而没有实际用处；这些组织机构不管与其他群体的利益如何对立，都具有某些值得称颂的使其聚集在一起成为“社会”的品质。一群盗贼之间也有荣耀；一帮劫匪之间也存在着共同利益；一个帮派的成员之间也有亲密友好的情感。范围极小的集团对他们自己的规矩高度忠诚。家庭生活对家庭以外的人可能表现出排他性、不信任和嫉妒，但家庭成员能彼此和睦相处并且互帮互助。一个群体所实施的教育会有意图地使其成员社会化，但社会化的质量和价值要视群体的习惯和目标而定。

因此，必须再一次指出，有必要对我们既有的社会生活方式的价值进行估量。在寻找估量标准的过程中我们必须要避免两个极端。我们不能凭空拍脑袋设想出一个我们看作理想社会的东西。为了确保我们的理想具有实践操作性，我们所设想的观念必须要建立在实际存在的社会基础之上。但正如我们刚才所理解的一样，这个理想不能只是复现我们实

① 参见第 2 章第四节。

际发现的那些特点。问题在于，要从实际存在的社会生活形式中抽取令人向往的特质，用它们来批驳令人不满意的特征，进而提出改善方略。在任何社会群体，甚至在一个盗窃团伙中，我们都会找到他们的共同利益和一定的互动，以及他们与其他群体的合作交往。我们可以从这两个特点中得出我们的标准。群体内成员清楚共享的利益有多少，利益的种类有多少，与其他团体打交道的充分程度和自由程度怎样。如果我们把这些考虑应用到一个犯罪集团身上的话，就会发现这一伙人有意图地团结起来的纽带其实为数甚少，几乎可以减少到只有掠夺这一个共同利益；这些纽带的性质使这个团体与其他许多团体隔离开来，彼此之间没有人生价值观的传递与接受。因此，这种社会所实施的教育是片面的、扭曲的。此外，如果我们把家庭生活作为阐释这个标准的例子，就会发现，家庭有着所有家庭成员共同参与的物质的、智力的和审美的利益，而且一个家庭成员的进步对其他成员的经验是有价值的——在这种家庭里经验会得到直接的交流。这种家庭并不是一个孤立的整体，它与其他商业团体、学校、文化机构以及其他类似群体都有密切的联系，它在政治组织中也发挥着应有的作用，并且作为回报也得到了政治组织的支持。总而言之，家庭有许多利益在被有意识地交流着、分享着；与其他形式的群体有着各种各样的、自由的接触。

1. 我们来把这个标准的第一个因素应用于一个专制政体的国家。如果说在这种机构中统治者与被统治者之间不存在共同利益，这恐怕不正确。发号施令的统治者必定会对臣民的活动提出一些要求，必须使他们的部分力量得到发挥。塔雷兰德说过，一个政府能借助刺刀做成任何事情，就是不能坐在刺刀上。这句具有讽刺意味的话至少承认了国家的团结并非全部依靠强制力。可以这样说，专制政府所要求做的事情本身是不值得做的，并且比较低级——这种政府只是唤醒了被统治者的恐惧本能而已。这个观点在某种程度上是正确的。但是这种说法忽略了这样一个事实，即恐惧不一定是经验中的不良因素。小心谨慎、深谋远虑、希望能够预见未来事件的发展从而避免危害，这些令人向往的特性，与胆小怕事和卑躬屈膝一样，都是恐惧本能被唤醒的产物。真正的困难在于，这种诉诸恐惧的做法处于孤立状态。在唤起恐惧和对特定的实质性报酬（比如安慰和舒适）的渴望时，许多其他的能力没有触及。或者更确切地说，这些能力即使受到了影响也是在被误用。它们不是为本身的目的而运用，而是作为趋乐避苦的工具在运用。

这就等于说在这种社会里不存在广泛的共同利益；社会群体的成员之间没有自由的往来；刺激与反应极为片面。为了拥有大量的共同价值观，群体的所有成员必须有同样的授受机会，必须大量参与各种共同事业并获得共同经验。否则，种种影响会把一些人教育成为主人，把另外一些人教育成为奴隶。这两种生活经验的模式各不相同，如果不能自由交流，则每一方面的经验都会失去存在的意义。社会把人划成特权阶级和受压迫阶级，这使社会失去了渗透性。上层阶级所受的毒害影响在物质方面较小并且不易察觉，但他们所受的祸害同样是实实在在的：他们的文化往往枯燥无味但他们以此为生；他们的艺术变成炫耀的展示而且有些矫揉造作；他们的财富成为奢侈；他们的知识过于专门化；他们的举止过分讲究但并不高尚。

由于缺乏各方面出于共同利益考虑的自由而平等的交流，理智的刺激作用就会不稳定。刺激的多样性就意味着存在许多新奇事物。新奇事物就意味着思想的挑战。如果人们的活动局限在狭隘的范围里，如果存在着严格的阶级界限，彼此之间的经验不能进行恰当的交流，那么活动的范围就会受到限制——处于弱势的阶级的行动就会变得墨守成规，而在物质上处于优势的阶级的行为就容易变得专横跋扈、漫无目的、随时发作。柏拉图给“奴隶”下的定义是这样的：奴隶就是以从别人那里接受来的目的来控制自己行为的人。现在虽然在法律上已没有奴隶制度，但仍旧有这种情况存在。无论在什么地方，只要人们所做的事情有益于社会，但是他们并不了解自己工作的意义而且对此也不感兴趣，就会发生这种情况。现在许多人会谈论工厂的科学管理。他们把保证工作效率的科学局限于肢体运动，这种看法非常狭隘。其实科学管理的主要有利条件在于发现一个人与其工作的关系——包括他与介入工作的其他人的关系——懂得这种关系会使他对自己正在干的工作有理智的兴趣。要提高生产效率需要进行分工，但是，如果工人没有明白他们的工作所包含的技术的、理智的和社会的关系，并由此种觉察力激发出从事该工作的动机，那么这种工作就会变成机械呆板的行为。有人把活动效率与科学管理看作纯属技术层面的外在的事情，这证明那些工业掌控者即提供工业目的的人，只是受到了片面的思想观念的刺激。因为这种人缺乏全面的、非常稳定的社会兴趣，没有足够的动因使他们关注工业中的人的因素和人际关系，他们的智力被窄化到只用于机械式的生产和产品的市场营销。毋庸置疑，在这种狭隘的领域中机敏且有强烈感情的理智也能得到发展。但是，没有把重要的社会因素考虑进来就意味着工作会处于完全的心不在焉状态，并且引发扭曲的情感生活。

2. 上面这个例子（利益上没有互惠关系的一切社会群体都存在这种情况）把我们带入了我们要探讨的第二点。一个团伙或小集团的孤立状态和排他性质，突显出了其反社会精神。任何群体都有其“自己的”利益，由此使其与其他群体隔离开来，不会有完全的互动，所以它的主要目的在于保护自己的既得利益，而不是通过更广泛的关系进行重组和求得进步。反社会精神在这样的群体中都可以找到。国家之间彼此隔绝，互不往来；家庭把自己关注的家庭事务与外界隔离开来，好像它们与广泛的社会生活没有什么联系一样；学校与家庭、社会的利益格格不入；贫与富的划分；学者与非学者的区分；这些都是反社会的表现，其实质就是隔离状态会使生活僵化呆板和形式制度化，使群体内部只有静止不变与自私自利的理想。原始部落把“陌生人”与“仇敌”视为同义词并非偶然，因为他们把自己的经验与固守过去的风俗习惯视为同一件事，在这样的基础上他们害怕与别人发生交往，这是完全合乎逻辑的，因为这种接触可能消解原有的风俗习惯。这种接触当然会引起重构。思维敏捷的、开拓进取的精神生活取决于扩大与物质环境接触的范围，这是人人皆知的道理。如果把这个原理应用到我们容易忽视的社会接触的领域，就更有意义了。

人类历史上的每个开拓进取的时代都力图消除人与人和阶级之间的隔阂，以前他们各自之间是相对封闭的。至少到目前为止所宣称的战争利益，都是由于各民族之间的冲突引起的。战争的冲突至少会增强他们之间的交往，偶然之中会使他们相互学习，从而扩展他们的视野。到了现在，旅行、经济和商业上的种种趋势已经打破外部的重重障碍，使各民族和阶级之间的相互联系更加密切、更为明显。这只是物质空间上的接近，而我们要努力去做的事情是达到理智和情感上的接近。

二、民主的理想

我们提出的标准中包括的两个要素是指向民主的。第一个要素不仅有着数量更大和种类更多的可以分享的共同利益，而且更加依赖对作为社会控制因素的相互利益的识别。第二个要素不仅表示社会群体之间更加自由的互动（这些曾经处于隔离状态的社会群体有意要保持分离），而且意味着社会习惯的改变，通过适应由于各种交往而产生的新情况，社会习惯得以持续地重新调整。这两个特征正好就是民主意义上的社会的特征。

就教育方面而言，我们首先注意到，由于这种民主的社会生活方式实现了各种利益的相互渗透，在这种社会中特别注重进步或重新调整，使得民主的社会比其他各种社会更有理由关心审慎的、系统的教育。民主的政府致力于发展教育是众所周知的事实。一个民主的政府，按照表面的解释就是，除非选举人和受统治的人都受过良好的教育，否则这种政府就不可能成功。既然民主的社会拒绝接受外部权威的准则，就必须找到自发自愿的意向和兴趣来代替它；而自发自愿的意向和兴趣只有通过教育才能形成。还有一种更为深刻的解释就是：一个民主国家不仅仅是一种政府的形式；它主要是一种共处生活和共同交流经验的方式。人们参与一种有共同利益的事情，每个人必须考虑别人的行动并且把自己的行为与别人的行为相对照，使自己的行为重点突出和方向明确，有这样的行为兴趣的人在空间上大量地扩充就等于打破了阶级、种族和国家之间的界线——这些界线会使人们看不到他们活动的全部重要性。这些数量更大、种类更多的接触点表明一个人对刺激必须做出更加多样的反应；由此，他就会对自己行为的变化十分重视，它们会确保各种力量的解放。但是只要对行为的激励是片面的，这些能力就依然会受到压制，因为这种片面的激励是在一个团体里进行的，而这个团体由于其排外性把许多利害关系（感兴趣的事情）关在了门外。

共同关注范围的不断扩大与个人各种各样的能力更多地得到解放，是民主特点的体现，它们当然不是深谋远虑和自觉努力的产物；相反，这是由于制造业、商业、旅游、移民和通信在发展过程中运用科学控制自然能量而引起的。但一方面需要更加个性化，另一方面又需要更加广泛的共同兴趣，要对其进行维持和加以推广是件需要深思熟虑的事情。很显然，一个社会被划分成许多阶级将是致命的。一个社会必须让全体成员在平等和宽松的条件下获得求知的机会。一个被划分成不同阶级的社会，只需要特别关注与统治相关的教育就行了。一个流动变化的社会有充分的渠道把所有地方发生的变化发布出去，这样的社会必须注重教育其成员发展个人的主动精神和适应能力。否则，他们将被自己遭遇到的种种变化弄得晕头转向，看不出这些变化的意义或联系所在。结果将是一片混乱，少数人便从中牟取他人盲目地受外部指挥而取得的成果。

三、柏拉图的教育哲学

在接下来的几章里，我们将对教育上的民主思想的含义进行阐释。在本章剩余的篇幅中，我们将对三个历史时期逐渐形成的教育理论进行探讨。在这三个历史时期里，教育的社会意义特别显著。首先要探讨的是柏拉图的教育理论。没有谁会比柏拉图表述得更好：当一个社会中每个人都能根据自己的天然禀赋做有益于别人的事情（或做对他所属的群体有贡献的事情）时，社会这个组织就能稳固不变；教育的任务在于发现一个人的天然禀赋并循序渐进地加以训练，最后把其应用于社会。是柏拉图第一次这样清楚明白地向世人宣告，而我们在前面陈述的许多内容都借用了柏拉图的话。但是有许多情况柏拉图并没有预见到，所以他的这些思想观点在应用时不免褊狭。柏拉图从来没有认识到个人与社会群体的活动存在着无限的多元性，因此他的观点只能局限于几种天赋能力和社会安排。

柏拉图的出发点是，社会的组织最终取决于对存在的目的的了解。如果不明白存在的目的，我们将受制于偶然事件和一时怪想。如果不明白这个存在的目的，即善的目的，我们将会失去理性地决定应该促进的各种可能的标准，也会失去使社会安排井然有序的标准，也就不知道各种活动的正确界限和恰当的分配——即柏拉图所谓的正义——作为个人与社会组织的一个特征的正义。但怎样才能获得终极的永恒的善的知识呢？要解决这个问题，我们似乎遇到了一个不可克服的障碍，也就是说，这种知识只有在一个公正和谐的社会秩序里才有可能获得。除了这种社会秩序以外，心灵在其他的任何地方都有可能受到错误的价值观念和错误观点的迷惑与误导。一个组织机构不健全并且搞小派别的社会设置了许多不同的模式和标准，在这种情况下个人不可能获得心灵的一致性。只有一个完全的整体才能具备自我的完全一致性。一个依凭某种优势因素而不管其他因素合理或适当的要求的社会，不可避免地会把人们的思想引入歧途。这样的社会重视某些事情而轻视其他事情，它表面上似乎具有统一的心灵，但这种心灵的统一性是强制的和歪曲的。教育最终是依照制度、风俗习惯和法律提供的模式进行下去的。只有在一个公正的国家，它的制度、风俗习惯和法律才能给人提供正确的教育；也只有心灵受到了正确训练的人们才能认识这个目的及事物的排序原则。我们似乎陷入了绝望的循环之中。但柏拉图为我们指出了一条出路。哲学家、智慧或真理的爱好者这些人，可以通过学习至少能够知道真正存在的正确模式的轮廓。如果一个强大的统治者根据这些模式建立一个国家，那么这些模式的规章制度就能够保存下来。这个国家能够进行一种教育，通过发现每个人擅长什么而对他们进行筛选，并且提供一种给每个人分配与其天然禀赋相匹配的工作的方法。每个人只做自己分内的事情并且从不侵犯别人，这个整体存在的秩序与统一性就得以维持。

再也找不到一个哲学思想体系（像柏拉图那样）对这两方面有更深刻的认识了：一方面对社会安排的教育意义有充分的认识；另一方面对社会安排依靠教育未成年人时所用的手段有充分的认识。在其他的任何哲学体系中，也不可能有人比柏拉图对教育在发现和发展个人的能力，以及训练这些能力使其与别人的活动联系起来等方面所起的作用，有更加深刻的认识了。但这种理论提议建立的是很不民主的社会，所以柏拉图对自己设想的理论框架中的问题看得一清二楚，却提不出解决办法。

虽然柏拉图坚决主张个人在社会中的地位不应该由其出身、财富或任何约定的地位来决定，而应该由他在受教育过程中被发现的天性来决定，但是柏拉图并没有洞察到个人的独特性。对柏拉图而言，个人按天性被分成不同阶级，并且被分成少数几个阶级。因此，教育的考察和筛选作用只是为了说明一个人属于三个阶级中的哪一个阶级。柏拉图不承认每个人会构成他自己的阶级，也不承认个体存在着无限多样的积极倾向并且个体有能力对各种倾向进行融会贯通。柏拉图认为，一个人的天性中只存在着三种类型的官能或能力，因而在每一个阶级中教育很快就会达到一个极限，因为只有多样化才会产生改变和进步。

在一些个体中，他们天生的欲望就是控制、支配，这类人被分配到劳动和商人阶级，他们表达和提供人类的需求。另外一些人仰赖教育，显示出他们超越并高于欲望的方面，他们的性格和性情表现出慷慨大方、开朗自信、英勇果敢的特点，这种人成为国家的公民主体，是国家在战争中的保卫者、和平时期的内部维护者。但是他们也有局限性，因为他们缺乏把握普遍性的理性能力。那些具有把握普遍性的理性能力的人才能够接受最高类别的教育并且成为国家的立法者——因为法律是普适性的，控制着个别经验的特殊性。由此可见，说柏拉图故意使个人从属于社会整体是有失偏颇的。但这样说则没有问题：由于柏拉图没有觉察到每一个个体的独特性及个人与他人之间的不可比性，因此他不承认社会可以变化而同时稳固，他的有限能力和有限阶级的学说，事实上形成了将个人置于从属地位的思想。

在这两点上我们提不出比柏拉图更好的主张：柏拉图坚信如果每个人都从事具有天赋的活动，个人就会幸福快乐，社会就会井然有序；他还坚信教育最主要的职能就是发现个人的天赋并训练他有效地运用这种天赋。但知识的进步使我们认识到，柏拉图根据个人原有的能力把其划分成截然不同的几个阶级是肤浅的。知识的进步告诉我们，先天能力是无限多样和变化多端的。这就是说，如果社会是民主的社会，那么就意味着社会组织机构要利用个人特殊的、变化不定的品质，而不是根据这些品质把人分成不同的阶级。虽然柏拉图的教育哲学观是革命性的，但它受到其静态理想观的束缚。柏拉图认为，改变或变化就是目无法纪的变动；真正的现实性是不可改变的。因此，虽然他想从根本上改变社会的现存状况，可他的目标是建立一个不容改变的国家。柏拉图认为，生活的最终目的是固定不变的；如果根据这种目的观来建构国家，即使是很小的细节也不容改变。他认为尽管这些细节本身无关紧要，但是如果容许改变，就会使人们的心理习惯于改变的观念，由此产生分裂并导致无政府主义。

柏拉图哲学观的瓦解可从这里看出眉目：他不相信通过循序渐进地改善教育就能创造更加美好的社会，然后通过更好的社会来改善教育，如此循环往复，以至无穷。柏拉图认为，只有存在理想的国家才能产生正确的教育，之后，教育只是致力于保存这个理想的国家。为了这个理想国家的存在他只能信任某些幸运的意外事件——这个国家的统治者碰巧具有哲学家的智慧。

四、18世纪的“个人主义的”理想

我们发现，在18世纪的哲学氛围中，我们遇到了一种完全不同的思想观念。“自然”的意思依然是指某种与现存社会组织相反的东西。柏拉图对卢梭产生了很大影响。但是，现在发出的“自然”声音是在为个人天赋的多样化和个性需要在这些多样化的不同方面得到自由发展说话，顺应自然天性的教育为教学和训练提供了目标和方法。而且，天生的或本来的禀赋在极端的情况下会被看作非社会的，甚至是反社会的。他们认为，社会的各种安排不过是一些外在性的救急办法而已，非社会的个人通过这些办法可确保自己获得更多更大的个人幸福。

然而上面这些观点对于揭示这个运动的真正意义来说表达得并不充分。实际上这个运动的主要旨趣在于关注进步与社会进步。这个表面看起来反社会的哲学观对于促使社会走向更广阔、更自由——走向世界的大同来说，是个有点显眼的面具。这个哲学观的积极理想是人道主义。人作为人类成员与作为国家成员有着显著的区别，就前者而言，他的各种潜力将获得解放；而作为处在现存政治组织中的成员而言，他的各种能力将受到抑制并被歪曲，以满足国家统治者的种种要求和私人利益。极端个人主义的理论只不过是人走向无限完美的、社会组织的范围与人类的范围同样广阔的理想的对立面和反面而已。获得解放的个人会成为全面进步的社会的喉舌和代理人。

这个理论的先驱们敏锐地意识到他们自身所处社会状况的种种弊病。他们把这些弊病归咎于强加在人的自由能力之上的种种限制。这些限制既有歪曲的一面，又有腐败的一面。他们满怀热情要把生活从外部的限制中解放出来，而这些限制是完全有利于过去封建制度赋予权力的阶级的，理论先驱们对生活解放的构想就是自然崇拜论。要让“自然”充分发挥其作用，就要用一个新的、更好的人道主义王国去代替人为的、腐败的和不平等的社会秩序。他们无限信奉把自然当作模式和工作动力，这个信念由于自然科学的进步而变得更加坚不可摧。自然科学的研究不受教会和国家的偏见的束缚及人为的限制，把世界揭示为一个有规律的景象。牛顿的太阳系理论表述了自然规律的领域：在太阳系里，存在着令人惊异的和谐景象，各种力量相互之间处于平衡状态。如果消除人所强加的人为的限制，自然规律在人际关系方面会表现出同样的和谐景象。

根据自然崇拜论的观点，教育是确保让社会更像社会的第一步。显而易见的是，经济上和政治上的限制最终取决于思想情感的限制。把人们从外部枷锁中解放出来的第一步，是把他们从虚假的信仰与理想的内在枷锁中解放出来。所谓的社会生活与现存的制度都太虚伪和腐败，不能把这个事业委托给它们来承担。它们承担这个事业就意味着它们自身的毁灭，所以怎么可能指望它们来承担这个事业呢？那么，“自然”一定有力量来承担这个事业。甚至当时流行的极端的追求轰动效应的知识论也是从这个思想派生出来的。坚持认为心灵本来是消极被动的和空洞无物的，就是美化教育的种种可能性的一种方式。如果心灵是一块可以用事物任意书写的蜡板，那么利用自然环境进行教育的可能性就会没有限制。同时，既然自然世界的事物呈现为和谐的“真理”，这种教育就会准确无误地使心灵充满真理。

五、国家层面的教育和社会层面的教育

一旦争取自由的热情衰退下去，自然教育理论在建设性方面的弱点就会暴露无遗。完全把一切事情都留给自然去做，这毕竟是否定了教育的本意；它对自然环境的偶然性极为信赖。可教育教学的执行过程不仅需要一些方法而且需要一些积极的机构、一些行政机关。“一切能力的全面和谐的发展”需要有明确的组织机构才能实现，在社会方面就表现为要有见识高明并追求进步的人类。各地的个体都有可能私下宣传这个信条，却不可能把它变成现实。瑞士教育家裴斯泰洛齐（Johan Heinrich Pestalozzi，1746—1827）可以尝试各种教育实验，并且劝说有钱有权的慈善家追随他的做法，但即使裴斯泰洛齐本人也非常明白，要想有效地实行新教育思想需要国家的支持才行。创造新社会的新教育要想得以实现，毕竟要依靠现存国家的各种教育活动。因此，民主主义教育的运动不可避免地会成为由政府引导和执行的学校运动。

就欧洲的情况而言，历史形势把国家支持的教育运动与政治生活中的民族运动认同为一件事。对于后来的运动来说这个事实有着不可估量的重要性。特别是在德国思想的影响下，教育的作用就是训练公民，而公民训练的作用就是实现民族国家的理想。于是用“国家”代替人类，世界主义让位给国家主义。教育的目的是塑造公民而不是塑造人①。上面提到的历史形势是拿破仑征服的结果，特别是在德国的结果。德国各城邦感觉到系统地关注教育是恢复和维持他们政治上的统一和权力的最佳

① 卢梭在思想上有这个倾向，但被人们忽视了。卢梭之所以反对当时的现状是因为，当时的教育既不塑造公民也不塑造人。在当时的情况下他宁愿尝试塑造人而不是去尝试塑造公民。但是他的许多观点表达了塑造公民才是更高的理想，而且在其《爱弥儿》一书中他表明自己所做出的努力，只不过是当时腐败的社会状况允许他纸上谈兵而已。

手段（后来发生的事件证明这种信念的正确性）。从外部来看，当时德国各城邦是虚弱和分裂的，但是在普鲁士政治家的引领下，他们把这种情况作为一个发展广泛的、基础牢固的公共教育制度的动力因素。

教育实践的这种变革必然带来教育理论的变化。个人主义的教育理论退隐到背景地位。国家不仅为公共教育提供实施手段，而且为其提供公共教育目标。在教育实践方面，从小学的各个年级到大学的各个学院，整个学校系统都是为了培养爱国的公民、士兵和未来的国家官吏，并提供军事、工业、政治防御和扩张的手段。在教育理论方面，则十分重视教育的社会效能这个目标。随着民族国家重要性的增强，被与它处于竞争和敌对关系的国家所包围的民族国家，就不可能再用模糊的世界主义的人道主义观念来阐释社会效能。因为要维护国家的主权，就要求个人在军事防御和国际商业竞争方面服从国家的最高利益，所以社会效能也包含有个人服从的意思。教育的过程，就被看作纪律训练的过程而不是个人发展的过程。但因为把教育作为人格的完满发展的理想依然为人们所坚信，所以教育哲学就试图调和这两种思想。调和的方法是把“有机体”作为表达国家特性的概念。孤立的个人不可能存在；个人只有通过吸收各种组织机构提供的目的和意义并经历这个过程，才能形成真正的人格。表面上看起来好像是个人屈从于政治权力，为了服从上级的命令而牺牲自己，实际上只不过是使其客观理性在国家形态上表现出来而已——这是他能够成为真正理性之人的唯一途径。我们理解的制度理想主义（institutional idealism）的发展观念（如黑格尔的哲学），正是不遗余力地要把这两种观念结合起来，即把人格的完满实现与对现存制度的彻底服从结合起来。

在德国反抗拿破仑争取民族独立的时代，教育哲学的变化范围可以从康德（Immanuel Kant，1724—1804）的教育哲学中看出来。康德很好地表达了早期的个人世界主义理想。他的《教育学》一书是由18世纪末期所写的演讲稿组成的。康德在这本书中把教育界定为人变成人的过程。他认为人类历史的开端始于自然——人的开始，这里的人不是理性的动物，自然只给了人本能和欲望。自然只给人提供必须由教育来发展和完善的胚芽。真正独特的人类生活就是，人必须通过其自觉自愿的努力来创造自己；他必须使自己成为一个真正有道德的、有理性的、有自由的人。这种创造性的努力是慢慢地通过一代代的教育活动得以进行的。这种创造性努力的加速取决于人们有意识地、全力以赴地教育他们的接班人。这种教育不是为了维持现状的需要，而是为了尽可能地为未来造就更好的人类。但要实现这个目标存在着很大困难。每一代人都倾向于教育年轻人适应现存世界的生活，而不是用这个正确的教育目的观——尽可能好地促进真正人性的实现——去教育他们。父母教育子女是要让他们能过好眼下的日子；君主教育臣民是要让他们成为供自己使用的工具。

那么，谁来实施教育就可以改善人性呢？康德认为，我们必须依靠有见识的人士凭借他们的个人能力所做出的努力。他说："一切文化都起始于个别人士，然后从他们那里向外传播开去。只有通过胸怀宽广并且能够领悟未来更加美好的社会理想的人们的努力，才能使人类的天性逐步地接近它的终极目标。……现在的统治者只对把臣民训练成为实现自己目的的工具感兴趣。"康德认为，甚至对统治者为私立学校提供津贴的事情，也必须小心谨慎地看待。统治者给学校提供金钱，他们关心的是自己国家的利益而不是人类的最大利益，他们会根据国家利益来拟订办学计划。在这个观点上，我们表述的是18世纪个人主义的世界主义观的要点。个体个性的全面发展是与整个人类的目标和进步的思想完全一致的。另外，我们显然非常担心由国家实施和由国家调控的教育会阻碍这些思想的实现。在这之后不到20年的时间里，康德的哲学继承人费希特和黑格尔详尽地阐述了这个观点，即教育是国家的主要职能；特别是德国的复兴，只有通过以国家利益为导向实施的教育才能实现，因为个人必定是利己主义的、缺乏理性的存在，会受制于个人的欲望和所处的环境，个人不会自觉自愿地服从国家各种机构和法律法规的教育训练。在这种精神指导下，德国成了第一个实行公共的、普及的义务教育制度的国家，从小学一直到大学，包括一切私立教育机构，都要服从国家的管控和监督。

从上述简短的历史考察来看，应该坚持两个结论。第一个结论是，像个人教育观和社会教育观这类术语，总体来说，如果离开当时的背景就毫无意义可言。柏拉图的教育理想认为，应该把个人的自我实现与社会的凝聚力和稳定性平等看待。柏拉图所处的时代背景使他不得不构想按不同阶级划分来组织社会，这样就把个人淹没在了阶级之中。18 世纪的教育哲学表现为高度的个人主义形式，但这种形式是一种高尚庄重而且慷慨大方的社会理想所启发的结果。这种社会理想就是要组织一个包括全人类在内的社会，并为人类实现至善至美提供无限机会。19 世纪早期的德国理想主义哲学又一次尝试把两种理想同等对待：一是自由全面地发展有完美个性的理想；二是社会的训练与政治上的服从的理想。这种理想主义哲学把民族国家作为实现个性与实现全人类理想的媒介。因此，把这种哲学充满活力的原则用两条同等的真理来表述是可能的：一条用古典术语来表述就是“个人一切能力的和谐发展”；另一条用比较新近的术语来表述就是“社会效能”。所有这些表述都是在强化本章开头所讲的观点：只有我们把心中设想的社会界定清楚了，教育这个概念才有明确的意思。教育是社会的过程，也是社会的功能。

上面这些思考为我们的第二个结论铺平了道路。在民主主义的社会中，为了民主主义社会而实施的教育存在的根本问题之一就是，国家主义的目的与更加广泛的社会目标之间存在着冲突。早先提到的世界主义的思想和“人道主义”的思想，存在着意义含混不清的缺陷，又缺乏确定的执行机构和管理机关。在欧洲尤其是在欧洲大陆的各个国家，关注教育是为人类谋福利和促进人类进步的新思想，这种新思想被国家利益利用，被用来做实现狭隘并且排他的社会目的的事情。把教育的社会目标与教育的国家目的等同起来，这就会使社会目标的意思模糊不清。

这种混乱与现在人类交往的状况比较吻合。一方面，科学、商业和艺术超出了国家的界限。它们无论是在性质还是在方式方法上大部分都国际化了。它们要求居住在世界各国的人民之间相互依赖、相互合作。与此同时，政治学上提出的国家主权的思想从来没有像现在这样被强调过。每个国家与邻国都处于克制的敌对与准备开战状态。每个国家把自己作为自己利益的最高裁判，认为其他各国理所当然也有属于自己的利益存在。对这种事情产生疑问就等于是怀疑国家主权思想本身，而政治实践和政治学说的基本思想就是国家主权思想。一方面是范围非常广泛的相互联系并互惠互助的社会生活，另一方面是范围较为狭窄的、排他的因而充满敌对性质的事业和目的。这两者之间的矛盾（因为的确是矛盾）要求对“社会”这个词的意思进行比过去更加确切的界定，它在教育理论上用于表达教育的功能和教育的评价标准。

一种教育制度由民族国家实施，但同时教育过程的全部社会目标不会受到限制和约束，不会被腐蚀，这有可能吗？从内部来看，这个问题必须面对当前的经济状况所造成的趋势，这个趋势就是把社会分成若干阶级，其中一些阶级不过是其他阶级获得更高文化水平的工具。从外部来看，这个问题关系到如何协调效忠国家、爱国主义和更高层次的奉献精神（即以追求超越国界、团结全人类为共同目的）。这个问题的任何一个方面都不可能仅仅用消极手段得到解决。只是关注不使教育被一个阶级当作更加容易地剥削另一个阶级的工具，这还不够。学校的设施设备必须大量地增加并且要提高使用效率，这样就不只是在名义上而是在事实上降低了经济不平等的影响，从而使整个国家的未成年人能够为其未来的人生而受到同等的教育。要实现这个目的，不但要求为学校提供充足的设施设备作为家庭教育资源的补充，而且要求对传统的文化理想、传统的学习科目以及传统的教学和训练方法进行必要的调整，从而使所有未成年人能一直受到教育的影响并成为他们自己的经济生涯和社会生活的主人。这种理想的实现也许等到遥远的将来才能实现；但如果民主主义的教育思想不能越来越广泛地在我们的公共教育制度中占据首要地位，那么这种理想就只能是一种可笑而又可悲的幻想。

关于一个国家与其他国家的关系，同样可以应用以上的原理来进行分析。只是讲些关于战争的恐怖及防止激发国际猜疑与仇恨的事情是不充分的。凡是能使人们不受地理限制并且团结协作的人类事业都需要加以强调。就全人类相互之间需要更为充分、更加自由和更有成效地联合和交往方面而言，国家主权属于次要的和暂时的特点，这个思想必须作为有效的心理倾向灌输给学生。如果有人认为这方面的应用与教育哲学似乎没有多少关联，则表明他们还没有充分把握前面所阐述的教育观的思想。这个结论与把教育作为解放个人能力并在社会目标指引下持续成长的观点密切相关。否则，教育的民主标准就得不到前后一致的应用。

总　　结

教育是一个社会过程，而社会的种类多种多样，所以说，教育评判与教育建构的标准包含着一种特别的社会理想。这两点被选择来测量社会生活方式的价值：一个群体的全体成员共享该群体的利益到了什么程度。换句话说，一个不受欢迎的社会对于自由交往和经验交流会从内部和外部设置重重障碍。如果有一个社会的全体成员能够以同样的名义，享受同等的社会利益，能通过各种不同形式的共处生活进行互动，从而保证社会的各种机构得到灵活的重新调整，这样的社会就是民主主义社会。这种民主主义社会必须有一种类型的教育，给予每个个体对社会关系与社会控制的个人兴趣，给予每个个体确保不会引起混乱的社会变革的心理习惯。

从这个观点出发，我们考察了历史上的三种具有代表性的教育哲学观。柏拉图提出的教育哲学理想在形式上与我们所提出的观点十分相似，但他在把这种理想付诸实施时妥协了，他把阶级而不是个人作为社会的单位。18 世纪启蒙运动时期的所谓个人主义，把社会观念看作与人类一样宽泛，个人是人类社会进步的喉舌。但是，这种教育哲学观缺乏保证其理想实现的执行机构，这样说的证据在于它求助于自然。19 世纪的国家主义理想的教育哲学观把民族国家作为实现其理想的机构，弥补了个人主义哲学观的缺陷，但它在实施中又把社会目的观窄化到同一个政治单位的成员，这就重新引入了个人从属于制度的思想观念。

第8章　教育的目的

一、目的的本质

前面各章关于教育的解释，实际上已经预见了我们关于民主主义社会的教育意义的讨论结果。由于我们假定教育的目的就是能使个人继续其教育，或者说，学习的目的和回报就是获得持续不断成长的能力。但是，如果一个社会中的人与人之间的交往是相互的，如果这个社会的利益能够平等地分配给全体成员从而产生广泛的激励作用，并通过这些来充分地改造社会习惯和社会制度，那么这种思想就有可能运用到社会的全体成员身上。这就意味着一个民主主义社会产生了。由此可见，我们在探求教育目的的过程中，并不需要到教育过程之外去发现一个教育所属的目的。我们的所有教育观都禁止这样做。我们所关心的就是，把属于教育过程内容的目的与从教育过程之外提供的目的进行对比。当社会关系处于不平等、不和谐的状态时，一定会出现后一种情况。因为在这种情况下，整个社会群体中的一部分人会发现他们的目的是由外部命令决定的；他们的目的并不产生于自己经验的自由增长。在名义上他们有自己的目的，但这并不真的是他们自己的目的，而只是实现他人比较隐蔽的目的的手段而已。

我们的第一个问题就是对存在于活动内部而不是外部提供的目的的本质进行阐释。我们通过对比单纯的结果（results）与结局（ends）来揭示目的的含义。任何能量的展现都有结果。风刮过沙洲，沙粒的位置就会改变。这是结果、效果，但不是结局。因为在结果中，没有东西完成或实现之前的存在。沙粒位置的改变只是空间的重新分配。沙粒在位置改变前后其本身并没有差别。因此，把早先状态作为起点而把后来的情况作为终点，并且把介于两者之间的情况作为转化和实现的过程，这是毫无根据可言的。

下面把蜜蜂的活动作为例子与上面风吹过沙洲引起沙粒的位置变化来进行对比。蜜蜂的行为结果可以称之为结局，并不是因为这些结果是预先设计好的或是故意要这样做的，而是因为它们是真正的结局或先前一切行为的完成。在蜜蜂采集花粉、制造蜂蜡和构筑蜂房的时候，每一步骤都是在为下一步铺平道路。蜂房筑成以后蜂后就在蜂房内产卵；卵产好后就封存起来进行孵化，孵化时会保持卵孵化所需要的温度。幼蜂孵出以后蜜蜂会喂养幼蜂，直到它们能照料自己时才停止喂养。我们非常熟悉这些事实，所以就很容易忽略，认为无论如何生命和本能是个奇迹。因此，我们不会注意到这个事件的本质特征，也就是说，这个事件的每一个要素所处的时空位置及其先后次序都有重要意义；前一件事引发后一件事，而后一件事又接受所提供的一切来供另一个阶段所用，直到到达终点为止。这个结局就好比是总结和结束了整个过程。

既然目的总是与结果相关联，那么考察目的问题的第一件事情就是考虑：所布置的工作是具有内在的连续性，还是只是一连串堆积在一起的动作，先做这件事，再做那件事？如果学生的每一个行为都由教师发出指令，他的种种行为的唯一顺序就是来自布置的功课和由别人给予的指示，那么根本就谈不上教育目的的问题。根据无意识的自我表现就允许学生做出稀奇古怪的或没有连续性的行为，对教育目的同样是致命的伤害。目的的含义是指井井有条的有序活动，在这个有序活动中，次序就是一个过程的循序渐进的完成。假设一个活动需要一段时间，在这段时间内成长一个接一个地积累着，活动目的的意思就是事先对结局或可能的结局要深谋远虑。如果蜜蜂能预见到它们的活动结果，如果它们在想象的预见中觉察到了结局，它们就有了目的的主要要素。因此，在不允许预见结果并且不能激发人提前看到某种活动的结局的地方，谈教育目的——或者任何其他事业的目的都是愚蠢的行为。

要考虑的第二个问题就是，目的作为一个预见的结局给活动指明了方向；这种目的不是纯粹的旁观者无根无据的想法，而是影响着为到达终点所采取的各个步骤。这种预见的作用表现在三个方面。第一，它涉及仔细观察特定的情形以便领会能够到达终点的方法手段，并发现阻止到达终点的障碍是什么。第二，它建议运用方法手段时的适当次序或顺序，有助于做出经济合算的选择与安排。第三，它使我们能对备选方法做出明智的选择。如果能预测这样做或那样做的结果，我们就能对两种行动路线的价值进行比较；就能判断哪种做法更为可取。如果知道污浊的死水会滋生各种蚊子并且蚊子很可能传播疾病，而我们不喜欢这种预期的结果发生，自然就会采取避免这个结果发生的措施。我们并非仅仅作为理智的旁观者来预见结果，而是与这个结果有关涉的人，在产生这个结果的过程中我们是参与者。我们进行干预是为了获得这种或那种结果。

当然目的的这三个作用之间有着紧密的关联。我们能够准确地预见结果，就是因为我们谨慎而详细地观察了目前的各种情况，而结果的重要意义又为我们提供了观察的动力。我们的观察越是充分，情况和障碍呈现得就越是变化多端，可供选择的办法也就越多。相应地，我们对情况呈现的可能性认识越多或可供我们选择的行动方法越多，所选择从事的活动具有的意义也就越多，这种活动也就越容易灵活掌控。如果我们只想到一种结果后头脑就一片空白了，那么与此行动有关的意义就非常有限。一个人只是朝着既定的目的前进，有时这种前进可能是行之有效的，但如果不可预料的困难出现在他面前，他手头能利用的资源就非常有限；如果他事先对情况进行过比较广泛的调查，他选择同样的行动时就会有多种可能的方法。否则，一旦遇到困难他就不能快速地做出必要的调整。

最后的结论就是，有目的的行动与明智的行动完全是一件事。预见一个行为的终点就是提供一个基础去进行观察和选择，去调整种种对象并调动我们自己的各种能力。做这几件事情就意味着得用心——因为用心就是指活动有意图、有目的，它受到觉察到的事实及其相互关系的准确控制。用心去做一件事情就是预见一个未来的可能性；就是有一个实现的计划；就是注意到了执行计划的实施手段和实施障碍——或者，如果真的有心做这件事情，就会有一个考虑了各种资源与困难的计划，就不会只是一种模糊的强烈愿望。心智就是一种能力，能把现状归因于未来的结果，同时又把未来的结果归因于现状。这些特点就是所谓的有一个目的。一个人愚蠢、盲目或不明智——缺心眼——刚好与他在活动中不了解其行为的目的即不了解行为的可能结果有关。如果一个人满足于对结果的随意猜测而不是根据需要进行的预测，只是碰运气，或者不琢磨包括自己能力在内的实际情况就形成了计划，他这样做一点也不明智。这种相对的缺心眼就是凭感觉去估量所发生的事情。要想变得明智，我们在制订活动计划时就必须“停一停、看一看、听一听”。

把有目的的行动与明智的活动等量齐观，足以显示有目的的行动的价值所在，即它在经验中的作用。我们只是想从抽象名词“意识”（consciousness）中创造出一个具体的东西来。我们忘了这个名词来自形容词“有意识的”（conscious）。“有意识的”就是知道我们在做些什么；“有意识的”就是指深思熟虑、观察敏锐和善于计划是我们的活动特征。意识并不是我们漫无目的地凝视周围景象时拥有的什么东西，或者说，也不是物质的东西给人留下的印象；意识就是一个活动具有目的品质的名称，因为这个活动受到了一个目的的指引。换句话说，活动有一个目的就是指行动不像自动化的机器那样，行动是有意义的；活动有一个目的意味着做某事是有意图的，并且会根据意图来认识事情的意义。

二、良好目的的标准

我们可以用讨论得出的结论来考虑设置恰当的目的的标准。

1. 所确立的目的必须是现存条件的自然结果。这个目的必须建立在对已经在做的事情有所考虑的基础上，必须建立在对所处情境的种种有利条件和实际困难的基础上。关于我们的种种活动的正当目的的各种理论——各种教育理论和道德理论——常常会违背这个原则。这些理论假定目的是在我们的活动之外存在的；目的与实际的具体情境没有关系；目的是从某种外部源头产生的。问题在于，如何使我们的活动去承担实现这些从外部提供的目的的任务。这些目的是我们应该为之行动的。无论如何，这类“目的”使人的智力受限；它们并不会展现心智的预见能力、观察能力和对多种可能性进行选优的能力。这种目的之所以会限制人的智力，是因为它们是现成的，必须由某种外在权威强加于智力，留给智力所做的事不过是机械地选择手段而已。

2. 按照我们上面所讲的，目的似乎在试图实现它们之前就能完全设定好。对此必须给以解释。最初出现的目的只不过是一个尝试性的草图而已。力图实现这个目的的行动才能检测其价值所在。如果这个目的足以成功地指导活动，它的整个作用就在于事先设置一个标记，那么别的东西就不再需要了；只要偶尔暗示一下就足够了。但是，通常——至少在复杂的情境中——根据目的行动的时候发现的一些情况会被忽略。这就要求我们对原来的目的进行修正；必须对原来的目的进行增减。因此，设置的目的必须灵活；它必须能够进行更改从而满足具体情况的要求。从外部设置的目的对行动的过程而言总是显得比较死板。这种从外部嵌入或强加的目的对情境的具体情况缺乏操作的针对性。在行动过程中所发生的情况，既不确认也不驳斥、更改这个目的，自始至终坚守着这个目的。对于这个目的由于缺乏适应性而造成的失败会简单地归咎于情况反常，而不会归因于在这种情况下目的本身可能不合理。相反，一个合理合法的目的的价值在于可以用它来改变情况。合理合法的目的是应对种种情况的手段，使情况发生令人满意的转变。一个农民如果只是被动地接受现状，就与一个完全不顾土壤、气候等状况而拟订农事计划的人一样，会犯极大的错误。在教育中运用抽象的或遥不可及的外部目的存在的一个弊端就是，这种目的在教育实践中不能应用，可能会随意应付眼前的状况。一个良好的目的会调查学生现有的经验状况，拟订一个试验性的处理计划并让计划不断保持针对性，当情况发生变化时计划也随之修订，一句话，这个目的是试验性的，因而当其在行动中受到检验时会进行扩展。

3. 所定目的必须总是能保证活动的自由度。“目标”这个术语具有隐含意义，它提醒我们要把某些过程的终点或结局放在心上。我们界定一项活动的唯一办法就是把活动结束时表现出来的目标提前摆在面前——比如说，一个人进行射击的目标就是靶子。但是我们必须记住这个目标只是一个标志或符号，它是在头脑里盘算的活动所要达到的目标。严格地说，目标并不是靶子而是击中靶子；射击者通过瞄准靶子但同时也要看着枪支的照门才能实现击中靶子的目标，射击时所思考的种种对象都是指导活动的手段。因此我们说，一个人瞄准一只兔子，他想要做的就是立刻开枪：这是某种类型的活动。或者说，如果他想要的就是这只兔子，这只兔子并非与他的活动无关，而是作为其活动的一个因素存在的；他想吃兔肉，或者用它来证明自己的射击本领——他想用兔子来做些事情。他的目的是用这个东西来做点什么事情，而不是把它作为孤立的东西来看待。活动的目的只是主动结局的一个方面，即能让活动成功地继续下去。这就是上面所说的“保证活动的自由度”的含义。

与上面所讲的为了让活动持续进行从而执行某些程序的目的形成对照的是，从活动之外强加的目的则有静止不变的特点。这种目的始终会被看成固定不变的，它是要获得和占有的东西。如果我们抱有这样的看法，那么活动就只是某种获得其他东西时的必不可少的手段而已；活动本身并没有什么意义而且无关紧要。与目的相比较，活动本身不过是一件必须得做的苦差事而已；这是在达到目的之前必须得经历的事情，只有目的才值得追求。换句话说，外在目的观导致了手段与结局的割裂，而从活动内部产生的目的作为活动的指导计划，自始至终既是目的又是手段，把两者进行区分只是为了方便起见。每个手段在我们没有获得之前都只是暂时的目的。每个目的一旦达到就会变成进一步活动的手段。当它作为我们所从事的活动的未来方向的标识时，我们称它为目的；当它作为现在的活动方向的标识时，我们称它为手段。目的与手段分离到什么程度，活动的意义就会减弱到什么程度，并使活动变成一种只要能逃避就会逃避的苦工。一个农民为了开展农业活动必须利用植物和动物。他是喜欢这些动物和植物，还是把它们仅仅看作他必须利用来获得自己感兴趣的其他东西的手段，对这个农民的生活来说肯定存在着很大的差别。在前一种情况下，他的整个活动过程都是很有意义的；活动的每一个阶段有其自己的价值，在每一个阶段他都体验到了目的的实现，延迟的目的或目标只是使其活动能够全面而自由地进行下去的一个图景的展现，因为，如果不向前看他就很有可能发现自己没法前进。目的与活动的其他任何部分确切无疑都是行动的手段。

三、教育中的应用

教育目的并无特殊性可言，它们恰好与任何职业指导的目的一模一样。教育者与前面所讲的农民一样，有些事情得做，有些资源得利用，有些障碍得排除。农民所面对的状况，无论是要克服的障碍还是可以利用的资源，都有其结构和运行方式，比如说，种子发芽、雨水降落、阳光照耀、害虫吞食、疫病流行、四季变化，它们与农民的任何目的都没有关系。农民的目的不过是要利用这些自然状况，使其活动与自然的力量能够发挥协同作用，而不是使两者的力量相互抵消。如果农民不顾土壤、气候以及植物生长的特点等情况，自己设定一个农事目的，那将是荒谬可笑的。农民的目的，只是一个将其自身力量与周围各种事物的力量联系起来产生的结果的预见，只是一个指导其日复一日的行为活动的预见。对可能结果的预见会引导他对自己所要处理的事情的性质和所要进行的活动进行更加慎重、更加广泛的观察，并且拟订出一个行动计划，即拟订一个行动所要采取的特定步骤。

教育者不论是家长还是教师，都是一样的道理。如果家长或教师设置“自己的”目的作为儿童成长的适当目标，这与农民不顾环境情况提出一个农事理想一样，是荒谬可笑的。目的意味着接受责任，即对承担一项职责——不管是务农活动还是教育——进行观察、展望和安排。任何一个目的，在我们进行一项活动时，只要能够时时刻刻帮助我们进行观察、选择和计划，它就是有价值的；如果这个目的妨碍了个人的常识（如果目的是从外部强加的或是因为权威而被迫接受的，那么它肯定会有妨碍的），这个目的就有害无益。

我们最好提醒自己教育本身并无目的。只有人，如家长和教师等，才有目的；像教育这样的抽象概念并无目的可言。因此，教育者的目的是变化无穷的，会随着儿童的不同而不同，会随着儿童的成长及成长经验的变化而变化。甚至能用文字表达的最有效的目的，只有当我们认识到它们并不是目的而是给教育者提出的建议时，这种作为文字表达的目的才是有益无害的。这种目的会在教育者解放和指引其遇到的具体情形的各种力量时，为他们提出观察、展望和选择的建议。正如一位近代作家所说的：“引导这个男孩去读司各特写的小说而不要读老的侦探故事；教这个女孩学习缝纫；使约翰改掉横行霸道的习惯；让这个班的学生做好学医的准备——这些只是我们在具体的教育工作中实际运用的成千上万的目的中的几个样本而已。”

把上面这些限制条件牢记在心，我们就可以进一步提出所有良好的教育目的应该具备的几个特征了。

1. 一个教育目的必须建立在一定的受教育者个体的内在活动与需要（包括原始本能和习得的习惯）的基础之上。就如我们已经看到的那样，作为准备的教育目的会倾向于忽视个人已有的能力，并会从某些遥远的成就或职责中寻找目的。一般来说存在一种倾向，就是把成人当作考虑的中心，根据他们的标准设置教育目的，而根本不考虑受教育者的种种潜能。还存在一个倾向，就是提出千篇一律的目的，忽视个体的具体能力和各种要求，忘记了所有知识都是一个人碰巧在一定的时间和一定的地点获得的东西。成人的视野广、见识多，在观察儿童的能力和缺点以及决定他们需要积累什么知识、增长什么能力方面具有很大的优势。因此，成人的艺术能力展现了儿童能够表现的倾向；如果没有成人在艺术上所取得的成就，我们就不敢保证能了解儿童期的涂画、仿制、造型和着色活动的意义何在。同样，如果没有成人的语言，我们就不会理解婴儿咿呀学语所传递的意义。但是把成人的成就作为一种背景并把儿童的活动放在这个背景中进行观察，这是一回事；把成人的成就设定为固定不变的目的而不考虑教育者的具体活动，这完全是另一回事。

2. 一个教育目的必须能够转化为与那些从事教育活动的人的种种活动相匹配的方法。这个目的必须提示了需要用来解放和组织他们的种种能力的那种环境。只有这个目的有助于拟定具体的操作程序，并且这些程序又能检测、校正和阐述这个目的，这个目的才是有价值的。没有价值的目的不但无助于具体的教学任务，而且还妨碍教师运用正常的判断来观察和评价所面临的情境。这种目的除了认可与固定目的相符合的事物之外，对其他的事物都不认可。每个死板的目的，只因为它是硬性规定的，似乎就没有必要谨慎地关注具体的情况。既然这种目的不管怎样都必须运用，注意那些不值得考虑的细节有何用处呢？

从外面强加的教育目的存在着根深蒂固的缺点。教师从上级当权者那里接受这些目的，这些当权者又从社会上流行的目的中接受这些目的。教师把这些教育目的强加给儿童。外在强加的教育目的的第一个后果就是，教师不能自由发挥其智慧；他只被允许接受上级所规定的种种目的。教师个体几乎不可能摆脱当局的教育督导、教学法指导教材和规定的课程等的控制，这种控制使得教师的心灵没有办法与学生的心灵和教材保持紧密的联系。对教师的经验不信任，其实就是对学生的回应缺乏信心。学生是通过外面的双重或三重的强加来接受目的的，他们总是处于两种目的的冲突之中而不知所措。一种目的刚好符合他们自己当时的经验，而另一种目的是别人教他们默认的。除非我们承认这个民主主义的标准——每一个发展中的经验都具有内在的意义，否则，为了满足适应外在目的的要求，我们将会陷入理智上的混乱。

3. 教育者必须警惕所谓一般的目的和终极的目的。每一个活动，无论怎样特别，就它与其他事物的错综复杂的关系来说，由于它会把无限可能性引入到其他事物中去，所以它都是一般的。如果一个一般的观念能使我们对这些关系更加敏感，它越一般就越好。但是，“一般”也意味着“抽象”，或者意味着与所有具体的背景分离开来。这种抽象性又意味着遥不可及，这样又把我们拉回到了把教和学仅仅作为手段的状态，即准备去实现与手段毫无关系的目的。教育从字面上讲一直有它自己的报偿，意思是说，除非我们声称的学习或训练有其自身的直接价值，否则，这种学习或训练就没有教育意义。一个真正一般的目的会拓展人们的视野并激发他们去考虑更多的结果（即联系）。这就意味着对种种手段进行更为广泛、更加灵活的观察。拿一个农民来说，他所考虑的相互影响的力量越多，他能直接利用的资源就越多。对于自己想要做的事情，他将看到更多的可能的起始点和更多的办法。一个人对将来可能取得的成绩的认识越全面，他当前的活动就越少受到少数可供选择的方法的束缚。如果一个人对此有充分的了解，他几乎可以从任何地方开始行动，并且持续不断、富有成效地把活动坚持下去。

那么，对一般的或综合性的目的这个术语的理解，仅仅是从对眼下的活动领域进行广泛调查的意义上讲的。由此，我们将从当代教育理论中广泛流行的主流教育目的观中选取几个来进行讨论，并且考察这些目的能否使我们了解教育者真正关心的当前各种各样的具体目的。我们假设（其实从上述探讨中立即可以提出这个假设）不需要对这些目的进行选择，也不需要把它们看作竞争对手。用一个具体方式采取行动时，我们必须在一个特定的时间选择一个特定的行为，但不管存在着多少综合性的目的，都可以没有竞争地同时并存，因为它们只是意味着用不同方式去看同一风景。一个人不能同时攀登几座山峰，但他在攀登不同的山峰时所遇到的各种景色会互相补充：它们并不会造成互不相容、互相竞争。或者用稍微不同的说法来解释这个问题，一个目的的一种表述可以提示某些问题和观察；一个目的的另一种表述可以提示另外一些问题并要求进行另外的观察。因此，我们设定的目的越一般越好。一种表述可以强调另一种表述忽略的方面。无数的假设能给科学研究工作者提供多少帮助，无数的目的也就能给教师提供多少帮助。

总　　结

一个目的表示任何自然过程的结果，它会引起意识，并会成为决定当前的观察和行动方式的选择的一个因素。目的还预示一个活动已经成为深思熟虑的明智活动。说得具体点，目的是指预见到在特定情境下采取行动的方式不同，产生的结果就会不同，还指运用预测的东西指导观察和试验。所以说，一个真正的目的和一个从外面强加给活动过程的目的是完全不同的。从外面强加给活动过程的目的是固定不变的、机械呆板的；这种目的不过是从外面发出的干这些事情或干那些事情的命令而已，不能在特定情境下激发智慧。这种目的并不会与现在的活动发生直接的联系，它遥不可及并且与用来实现目的的手段也没有什么关系。这种目的不能预示一个更为自由、更加和谐的活动，反而给活动设置了一道障碍。教育中由于这些从外面强加的目的非常普遍，所以强调为遥远的将来做准备的教育思想，结果使教师和学生的工作都变成了机械的、奴役性的工作。

第9章　以自然发展和社会效能感作为教育目的

一、自然提供的目的

我们已经指出，试图拟定一个教育目的——可以使所有其他目的都隶属于它的某个终极目的，这种尝试毫无用处。既然一般目的不过是通过考察现有情况并评估其种种可能性来对未来进行展望的观点表达，那么，我们就可以有数量不限的目的，所有这些目的都是互相连贯的。事实上在不同的历史时期提出过大量的具有很大时代价值和区域价值的目的，因为目的的表述问题其实是一个在特定时间强调不同重点的问题，我们并不会去强调不需要强调的内容，也就是说，有些东西已经非常受关注了，根本就用不着再去强调。我们一般会根据当时情形存在的缺陷及其需要来设定目的；我们会想当然地认为，没有明确表述的东西无论它是正确的还是接近正确的，都是没有用处的。我们会根据需要进行一些变动来设定各种明确的目的。因此，在特定的时代或世代所进行的有意识的设计规划中，我们倾向于只强调实际上最缺乏的东西，这并不是个需要给予解释的悖论。一个由权威控制的时代会强烈呼吁伟大的个人自由；一个充满无政府主义的个人行动时代会强烈呼吁把社会控制作为一个教育目的。

因此，实际的和内隐的实践与有意识的或表述的目的相互之间是协调一致的。在不同时代曾经提出过各种各样的教育目的，比如说，为了完满的生活、提供更好的语言学习方法、为了以实物代替文字的直观教学、为了社会效率、为了提高个人素养、为了社会服务、为了个性的全面发展、为了学习百科知识、为了进行纪律约束、为了审美洞察力的养成、为了运用，等等。下面将对三种对当今有影响的教育目的的表述进行讨论；其他一些教育目的在前面各章中已顺便讨论过了，还有一些教育目的将在后面讨论知识价值和科学价值时进行讨论。在此，我们先谈谈卢梭提出的教育目的，卢梭认为教育是一个根据自然本性发展的过程。这个目的把自然和社会对立起来看待（参见第 7 章第四节）；接下来进一步探讨通常是作为自然的对立面的社会效能感的思想观点。

教育改革家们厌恶学校教育方法，他们发现这些方法不但循规蹈矩而且具有人为性，他们倾向于求助于自然的标准。自然可以为儿童发展提供规律和目的，我们的任务就是跟随和顺应自然的方式。这个观念的正面价值在于，它有说服力地引起人们关注那些忽视受教育者自然禀赋的错误的教育目的。这个观念的缺陷在于，它把自然发展作为正常的发展，容易与生理发展相混淆。于是，智力在深谋远虑和计划创造中所起的建设性作用就会大打折扣；我们只是冷眼旁观而把事情丢给自然去解决。就其真理性和谬误性而言，既然没有哪个人比卢梭对这个思想表述得更好，那么，我们就将注意力转向卢梭的观点吧。

卢梭说："教育，我们从三个来源接受，即自然天性、人和事物。我们的器官和才能的自然而然的发展，是自然天性的教育；别人教我们如何利用这个发展，是人的教育；我们从影响我们的周围事物中获得个人经验，是事物的教育。只有当这三种教育和谐一致并且向着同一个目的前进时，人才面向了他的真正目的。……如果有人问我们这个目的是什么，我们的回答就是自然天性的目的。因为，既然三种教育必须协同进行才能使教育至善至美，那么完全不受我们控制的那一种教育，必然会在决定其他两种教育的过程中制约着我们。"在讲了上面这段话以后，卢梭进一步界定了"自然天性"的含义——与生俱来的各种能力和性情，"因为这种能力和性情，在根据强制性习惯和他人意见影响而进行校正之前就已经存在了"。

仔细研究卢梭所讲的话就会有所收获。他所讲的既包含了历史上曾经讲过的关于教育的根本真理，也包含一点独特的偏见。他最开始的几句话没有人能比他说得更好。教育性发展的三个因素是：（1）我们身体器官的结构及其官能活动；（2）在他人的影响之下对这些官能活动的利用；（3）身体器官及官能活动直接与环境发生相互作用。这段话当然包括了教育的根本内涵。卢梭还有两个主张同样令人信服：（1）只有当教育的这三个因素方向一致并且相互配合时，个人才能得到适宜的发展；（2）个人身体器官的天性活动是先天固有的，教育性发展的三个因素能否和谐一致从根本上讲取决于这种天性活动。

但是，只要稍微读一读卢梭的这些话并用卢梭的其他论述作为补充，我们就会意识到，他并没有把这三者当作在某种程度上必须共同起作用的因素——这样就能使其中每一个因素都发挥教育作用，而是把这三个因素所起的作用看作彼此分开的、各自为政的。卢梭尤其相信天生的器官及其官能可以独立地、“自然而然地”得到发展。卢梭认为，无论如何利用这些器官及其官能，这种自然而然的发展都会继续进行下去。从社会接触获得的教育必须从属于这种单独的发展。根据种种天性活动本身来运用天性活动——不同于强迫和扭曲天性活动——并认为这种活动无须任何运用就能正常发展，这种发展能提供所有通过运用而学习的标准和规范，这两者之间其实存在着巨大的差异。重新提一提我们前面举过的例子，习得语言的过程从实践上讲是一个恰当的教育性成长的完美模式。学习语言是从发音器官、听觉器官等的天性活动开始的。但是，如果假定这些活动可以自行增长，即自身就能发展出完美的言语，那真是太荒谬可笑了。从字面上理解卢梭的观点就是，成人应该接受和重复儿童的咿呀学语声和嘈杂吵闹声，不仅把其作为清晰语言发展的起点——事实上是如此，而且把其作为语言本身的展示——作为所有语言教学的标准。

我们可以这样来对这个问题进行概括，卢梭推荐了一种非常必要的教育变革，认为我们的器官结构及其官能活动，为教人对器官进行利用提供了条件，在这一点上卢梭是正确的；但是，如果宣称器官的结构及其官能活动不仅为它们的发展提供了条件，而且为它们的发展提供了终极目的，则是极为错误的。事实上，天性活动与散漫的、突发奇想的练习形成了强烈的对比，天性活动是通过种种运用得以发展的。我们早已知道，社会环境的职责在于通过尽可能充分地利用这些力量来指导发展。如果用比喻的说法来形容本能活动，可以称之为“自然而然的”，意思是说器官对发挥某种作用会产生强烈的偏好——这种偏好非常强烈，因而我们不可能违抗它，违抗可能会歪曲它、阻碍它甚至摧毁它。但认为这些官能活动是自然而然的、正常的发展，则是纯粹的神话。自然的或天赋的潜能在所有教育中提供开启性和限制性的力量；它们并不提供教育结果或教育目的。除了从不学而能的潜能开始学习之外，不存在其他的学习，但学习并非不学而能的潜能的自然而然的流淌。卢梭之所以提出了与此截然相反的见解，多半是由于他把上帝与自然等同起来的缘故。在他看来，人的天赋能力直接出自聪明善良的造物主之手，因而完全是好的。就像古谚中所说的“上帝创造了乡村，人类创造了城市”一样，上帝创造了人类的天赋器官及官能，人则运用这些器官及官能，器官及其潜能的发展又为人类利用这些器官及潜能提供了必须服从的标准。人们试图决定天性活动所发挥的用途阻挠了神圣的计划，社会的安排阻挠了自然天性和上帝的工作，这是个人败坏的主要根源。卢梭断言，一切自然天性都具有内在的善，这是为反对当时广为流传的观念即天赋人性彻底堕落的观点而提出的，这个观点对改变对待儿童利益的态度产生了强烈的影响。我们根本无须指出，人类原始冲动本身既不是善的也不是恶的，原始冲动是善或恶，取决于我们如何利用它们。我们忽略、压制和过早地强迫发展某种本能而牺牲其他本能，许多本可以避免的错误都由此造成，这是毫无疑问的。但这种做法带给我们的教训，不仅仅是让这些本能“自然而然地发展”，还要求提供一种可以运用这些本能的环境。

回到卢梭的思想主张中所包含的真理性因素时我们就会发现，把自然天性的发展作为一个教育目的，由此卢梭就能够提出纠正当前教育实践中存在的许多弊病的各种方法，并且能够揭示出若干值得拥有的具体目的。

1. 把自然天性的发展作为一个教育目的，会使人特别关注儿童的身体器官及身强体壮的健康需要。自然天性的发展目的对于家长和教师而言就是：把健康作为一个目的；如果无视身体的活力，正常发展就无从谈起——这是一个不言而喻的事实。在教育实践中充分地认识到这个事实，就可以在不知不觉中使很多教育实践发生革命性的变革。“自然”的确是一个含混不清并有隐喻意义的名词，但是，“自然”确实能够清楚地告诉我们，教育的成效依赖许多条件，在我们了解这些条件是什么并知道如何根据这些条件去从事教育实践之前，我们最崇高和最理想化的种种目的是注定要失败的——它们不过是纸上谈兵和感情用事，毫无成效。

2. 把自然天性的发展目的转化为尊重身体活动的目的。用卢梭的话来说就是：“儿童总是不停地动来动去；久坐不动的生活是有害无益的。”他又说：“自然的意图就是先强健身体，后历练心智。”很难说卢梭的这句话已把事实讲清楚了。但是，如果他说自然的“意图”（用他富有诗意的语言来表达）是专门通过锻炼身体的肌肉来发展心智，那么他已表达了一个积极而正面的事实。具体来说，遵循自然天性的教育目的就是关注儿童在探索、处理各种材料、游戏和竞赛中运用其身体器官时所起的实际作用。

3. 把一般的目的转化为关注儿童个别差异的目的。凡是把儿童天赋能力的原则考虑进去的人，都会被不同的儿童存在的天赋能力千差万别这个事实打动。这种差异不仅表现在能力的强度方面，而且表现在能力的质量和类别方面，这些都是因人而异的。正如卢梭所说的：“每个人生来就具有截然不同的禀性……我们往往不加区别地把具有不同偏好的儿童安排来进行同样的练习；他们接受的教育摧毁了他们的特殊偏好，留下的只是死气沉沉的、千篇一律的东西。所以，我们不遗余力地、千方百计地去阻碍儿童真正的天赋发展之后，我们用来代替儿童天赋能力的转瞬即逝的虚幻才华也会化为乌有，而我们所扼杀掉的儿童的天赋能力却一去不复返了。”

4. 遵循自然天性的教育目的意味着要注意到儿童的爱好和兴趣的起源和兴衰。儿童能力的萌芽期和开花期是参差不齐的，没有齐头并进的发展，我们必须趁热打铁。儿童的能力初现端倪时是特别珍贵的。我们对待儿童早期的种种趋向的方式会固化儿童的基本性情和面貌，并且会影响他们以后的种种潜能的转向，其影响之大是我们难以想象的。继卢梭之后，裴斯泰洛齐和福禄培尔也强调了自然成长的原则。教育上对儿童早期的关怀和实用技艺的培养是截然不同的，这种教育观点完全可以追溯到裴斯泰洛齐和福禄培尔时代。关于成长的非整齐划一性（无规律性）及其重要意义，有一位学者在谈论神经系统的发育时这样说过：“在儿童发育成长的过程中，其身体方面和心智方面的发展是不平衡的。因为成长从来不是一般性的，而是有时在这一点上非常突出，有时在那一点上非常突出。我们运用的教育方法要考虑到天赋能力的巨大差异，必须认识到儿童的成长中自然发展方面的不协调和不平衡所带来的动态价值，并能充分利用这种不平衡性。宁愿要参差不齐的不规则性，也不要一刀切，这种教育方法最能遵循身体的自然发展，因而被证明是最为有效的。”①

在受束缚的情况下观察儿童的自然天性的倾向并非易事。儿童在自然状态下（即儿童不是在从事规定的任务，也没有觉察到自己正在被观察）说出的语言和出现的行为比较容易出现这种自然倾向。但不能因此

---

① 唐纳森（Donaldson）：《大脑的发育》（*Growth of Brain*），第356页。

就说因为这些倾向是自然的，所以它们都是令人满意的。不过我们的确可以说，既然存在着这些自然倾向，那么它们就在起着作用，而且我们必须重视它们所起的作用。我们必须为这些令人满意的倾向提供一个适宜的环境，使它们保持活跃并能控制其他倾向的方向，使那些没有什么作为的倾向没有用武之地，从而被消除。儿童的许多倾向出现的时候会使父母感到焦虑不安，但这些倾向很可能只是昙花一现。有时父母对此过分关注只会让儿童也把注意力放在这些倾向上面。在很多情况下成人都容易把自己的习惯和愿望作为标准，而把儿童冲动的一切偏差当作必须消除的弊病。遵循自然天性的观念旨在反对人为造作的观念，而人为造作就是试图直接强迫儿童并根据成人标准塑造儿童的产物。

总而言之，我们注意到了遵循自然天性的观念的早期历史包含有两个因素，这两个因素之间并没有内在的联系。卢梭之前的教育改革家们倾向于通过在教育实践上给教育赋予无限权力，来极力主张教育的重要性。他们认为，在不同的民族之间、同一民族的各个阶级之间以及个人与个人之间存在的所有差别，都是由有差异的训练、学习和实践造成的。每个人天生的心力、理智和理解力，就一切实践目的而言大体上是一样的。每个人的心力在本质上具有同一性，就意味着每个人在本质上是平等的，并且可以把这些本质培养到相同的水平。但遵循自然天性的教育学说对这种观点持反对意见。遵循自然天性的学说认为，心灵和心灵的力量并非一成不变和深不可测。这个学说反对我们有辨别、记忆和概括的抽象能力，认为我们有特殊本能、特别的冲动和生理能力，它们因人而异（正如卢梭指出的那样，即便是同一窝狗崽，它们的本能也都各不相同）。在这一方面，由于近代生物学、生理学和心理学的发展，遵循自然天性的教育学说的力量得到了大大增强。这种教育学说实际上的意思就是，尽管通过直接的教育努力而进行的教养、校正和转变有伟大的意义，但是自然而然或不学而能的潜能为这种教养提供了奠基性和终极性的先天资源。

此外，遵循自然天性的学说也是当时的一个政治信条。这个信条极力反对当时的社会制度、风俗习惯和社会理想（参见第7章第四节）。卢梭说，“出自造物主之手的东西都是好的”，这前半句话只有与后半句话进行对比时才能揭示其意义所在，后半句话是“而一到了人的手里就全都变坏了”。卢梭又说：“自然人存在着绝对的价值；他是一个数量单位，是一个完完全全的整数，他只与他自己和他的同胞才有联系。文明人只是一个相对单位，是一个分数的分子，它的价值取决于它的分母的大小以及它与整个社会的关系。良好的政治制度是使人不自然的制度。”卢梭认为，自然不仅提供促进人成长的主要力量，而且提供促进人成长的计划和目的。卢梭的这个观点建立在这样的认识基础上：当时的所谓的组织有序的社会生活，其特点就是人为造作并且有害无益。[①] 腐败的社会制度和风俗习惯几乎在不知不觉中向儿童灌输了一种错误的教育，即使是最谨慎的学校教育也不能弥补这种错误的教育造成的影响。这个观点是完全正确的，但我们得出的结论并非要远离环境进行教育，而是要提供一种能够使儿童的天赋能力得到更好利用的环境。

二、以社会效能感作为目的

上面提出的教育观念认为，自然天性提供真正教育的目的，社会则提供有害教育的目的。这个观念极易引起人们的非议。反对方强调这样一种教育学说：教育的任务正好就是为了提供自然所不能保证的东西，换言之，个人会习惯受社会的控制，天赋能力会服从于社会的规则。社会效能感这个观念的价值主要在于反对自然发展学说把人引入歧途的那

① 切记，卢梭所坚持的是一个完全不同的社会观念，他提倡的是一个旨在使全体社会成员的利益保持一致的博爱社会。卢梭认为这种社会比当时的社会现状要好得多，正如当时的社会状况比自然状况要坏得多一样。

些观点，发现这一点根本用不着惊讶；社会效能感这个观念之所以被误用，是因为在运用“社会效能”这个概念时抹杀了它的真理性。我们必须密切注意社会生活的各种活动及成就，由此寻找到要发展的能力是什么，也就是效能感的含义。对社会效能感的错误认识在于，我们认为必须采取使天赋能力服从的措施，而并不是采取利用天赋能力的措施去确保获得效能感。在做具有社会意义的事情的过程中，不是通过消极限制个人的天赋能力，而是通过积极主动地利用个人的天赋能力获得社会效能感，当我们认识到这一点时，关于社会效能感的这个学说就表达得很到位了。

1. 把社会效能感转化为具体目的表明了产业竞争力的重要性。没有维持生计的手段我们就无法生存；运用和消费这些谋生手段的方式，对于人与人相互之间的一切关系有着深远的影响。如果一个人没有能力自谋生计和养儿育女，他就是依靠别人劳动来养活的累赘或寄生虫，他就失去了一种最有教育性的生活经验。如果他在正确运用工业产品方面没有受过相当的训练，那么，他一旦拥有财富，就可能存在腐化堕落和伤害别人的严重危险。任何教育方案都不能忽视这个基本的考虑，但是高等教育的各种安排在更高和更富有精神理想的名义下，不仅常常忽视这些基本的考虑而且蔑视这些考虑，认为它们与教育没有关系。从寡头独裁政治的社会转变为民主主义的社会，教育应该使受教育者不但能够在经济上自谋生路，而且能够有效地管理自己的经济资源，而不要只是为了自我炫耀地过奢侈的生活。教育的这个意义理应得到强调。

然而，坚持这样的目的也存在着严重的危险，现有的经济状况和标准将被看作最终标准并被认为没有必要做出改善。民主主义的标准要求我们发展学生对胜任事项的选择能力，并开创自己的职业生涯。如果我们试图使个人接受一定的产业性的职业训练，这种职业不是根据培训原有的各种潜能而进行的选择，而是根据父母的财富和社会地位进行的选择，那么就违背了民主主义的原则。事实上，由于新的发明创造的出现，我们当今的产业正在经历着快速而急剧的变化。新的产业不断崛起，旧的产业正在经历革命性的变革。因此，如果要训练儿童获得过于专门化的职业效能感，那么就无法实现训练本身的目的。当这种职业的存在方式改变时，受过专门化训练的人就落伍了，他们甚至比没有受过这种专门训练的人更加缺乏适应能力。但总的来说，当今社会的产业结构与过去曾经存在过的任何社会一样，充满着不平等。进步主义的教育目的在于设法纠正不公平的特权和不公平的剥夺，从而让这种不公平状况不能永久地存在下去。无论在什么地方，只要社会控制意味着个人的活动必须服从于阶级权威，那么，产业性的教育就会遭遇接受现状的掌控的危险。由此，经济机会的差别会支配着个人将来所从事的职业。我们在不知不觉中重蹈了柏拉图计划（参见第 7 章第三节）的缺陷，却没有运用柏拉图的明智的选择方法。

2. 公民的效能感或良好公民的训练。当然，把产业竞争能力的培养与良好公民的训练分开来讲，这样做有些武断。但是，公民能力所包含的种种资质比职业能力更加模糊，而且这些资质涉及的范围极为广泛，从一个人能够成为比较令人满意的伙伴到富有政治头脑：对人的评判能力，对种种措施的判断能力，在制定法律和服从法律时起关键性作用的能力，等等。把公民效能感作为教育目的至少有一个优点，那就是使我们免受一般心理能力训练之观念的影响。这种教育目的会使我们注意到这样的事实：我们的能力必须要与做某件事情联系起来；我们最需要做的就是与他人有关联的事情。

在此，我们必须要再次高度警惕，避免过于狭隘地理解这个目的。虽然社会进步归根结底要依靠科学的发现来保证，但是，如果把社会效能感理解得过于狭隘，有时候就会把科学的发现排除在外，因为人们可能认为科学家是理论上的空想家，完全缺乏社会效能感。我们必须牢记在心，终极的社会效能感恰好就是平等地分享授受经验的能力，这种能力既包括使自己的个人经验对别人产生更大的价值，也包括使他能够更为有效地分享他人有价值的经验。艺术创作能力与艺术欣赏能力、娱乐的能力、有意义地利用闲暇的能力，都是公民效能感的重要组成部分，这些方面比根据惯例与公民资格有关联的因素更为重要。

从最广泛的意义上讲，社会效能感不过就是指心智的社会化，即积极主动地让每个人的经验更具有可交流性，打破个人对他人利益无动于衷的社会分层障碍。如果社会效能感只是局限于外在行为的服务，就会忽略效能感的主要成分（这是效能感的唯一保证）——理智的同情心或善良的意志。因为同情心作为一种令人惬意的品质不仅仅是一种情感，它还表现为一种有素养的想象力，使人们想到共同拥有的东西并且反抗那些不必要的分裂。有时候，所谓有兴趣对别人表现仁慈，可能只是一种未觉察到的假面具而已，真正的企图则是对他人的利益选择指手画脚，而并非竭尽全力使别人能够自由选择他们要为自己寻找的利益。社会效能感，甚至社会服务，当其没有主动认识到生活会给不同的人提供各种不同的利益时，当其并不坚信社会可以鼓励个人自己做出明智的选择时，它就会变成像硬金属一样生硬的东西。

三、以文化作为目的

无论社会效能感的目的是否与文化的目的相一致，都要对下面这些方面加以考虑。文化至少意味着某种有教养的东西和某种成熟的东西；它是与粗俗和粗野相对而言的。当“自然的”等同于这种粗野状态时，文化就是与所谓自然的发展相对而言的概念。文化是属于个人的某种东西，就是培养欣赏观念、艺术旨趣和广泛的人类兴趣。如果把效能感等同于范围狭窄的行动，而与活动精神和活动意义没有关系，那么文化就是与效能感相对而言的概念。我们注意到了个人的独一无二性——如果一个人没有他人不能比较的东西，他就不能称为个体。是否把其称为文化或全面发展的个性，结果是与社会效能感的真正意义相同的。与个性相反的东西是普通和平均。当我们发展个人独特的品质时就能形成独特的个性，这种独特品质和个性会为社会服务做出更大的贡献，这种贡献远远超出物质商品的大量供应。因为除非构成社会的每个成员都具有良好的个人品质，否则有什么值得为社会服务的呢？

事实上，反对个性对社会效能感会极有价值，这是封建社会中严格划分尊卑等级的产物。在封建社会里，高等级的人有时间和机会发展自己成为人；地位低的人则受到限制，专门为高等级的人提供外在的物质产品。一个称之为民主主义的社会，如果仍然把产品或产量作为衡量社会效能感的理想，就意味着接受了贵族社会所特有的贬低人民大众的传统并把它传承下去。但如果民主主义具有道德的、理想的含义，它就要求每个人都为社会做出应有的贡献，与此同时给每个人发展独特的才能提供机会。把个人的发展与社会效能感这两个教育目的割裂开来是对民主主义的致命打击；采用狭义的效能感剥夺了效能感的最本质的正当理由。

效能感的目的（像任何其他教育目的一样）必须蕴含在经验的过程之中。如果我们用有形的外在产品而不是用获得有价值的经验来衡量效能感的话，效能感的目的就变成物质主义的了。我们培养有效能的个性可能获得物质产品，但严格地说，这种结果只是教育的副产品：这种副产品是不可避免并且非常重要的。但不管怎样，它们只是副产品。提出一个外在目的，会强化把文化看作某种纯粹“内在”的东西的错误观念。完善“内在”个性的观念是社会分工的明确标志。所谓“内在的”不过是指与别人没有关系的东西——这种东西不能自由而全方位地进行交流。所谓精神文化之所以常常被看成某种无用的、腐朽的东西，正是因为它常被人看作个人可以内部占有的东西，因此它只是某些人的专有物。一个人会成为什么样的人，要看他在与别人的共同生活和自由交往中是什么样的人。有了这种认识，就不至于把效能感理解成为别人提供产品，把文化理解成少数人所特有的文雅和优美了。

农民、医生、教师或学生，无论什么人，如果不知道自己所创造的对别人有价值的东西只是具有内在价值的经验过程的副产品，他就不会领悟自己所从事的职业的意义所在。为什么有人会认为一个人必须得在以下两种情况中选择其一——是牺牲自己去做有益于别人的事情，还是牺牲别人来实现自己的私人目的呢？实际情况是，因为这两件事情没有一件能够一如既往地持续进行下去，所以我们就想出一个折中的办法，让这两方面交替进行，让一个人轮流尝试做这两件事情中的一件事情。从表面上看，许多精神和宗教的思想都强调自我牺牲和精神的自我完善这两个理想，而并未极力反对这种生活二元论思想，其实没有比这更悲哀的了。这种二元论思想太根深蒂固，根本不易颠覆。由于这个原因，目前教育上的一个特殊任务就是，争取达到这样一个目的——使社会效能感和个人修养不是彼此对抗而是成为同义语。

总　结

一般的或综合性的目的只是用来考察具体教育问题的观点。因此，要检验宏大目的的表述有何价值，就要看这个目的能否迅速而且前后一致地转化为完成另一个目的所需要的实施程序。我们曾经把这种检验方法运用在了三个一般目的上：（1）根据自然发展；（2）社会效能感；（3）文化或个人精神财富。每做一次检验我们都向前迈进了一步，因为如果这些目的的表述不够全面，就会互相冲突。自然发展的目的如果表述得不够全面，就会把所谓自然而然发展中的原始能力作为终极目的。根据这个观点，凡是把这种天赋潜能变成对别人有用的训练，都是不正常的强制性行为；凡是通过深思熟虑的教育极度地改变这种潜能的训练，都是破坏性的训练。但如果我们认识到了自然活动就意味着天性活动，这些活动只有通过运用天性才得以进行，那么在运用天性的过程中进行教育，冲突就会消失。同样，如果社会效能感是指对别人进行的外在服务，这种目的必然与丰富经验意义的目的格格不入；如果文化是指培养内在心灵的优雅，则它与社会化倾向的意思是相反的。作为教育目的的社会效能感应该是指培养自由而充分地参与共同活动的能力。虽然这种共同活动的参与会提高文化修养，但如果没有文化修养，这种参与根本就不可能发生。因为，一个人没有见识——没有事先获得更加广泛的观点并用其来洞察他们可能视而不见的事物——他就不可能享受与他人的交往。文化就是不断扩展一个人理解事物意义的范围，提升正确理解的能力，对文化含义的界定也许没有比这讲得更清楚的了。

第10章 兴趣与训练

一、兴趣和训练的含义

我们已注意到一个旁观者的态度与一个代理人或参与者的态度存在着差别。旁观者会觉得正在发生的事情无关紧要；既然每种结果都只是供人观看的，那么一种结果与另一种结果就没有好坏之分。代理人或参与者却与正在发生的事情密切相关，事情的结果对他会产生很大影响，其命运或多或少会与事情的结果相关，因此，他就要竭尽全力去影响眼下这件事情的发展方向。旁观者就像一个身处监狱中注视着窗外下雨情形的囚徒，对他来说窗外下不下雨都一样。代理人或参与者就像一个计划着第二天要外出郊游的人，雨不停止他就无法外出郊游。无疑，他无法用现在的反应去影响明天的天气，但他可以采取措施——他可以推迟已计划好的野餐郊游，以影响将要发生的事情。又比如说，一个人看到一辆马车向他冲过来并且可能会撞到他；虽然他不能阻止马车的运行，但如果他能及时预见到结果的话，至少可以避开马车。在许多情况下，他甚至可以直接干预车辆的行进。因而一个参与者在事情发生的过程中的态度是双重的：一方面是对未来结果的挂念和急切关注；另一方面是采取一种行动倾向，确保能有较好的结果，避免出现较坏的结果。

可以用两个词语来表示这种态度的双重性：关涉（concern）与兴趣（interest）。这两个词语蕴含着一个人与其对象物息息相关的种种可能性，因此他非常在意这个对象物对他会产生什么样的影响；他会根据自己的期待或预见，采取把事情引到一个方向而不是另一个方向的行动。

兴趣与目的、关涉与意图之间存在着必然的联系。目的、意图和结局这些词语都是强调我们所想要的和所谋求的结果，它们理所当然含有关心和热切关注的个人态度。兴趣、爱好、关涉、动机等词语，强调预见的结果与个人命运之间的关系，也强调个人为确保一个可能的结果而采取行动的积极愿望。它们理所当然包含着任务的不断变化。但是，这两类词语存在的差别只是强调的重点不同而已；在一类词语中被隐蔽的意义会在另一类词语中被阐明。我们所预期的东西是客观的、非个人的；明天会下的雨和被马车撞到的可能性都是客观的东西。但是，对于非常关心结果而不是冷眼旁观结果的人来说，同时也存在着个人的回应。在想象中预见到的差异，会使目前的行为中所表达的关心和努力的态度有所不同。爱好、关涉和动机这些词语虽然预示了个人偏好的态度，但也一直是个人对对象物所持的态度——对所预见的事情的态度。我们可以把“客观的预见”称为“理智的”，把“个人的关涉”称之为“情感的”和“意志的”，但是在整个情境的种种事实中，这两方面并不能截然分开。

只有当个人的态度独自沉浸在某个世界之中时，这两个方面才会出现割裂的情况。然而，个人的态度总是对情境中正在进行的事情的回应，并且这种个人态度也是情境的一部分，这种态度能否成功地表现取决于它们与情境中其他变化的相互作用。生命活动的新陈代谢只有与环境变化保持紧密联系时才会发生。生命活动确实与环境变化有密切的关系；我们的种种愿望、情感和喜好，不过是我们做事的种种方式与我们周围的事物和他人的行为方式之间产生紧密联系的纽带。生命活动并不表示它存在着一个与客观的、非个人的领域分隔开来的纯粹个人的或主观的王国。生命活动表明这种分隔的世界并不存在。生命活动提供了令人信服的证据，即事物的变化与纯属自我的活动并不违背，自我的前途和幸福与人和事的变动是紧密联系在一起的。兴趣和关涉意味着自我和世界在发展情形中是彼此交织在一起的。

“兴趣”这个词语有三种日常用法，分别表示：（1）积极发展的全部状态；（2）预见的和想要的客观结果；（3）个人的情感倾向。

1. 做一份工作、从事一个职业、有一个追求、进行一项商务活动，常常被称作一种兴趣。所以我们说某个人的兴趣要么是从政，要么是新闻工作，要么是慈善事业，要么是考古学，要么是收集日本印刷品，要么是银行业。

2. 我们也称兴趣是一个事物打动人或吸引人的关键点，是事物影响人的关键点。在法律事务中，一个人要在法庭上站得住脚，必须证明他的“兴趣”点所在，他必须说明他所提议的步骤与他的业务密切相关。虽然一个隐姓埋名的合伙人并不会积极参与具体的业务，但他会对生意有兴趣，因为生意的兴隆或惨淡会影响到他的利润和债务。

3. 当我们说某个人对这件事情或对那件事情感兴趣时，我们的重点是直接放在他个人的态度上的。感兴趣就是能够专心致志和全神贯注于某个对象，或者能够全身心地投入到某个对象之中。感兴趣就是保持警觉、在乎和关注。我们说一个人对某件事情感兴趣，有两个意思：一是说他已经被某件事情迷住了；二是说他发现自己已经深深陷入某件事情之中了。这两个意思都表示这个人对对象的高度专注。

当我们用贬抑的方式谈论兴趣在教育上的地位时，会发现上述关于兴趣的第二个含义会被夸大，并且会把这个意思孤立起来看待。所谓的兴趣指的不过是一个对象对个人的利害和成败的影响。把兴趣与事务的客观发展隔离开来，它们就会沦为纯粹的个人快乐或痛苦。从教育上讲，所谓注重兴趣，就是把某些富有魅力的特征加到儿童本来对其漠不关心的教材上，用快乐贿赂儿童，以此确保他们的关注和努力。这个做法被指责为“软性”教学法和“救助站”式的教育理论。

反对这种方法的人提出的理由是基于这样的事实（或假设）——获得技能的各种形式与教师所用的教材之间，本身并没有利益关系。换句话说，教材与学生的正常活动并没有什么相关性。补救的办法不在于找出兴趣理论的缺陷，也不在于找到某种儿童乐意上钩的诱饵使他们把注意力放在并不喜欢的材料上，而在于去发现与儿童现有能力紧密相关的对象和活动。这种材料能使儿童乐于从事活动，并使活动自始至终地、持续不断地坚持下去，这种材料的作用就是激发起学生的兴趣。如果我们的教材有这种作用，就不需要寻找使学生对材料感兴趣的方法了，也不需要诉诸专断的、半强制性的努力了。

兴趣（interest）这个词从英文词源上说，包含有“介于中间”的意思，即把两个本来距离遥远的事物联结起来。在教育中这个距离包含的意思可以看作时间上的。一个过程走向成熟需要花费时间，这是显而易见的，所以我们几乎没有详细阐述过它。我们忽略了这样的事实：在成长中，在成长过程的开始阶段和完成之间有一段路程，中间穿插了某种事情。在学习中，学生的现有能力是开始阶段；教师的目的代表遥远的终点。在这两者之间存在着手段，也就是中间的种种情况：要采取的种种行动；要克服的种种困难；要使用的种种工具。从理论上的时间感而言，只有通过这些居于中间的事物，开始的活动才能取得令人满意的完美效果。

这些中间的种种情况之所以具有利害关系，正是因为现在的活动要继续进行下去，全靠这些中介物来使我们获得预期的结果，实现期待的目的。无论把这种中间的情况说成是实现目前意图的手段，还是把它们称为代理人与其目的之间的“中介”，抑或说具有利害关系，这些说法虽然有所不同，其实讲的都是同一件事情。如果我们所使用的教材必须想方设法才使人觉得有趣，就意味着教材没有与儿童的意志和儿童现在的能力联系起来；或者说，虽然存在着联系，但并未被察觉到。所以说，通过使学生了解存在的关联性从而使材料富有趣味性，这不过是一种常识而已；而通过外在的、人为的诱因使材料富有趣味性，就理应承受败坏教育的兴趣原则的坏名声。

以上都是关于“兴趣”这个术语的意思。下面来讲训练的意思。在一个活动需要时间的地方，在活动的开始和完成之间存在着许多方法手段和重重障碍的地方，就需要深思熟虑和坚持不懈的努力。日常意义上所讲的大部分的意志是指我们有一种深谋远虑的或有意识的倾向。从广义上讲，一个有坚强意志的人就是指他在努力达到所选择的目的时，既不变化无常，也不三心二意，在一个有计划的行动过程中，尽管面临着很多困难和反向的诱惑，但他仍然能够坚持和忍耐。他有执行能力，也就是说，他能坚持不懈、全力以赴地实践或实现他的目的。意志薄弱的人就像水一样变化不定。

意志显然包括两个因素：一个因素讲的是对结果的预见性；另一个因素讲的是预见的结果对人控制的强度。

1. 固执己见是一种坚持性，但它并不是意志力。固执可能只是动物的惰性和迟钝。一个人持续不断地做一件事情只是因为他已经开始在做，而不是因为他有了任何考虑清楚的目的。事实上，一个固执己见的人通常不愿意让自己对目的了如指掌（虽然他可能并未清楚地意识到这种不愿意）；他有一种感觉，如果让自己对这个目的了如指掌的话，这个目的可能就不值得去追求了。固执己见更多地表现在不愿意对所提出的目的持一分为二的批判态度，而不是表现在运用各种手段去实现目的的坚持性和努力上。一个真正有执行力的人会仔细考虑各种目的，会尽可能地使自己对行动的各种结果的想法清楚而全面。我们所说的意志薄弱或放纵自己的人，往往会对他们自己的行为结果进行自我欺骗。这种人会挑出一些令人满意的特征，并对所有可能伴随产生的情况视而不见。一旦他们开始行动，他们所忽视的不良结果就会开始暴露出来。他们要么沮丧不已，要么唉声叹气地抱怨运气不好，他们的美好目的一旦受到阻挠就会转向其他的行动。意志坚强和意志薄弱的主要区别体现在理智方面，体现在对考虑行动结果的持之以恒的坚定程度和全面程度上，这样强调它们的区别并不过分。

2. 当然存在投机性追踪结果这种情况。这样一来，虽然预见到了结果，但这种预见的结果并不能深深地吸引人。它们是供人观看的东西，是为了满足好奇心而供人玩赏的东西，而不是通过努力要去获取的东西。世界上不存在过度的智力活动，却存在片面的智力活动。有人在考虑提出的行动路线会有什么结果时，是“凭空捏造”出来的，并没有智力活动的参与。他天生的软弱性妨碍了他被深思熟虑的对象吸引并采取相应的行动。多数人因为遇到不寻常的、没有预料到的困难，或者是因为受到一个直接的比较让人满意的行动的引诱，会顺理成章地偏离计划好的行动进程。

如果我们能训练一个人，使其不但能考虑自己的行动并且能够从容不迫地采取这些行动，这样的人就是训练有素的人。如果除了这种能力之外，他在注意力分散、困惑和困难面前，还能够坚持按照明智选择的行动进程去行动，他就具备了训练有素的精髓。训练有素意味着具有掌控能力；能够熟练运用现有的资源来完成所承担的事情。一个人知道他要做什么事情，并且能迅速地运用必需的方法和手段去做这件事情，这就是训练有素。军队的训练是这样，心智的训练也是这样。训练是正面的、积极的。精神上的恐吓，对爱好倾向的征服，强迫人俯首称臣，禁止人的情欲，让下属做与其志趣不符的工作——所有这些事情是否具有训练有素的意思，就要看它们能否使人认识到他在做的是什么，看它们能否使人坚持不懈直到把事情做成功。

兴趣和训练是相互联系的而不是彼此对立的，这一点已没有必要强调。（1）即使是训练纯属理智方面的能力——对一个人所做事情会出现的结果的理解能力——也不能没有兴趣。没有兴趣，哪怕进行再三的思考也只会是敷衍的、浅层的。父母和教师们往往会抱怨，说孩子“不想听意见或者是不想理解”。孩子的心思之所以不在学习科目上，正是由于这些科目没能触动他们；这些科目进入不到他们的关注范围之内。这些情况需要想办法进行补救，但不应该采取会加剧孩子漠不关心的态度甚至使孩子产生厌恶情绪的方法。对一个孩子不肯用心学习进行惩罚也是一种方法，可以使他认识到这件事情并非完全与他没有关系；这是激发孩子

“兴趣”的一种方法，也许可以让他产生一种关联感。就长远而言，这种方法的价值要看其是否能够提供一种纯粹生理上的兴奋，使孩子按照成人所期望的方式去采取行动，或看其是否能使孩子“去思虑”——也就是说，反思其各种行动，并把这些行动与各种目的融为一体。（2）要能持之以恒地执行任务，兴趣必不可少，这一点是更为显而易见的。老板不会招聘对工作一点兴趣也没有的工人。有人聘请一个律师或是一个医师，如果这项工作对此人而言并非合心意的工作，他只是出于责任感而去干这个工作，那么老板绝对不会认为自己聘请的人能发自内心地坚持做好其工作。兴趣可以评价，或者说，所预见的结果会深深地吸引着人去积极地采取一个又一个的行动，以使这个结果变为现实。

二、兴趣观念体现的教育重要性

兴趣是任何存在着企图的经验中的种种对象的动力，不管这些对象是看得见的还是处于想象中的。具体来说，承认兴趣在教育性发展中的能动地位的价值在于，我们能够考虑每一个孩子的各种特殊能力、具体需要和爱好。认识到兴趣重要性的人不会这样假设：由于孩子们碰巧有同样的老师，并且用的是同样的课本，所以他们的心智活动就是同样的。同样的教材对孩子的特殊感染力会随着孩子对教材的态度、学习教材的方法和对教材的回应的不同而不同。而这种特殊感染力本身又会随着每个孩子的自然天性的倾向、已有经验以及人生规划等的差异而各不相同。但是对教育哲学来说，关于兴趣的各种事实可以提供具有一般价值的借鉴。如果能够正确地理解关于兴趣的种种事实，我们就可以对关于心智和科目内容的某些观念保持高度的警觉性，这些观念在过去的哲学思想里曾经盛行，而且对教学行为和训练行为产生了严重的妨碍。心智总是被置于有待认识的事物和事实之上；把心智看作孤立存在的东西，认为心理状态和活动操作是各自独立存在的。由此，知识就被认为是纯粹的精神存在从外部对有待认识的事物的运用，要么是外在的科目内容作用于心智所留下的种种印象的结果；要么是两者的融合。因此，科目内容就被看成自身完成的东西；它不过是有待学习或了解的东西，要么通过自觉自愿地运用心智来掌握科目内容，要么通过科目内容作用于心智来留下种种印象。

关于兴趣的种种事实说明这些看法都是虚构不实的。在经验中显示出来的心智能力，是在预测未来可能出现的结果的基础上对眼前刺激做出的回应，目的旨在对将会发生的结果进行控制。事物和已知的科目内容，构成了认识到的与事件的预期进程有关系的东西，不管这些事物是有助于还是阻碍这个进程。上面的这些话过于抽象，因此不太容易理解。但举个例子来说明一下，就有助于明白它们的含义。

你从事某种职业，譬如说，用打字机进行写作。如果你是一个打字能手，那么你已经形成了让各种身体动作配合自如的习惯，使你的思想可以自由自在地去思考主题。然而，如果你打字并不熟练，或者说，虽然你打字非常熟练但打字机运转不灵，那么，你就得开动脑筋。你并不希望在打字机上胡乱地按键，随便它怎样；你希望按一定顺序来敲出词语从而使它们有意义并且可以理解。你会注意字母键，你会注意你所打的内容，你会注意你的手指的移动，你会注意打字机上的色带或打字机的装置。你的注意力并非毫不在乎、杂乱无序地分配在任何一个细节上，而是集中在与你有效地从事职业活动相关的事情上。你的目光向前看，你注意眼前的各种事实，因为它们是你取得预期业绩的因素。你必须找出你到底有哪些资源，哪些情况是你已胸有成竹的，有些什么困难和障碍。这种根据现实情况进行的预见和调查，就构成了心智。如果没有涉及这种对结果的预测，没有涉及对方法手段和障碍的考虑，那么这种行动要么只是一种习惯性动作，要么就是盲目的行动。无论是习惯性动作还是盲目的行动，都不是有理智参与的行为。如果对想要做的事情含混不清，对完成这件事情所具备的各种条件的考察漫不经心，这样的人从某种意义上讲是愚笨的，或者说是假聪明。

再用前面的例子来说明，情况也是一样的，用打字机进行写作的人不关心如何操作打字机，而关心要写什么内容，这个人在打字时有一个活动的过程，他正在对一个主题进行发挥，除非他像留声机说话似的进行写作，否则他就得动脑筋、用智力；也就是说，他要一边打字，一边敏锐地预见到根据目前的资料与思考可能得到的各种结论，并不断地更新观察与回忆，去掌握蕴含着所要获得的结论的内容。他的整个态度就是对将要发生的事情的关切态度，就是对到目前为止从开始走向终点的行动过程中包括些什么的关切态度。如果目前的行为方向没有以对未来可能的种种结果的预见为根据的话，这种行为就是缺乏理智的。对未来只进行想象性的预测而不关注预测所要依据的条件，那就只是自我欺骗或是胡思乱想——这是一种假聪明。

如果这个例子具有典型的意义，那么心智就不是自身可以完成的东西；它是一个受到理智指导的行为过程；换句话说，心智是作为目的和结果进入到行动过程中来的，还必须选择手段来进一步实现目的。智力并不是一个人所拥有的特殊占有物；但是，一个人所参与的活动如果具有上面提到的特点，那么他就是明智的。一个人在其所从事的各种活动中无论是否运用了智力，智力都不是他个人独有的财产；这些活动不过是他所从事和参与的事情。其他事情和其他人物两方面各自独立的变化也会参与到他的活动中来，要么与他合作，要么阻碍他的活动。个人的行动可以是活动进程的开端，但是活动结果取决于他的回应与其他机构所提供的各种力量的相互作用。如果不把心智看作一个与其他因素共同参与而取得结果的因素，那么心智就变得毫无意义。

因此，教学该做的事情就是寻找适当的材料让人从事专门活动，这种专门活动有一个要紧的目的或目标，或者说他要对其有兴趣；同时，这种活动不是把事物作为训练的器械，而是作为达到目的的条件。我们前面谈过形式训练说存在的缺陷，补救的方法不是用特殊训练说来取代它，而是改变心智和心智训练的观念。补救形式训练说所运用的方法是为了找出一些典型活动模式，不管是游戏还是有用的职业，每个人都关心这种活动，他们认识到这个活动的结果与其切身利益密切相关，他们认识到这种活动如果不经反思，选择观察和回忆的材料时不运用判断力，就无法完成。总之，心智训练的概念长期以来存在着根本性的错误，其根源在于忽视个人参与的事情向未来结果的种种变动，忽视观察、想象和记忆在这个变动过程中所起的指导作用。错误的根源就在于把心智看作自身完成的东西，准备直接把现有材料应用到心智中去。

这个错误在过去的实践中存在两种表现方式。一方面，这个错误庇护和保护了传统的课程和教学方法，使其免于受到理性的批判和必要的修正。说传统的课程和教学方法具有“训练”作用就等于保护了它们，使它们免受任何质询。只是说明这种课程和教学方法在生活中无用武之地或者说它们对自我修养的提高毫无作为，还不足以推翻这个错误观念。只要说它们有“训练作用”就会抹杀一切疑问，并打消一切怀疑，阻止对这个主题进行理性的讨论。这种说法就性质而言是无从检验的。即使训练在事实上并无结果，学生在教育实践中漫不经心，并丧失自我定向的智慧能力，他们仍然会认为过失在学生本人身上，而不在课程和教学方法方面。学生的失败只是个证据，证明他需要更多的训练，这就为保存陈旧的教学方法提供了一个借口。这件事情的责任从教师身上转移到了学生身上，因为教师所用的教育材料无须符合专门的检验标准；也无须说明这种材料是否满足任何特殊的需要，或是能达到任何具体的目的，这种材料是为进行一般训练而设计的，没有效果是由学生不愿接受训练造成的。

另一方面，把训练看作消极的概念而不是成功的建设性力量的增长。我们已经理解了意志的意思——对待未来、对待可能产生的种种结果的态度，这种态度包含一种努力，清楚而全面地预见各种行动方式的可能结果，并主动地认可某些预期的结果。如果心智所具有的能力只是应用到现有材料上，我们就会把意志或努力视为纯粹的紧张。一个人对现有材料而言就只存在愿意或不愿意应用的问题了。对所用材料越是毫不在意，材料越是与一个人的习惯和爱好没有关系，就越要求其付出意志努力把心思用到这种材料上去，因此越要求进行意志的训练。一个人由于材料中有一些与他要做的事情有关的东西才去关注这种材料，从这一点上看，结果就算是提升了令人欣喜的建设性能力，也称不上达到了训练的效果。只有为了应用而进行应用，为了训练而进行训练，才是在起训练作用。所提供的材料内容与学生的志趣不合的情况更有可能发生，在这个时候除了承认义务或训练的价值之外，就没有别的动机了（假定是这样）。逻辑上的结果被表达为文字真理，就如一位美国幽默作家所说的："如果孩子不喜欢你教给他的东西，那么无论你教他什么都没有区别。"

把心智与利用对象来实现目的的各种活动隔离开来，与这种隔离相对应的就是把所要学习的科目内容孤立起来。在传统的教育计划中，科目内容的意思就是指要学习的那类材料。学习的各种分支代表许多独立的学科门类，每个门类有其完全独立的编排原则。历史是一组事实，代数是一组事实，地理又是另一组事实，等等，直至我们列出所有的课程。所有的学科都是自身现存的东西。它们只是为心智提供学习材料，除此之外与心智没有其他关系。这种思想与传统的教学实践是吻合的。根据这种教学实践，每天、每月乃至每年的学校工作计划，是由彼此不相关联的科目组成的，每一个科目，至少从教育的目的来看，都被认为是自身相对完整的。

本书后面有一章将专门研究教学内容的含义。在这一点上，我们只需要指出，与传统的理论形成对比的是，智力所学习的任何事物都是在进行有积极兴趣的系列活动中发挥作用的事物。一个人把"研究"打字机作为使用打字机来取得结果的活动的组成部分，对于任何事实或真理的学习来说也是一样的。如果一个事实或真理作为一个因素用来使一个人所从事的种种事情获得进展，而且事情的结果又与这个人有切身的利害关系，那么它就成为学习的一个对象——探究和反思的对象。数字之所以成为学习的对象，不是因为数字构成了被称为数学的学习科目，而是因为它们代表我们进行活动的世界的种种特性和关系，因为它们是实现我们的目的所凭借的因素。因此，泛泛而谈数学公式会显得有点抽象。说得具体一些就是，如果我们只是向学生呈现所要学习的课业，这种学习的行动就意味着人为造作，缺乏效果；如果学生能够认识到他所学习的数字知识在完成他所从事的活动中的地位，他的学习就会有效。教育上真正的兴趣理论是把学习的对象与推进有目的的活动主题联系起来。

三、社会方面的一些问题

我们前面所讲的理论上的种种错误虽然已经表现在了学校实践方面，但这种错误观念本身是社会生活状况的产物。如果只局限于教育者的理论信念的改变，虽然应该做出更为有效的尝试去改变社会的种种状况，但是，根本不能消除种种困难，人们对世界所抱持的基本态度是由他们所参与的各种活动的范围和性质决定的。我们可以用艺术态度作为例子来说明有关兴趣的理想问题。艺术既不只是属于内部的，也不只是属于外部的；既不只是属于心理的，也不只是属于身体的。与所有活动的形式一样，艺术也要引发世界上的种种变化。有些行动所造成的变化（可以称之为机械的变化）是外部的，这种变化不过是把东西移来移去的变化。这些变化没有理想的回报，不能丰富人的情感，不能增进人的理智。有些行动所造成的变化对维持生计有帮助，对生活的富丽堂皇和炫耀有帮助。我们现有的许多社会活动，无论是工业方面的还是政治方面的，都属于这两类情况。无论是参与这些活动的人，还是直接受这些活动影响的人，他们所做的工作都不能充分而自由地体现他们的兴趣。

一个人由于对所做的工作缺乏明确的意图，或者由于工作目标的性质有局限性，其智力就得不到充分的运用。同样的情况迫使许多人只能依靠自己，用情感和幻想的内心活动来逃避现实。他们的态度是审美的但不是艺术的，因为他们的思想和感情是面对自己的，而不是改变环境的行动方法。他们的精神生活是多愁善感的，是对内心境界的享受。甚至科学追求也可能变成逃避艰苦生活条件的庇护所，而并不是为了准备将来应对世界而暂时后退的休养生息。“艺术”这个词可能与事物的具体改造没有关联，艺术不是要增加事物对心智的意义，而是与古怪的幻想和情感的纵容有关系。“实践的”人与重理论或重文化的人彼此隔离而且互相轻视。纯艺术和工艺美术的分离就是这种情况的例证。因此，兴趣和心智要么变得非常狭隘，要么变得不通常理。关于这个问题，可参阅前一章中有关效能感和文化这两个概念的片面含义的论述，并把它们进行一番比较。

只要社会组织是根据劳动阶级和有闲阶级来进行划分的，这种事态就必然会存在。在这种社会中，做事情的人的智力在与种种事情的不懈磨合中变得坚实了；而没有受到职业锻炼的人的智力却变得肆无忌惮和柔弱细腻了。而且，大多数人依然缺乏经济上的自由。他们的职业志向都是由偶然与环境的现实必要条件决定的；这种职业志向不是他们自己的能力与环境的需要和资源相互影响的正常表达。现在的经济状况仍然使很多人陷入奴役地位。作为一种结果，掌控实践情形的人的智力也不能得到自由的运用。他们的智力不是自由地用来征服世界并为人类造福，而是用来控制其他人，这个目的是非人类的、排斥性的。

这种事态可以解释历史上的教育传统中发生的许多事情。它让我们清楚地了解到，学校教育系统的不同部分所显示的各种目的存在着冲突，大部分初等教育体现的是狭隘的实用性质，大部分高等教育体现的是狭隘的学科的和文化的性质。这个事实可以用来解释为什么需用理智的事情会趋向孤立，因为知识是学院式的、学术性的和专门技术性的。

它也可用来解释为什么有很多人会对自由教育与生活职业教育的要求是彼此对立的这个观点深信不疑。

不过，这种状况也有助于解释目前教育中存在的特殊问题。学校不能立即逃离在以前的社会状况下设定的理想，但是，学校应该通过它所形成的智力的和情感的倾向来改善这种社会状况。正是在这一点上，真正的兴趣和训练有素的概念具有非凡的意义。如果一个人在有目的的主动作业（不管是游戏还是工作）中，对各种事情的应对与对种种事实的处理拓展了他的兴趣，训练了他的智力，那么这种人最有可能避免两选一的抉择，即在学术性的、超然的知识与死板的、狭隘的、仅仅是“实用的”实践之间做出选择。如果我们能把教育组织得可以充分调动儿童天生的主动倾向性去做事情，同时注意到做这种事情需要进行观察、获取信息并运用建设性的想象力，这就是改善社会状况所最需要的那种教育。如果我们的教育一方面并不运用智力，只是追求表面上的做事效率而进行机械练习，另一方面注重积累知识，认为知识本身就是最终的目的，那么教育在这两者之间摇摆不定就意味着，教育接受了目前的社会状况并把其看成不可改变的终极状况，从而承担起使它们永存下去的责任。教育的重组，要使学习的发生与智力有紧密联系，学习是有目的的活动。教育的这种重组是一项缓慢的工作，它只能通过点点滴滴、一步一个脚印的方式去完成。但这并非在名义上接受一种教育哲学而在教育实践中迁就另一种教育哲学的理由，这是一种挑战，我们要勇敢地从事这项教育重组工作，并坚持不懈地进行下去。

总　　结

兴趣和训练是有目的的活动的紧密相关的两个方面。兴趣意味着一个人与他的活动对象融为一体。这种对象限定他的活动，既为活动的实现提供手段，也会成为活动实现的障碍。任何一个有目的的活动都隐含着先前的未完成阶段和后来的完成阶段之间的显著区别；也包含着许多中间的步骤。要富有兴趣，就得把事物放在这种持续不断发展着的情境之中，而不是把它们看作彼此隔离的东西。在某个未完成的状态与达到所期望的结果之间，有一个时间段，需要我们全力以赴地去转变，要求我们持续不断地关注和忍耐。这种态度就是事实上所说的意志。训练或发展持续不断的关注能力就是这种意志态度的结果。

这个学说对教育理论具有双重意义。一方面，这个学说使我们避免产生这种观念，即认为心智和心理状态是自身完成的东西，然后刚好可以把它们应用到某种现成的对象身上，从而形成知识这个结果。这个学说表明，心智和理智或有目的地把各种东西加入行动过程之中，两者完全是一回事。所以说，发展和训练心智就是提供一个包含这些活动的环境。另一方面，这个学说使我们避免产生这种观念，即认为科目内容是某种孤立的、独立的东西。这个学说表明，学习的科目内容与进入到持续不断地、有意识地从事的行为过程中作为资源或障碍而存在的一切事物、观念和原则，两者是完全一致的。在进展过程中，行动的结局与种种情况都被觉察到了，把常被分割为独立心智的一方面与独立的对象和事实的世界的另一方面结合在一起，就成了一个统一体。

第 11 章　经验与思维

一、经验的性质

经验的性质只有在注意到这个事实时才能够得到理解：经验包括一个主动的因素和一个被动的因素，这两个因素有着特殊的结合方式。经验在主动的方面的意思就是尝试，这个意思用“实验”这个术语来表达就十分清楚了。经验在被动的方面的意思就是承受结果。我们对事情有所行动时会有所体验，对经验进行处理就会产生结果；然后我们就要承受或承担这些结果。我们对事情有所行动，然后它反过来对我们有所影响，这是一种特殊的结合。通过经验的这两个方面的联系可以衡量经验的丰硕与否或价值。单纯的活动并不构成经验，这样的活动只是分散的、离心的、消耗性的。作为尝试的经验牵涉到了变化，但是，如果变化不是与变化过程中所产生的种种结果自觉地联系起来，那么变化就只是没有意义的过渡。当一个活动能够继续深入到承受的结果之中，并且当行动所引起的变化反过来反映在我们自身所发生的变化中时，这样的不断变动才具有意义，让我们有所收获。一个孩子只是把手指伸进火焰并不算是经验；当这个行为与他遭受的疼痛联系起来时才算是经验。从此以后他知道手指伸进火焰就意味着灼伤。一个人被灼伤时，如果他没有觉察到这是另一行为的结果，那么这就像一根木头燃烧一样只是物质上的变化。

盲目轻率与变化无常的冲动，使我们从心急火燎地做一件事情转向漫不经心地做另一件事情。如果出现这种情况，那么我们所做的每件事情都不过是昙花一现，丝毫没有成长的积累。有了成长的积累，经验才会具有生命力。另外，我们碰到过许多令人愉快和痛苦的事情，但是它们并没有与我们以前的活动联系起来。对我们来说它们只是偶然经历的事情。这种经验没有承前启后，没有瞻前顾后，因此它是缺乏意义的。我们得不到任何一点启发可以用来预测什么事情可能接着发生，也没有获得使我们能够适应即将发生的事情的能力——没有增强掌控力，把它称为经验是很勉强的。俗话说“从经验中学习”，就是在我们对事情的所作所为与我们所享受的快乐或所承受的痛苦这一结果之间建立起承前启后的联系。在这种情况下行动就变成了一种尝试；变成了一次寻找世界本来面貌的实验；承受的结果则变成了教导——发现事物之间的联系。

接下来可以得出与教育有重要关系的两个结论：（1）经验主要是指一种既主动又被动的事情；它并非主要指认知方面的事情。（2）对一项经验价值进行的估量在于觉察经验所引起的种种关系或连续性。当经验已经是积累性或增加性的，或者说经验有意义时，经验才包含有认知的因素。在学校里，接受教育的学生往往被看成求取知识的理论旁观者，他们通过直接的理智力量获取合适的知识。“学生”一词，几乎是指直接吸收知识而不介入获取丰富经验的人。所谓心智或意识是与活动的身体器官隔离开来的。因此，前者被认为是纯粹理智的、认识的因素；后者则被认为是没有关联的、侵扰性的物质因素。活动与承受活动结果的密切联合被打破，承受活动结果就是使我们认识到经验的意义；结果我们有了两个片段：一方面是单纯的身体活动，另一方面是靠“精神”活动直接理解的意义。

这种身心二元论所产生的不良后果无法充分表达，但我们可以列举一些比较引人注目的影响。

1. 在某种程度上，身体活动变成了一种侵扰。身体活动被认为是与精神活动毫无关系的事情，使人心烦意乱，是应该与之进行抗争的坏事情。学生把身体与心智一起带到学校，毫无疑问他的身体是其精力产生的源泉；其身体必须要有所作为。但是学生的身体活动并未被用来从事可以产生有意义的结果的事情，而是被视为令人头痛的东西。学生本应该“专心”做功课，可身体活动把学生引向了远离功课的方向，它们是学生调皮捣乱的根源。学校中“纪律问题”的主要根源在于，教师必须经常花大部分精力和时间来抑制学生的身体活动，这些活动使学生不能把心思放在学习材料上。学校非常重视学生身体的宁静状态；鼓励沉默不语，奖励千篇一律、整齐划一的姿势和动作；肯定机械地激发学生理智兴趣的态度。教师的职责就在于让学生遵照这些要求，一旦违反就要给予惩罚。

让教师和学生神经紧张、疲惫不堪，是这种不正常情形存在的必然结果，即身体的活动与意义的洞察两者相分离。由于神经紧张，他们时而冷漠无情，时而激情爆发。学生的身体被无视，由于缺乏有组织的、卓有成效的活动渠道，他们会无缘无故地突然爆发出无意义的狂暴行为；或者陷入同样没有意义的蠢事之中。这两种情况都与儿童的正常游戏完全不同。活泼好动的儿童变得烦躁不安，没规没矩；比较安静也即所谓小心谨慎的儿童，则把其精力用在了消极地压制自己的本能和主动倾向的任务上，而没有用在积极的建设性的计划和执行计划的任务上。儿童没有被教育如何负责任地、有意义地、优雅地使用他们的体力，而是被教导要尽到不随意发泄体能的义务。在此可以郑重声明，希腊教育之所以卓有成效，主要原因在于希腊教育从来没有被企图把身心割裂开来的错误观念引入歧途。

2. 可是，即使是必须要用“心”学习的功课，也需要一定的身体活动的参与。各种感官——特别是眼和耳——用来领会书本上所写的、地图上所画的、黑板上所写的和教师所说的东西。必须运用嘴唇、发音器官和双手对储存的知识进行口头的和书面的复述。于是各种感官被视为一种神秘的管道，信息从外部世界通过这些管道被引入大脑，感官被说成是知识的门户和通道。让眼睛注视书本，用耳朵听老师讲课，这是心灵高雅的神秘源泉。此外，阅读、写作、计算——这些重要的科目——要求进行肌肉或动作的训练。因此，对眼、手和发音器官的肌肉必须进行相应的训练，将它们作为把知识从头脑里带入外在行为的通道。以同样的方式反复地使用肌肉，可以使肌肉产生自动重复的倾向。

人多少都得运用身体活动（撇开身体活动通常对精神活动具有阻挠和干预这一点不提），但最明显的结果就是机械地运用。因为各种感官和肌肉不是作为获得有教育意义的经验的有机参与者，而是作为心灵的外部进口和出口。在儿童上学之前，他用手、眼和耳来学习，因为手、眼、耳是儿童在做事过程中理解意思的器官。一个放风筝的男孩必须注视着风筝，并注意放风筝的线对手产生的不同拉力。他的感官之所以是知识的通道，并不是因为外界事实不知怎么“传达”到了大脑，而是因为它们被用来做一些有意图的事情。如果他所看见的和接触到的东西的特点与他所做的事情有关系，这些特点很快会被他理解，他也就获得了意义。但是，如果要求学生的双眼只注意字形而不管字义、能拼写能朗读，这种训练只不过是孤立的感觉器官和肌肉的训练而已。正是由于这种动作训练与目的之间处于分离状态，才变成了机械的动作训练。教师习惯于要求儿童通过有表情的朗读来表达书中的意义。但是，如果他们原来学会的是运用感官—动作技巧的阅读方法——能识别字形和读出字音，但这种方法不关注字义，那么就会养成机械阅读的习惯，以后要想进行理解性的阅读就不太容易了。儿童的发音器官已被训练成可以独自自动化地进行发音，字的意义根本就不可能加进去。画画、唱歌和写字可以用同样的机械方法来教。所以我们再说一遍，任何方法，只要是把身体活动缩小到引起了身心的分离——也就是说，把身体活动与认识意义分离开来，就都是机械的方法。数学包括高等数学的教学，如果过分强调计算的技术，就存在着这种机械训练的弊端；自然科学的教学如果为实验而实验，也会存在这种弊病。

3. 在智力活动方面，如果把“心灵”与直接在做的事情隔离开来，就会强调所做事情的重要性，而不管这些事情之间的关系或联系。人们把知觉甚至观念从判断中分离出来是非常平常的事情。他们认为判断是在知觉之后进行的，是为了对它们进行比较。他们断言，大脑离开事物之间的关系，也能领悟事物；离开事物的前后联系，也能形成事物的观念。由此，判断或思维就是把零碎的“知识”组合起来，从而让零碎知识的相似之处或因果联系显现出来。事实上，每一个知觉和每一个观念都是对一件东西的内涵、运用和原因的意识。我们通过杜撰和列举椅子的种种孤立的特点，并不能真正了解一把椅子或获得一把椅子的观念，只有把这些特点与其他东西联系起来——比如说与目的联系起来，能表明椅子之所以是椅子而不是桌子；或者能把它与我们常见的椅子区别开来；或者能表明它所代表的“时代”，等等——这样才算真正了解了椅子。我们把一辆运货马车的各个部件堆放在一起并不能察觉出这是一辆马车；它之所以是马车，在于它的各个部件之间的特别关联。这些关联不仅表现在各组成部分恰当地连接在一起，还包括与拉车的动物的联系以及与所装载的东西的联系，等等。我们的知觉过程就是使用判断；否则知觉不过是感觉兴奋，或者仅仅是对先前判断的认知结果，就像见到了熟悉的东西一样。

词语是观念的反面，但我们很容易把词语当作观念。如果我们把精神活动与对世界的主动关心分离开来，把在做的事情与承受所做事情的后果分离开来，词语与符号将会代替观念。这种代替作用表现得比较微妙，因为有些意义是认识到的。我们很容易满足于少量的意义，而不会注意到我们所了解的关系是多么有限。其实，正是这些关系才使我们能理解意义。我们彻彻底底地习惯于虚假观念、一知半解，根本就没有认识到自己的精神活动是多么地缺乏生机与活力。如果我们在进行观察并形成观念时，要求我们运用判断力去发现事物之间联系的是充满活力的经验，在这种情况下，我们的观察和形成的观念该会是怎样的敏锐和宽广啊！

就这个问题的理论而言并不存在意见的分歧。所有权威人士都同意洞察事物的关系是确实需要智力参与的事情，因此也就是有教育意义的事情。他们的错误在于假定我们不需要经验，即不需要我们前面所讲的尝试与承受的结合，也能领悟到事物之间的关系。他们认为，只要“心灵”能给予关注，它就能掌握事物之间的关系；这种关注是可以凭意志发挥的，无论一个人处于何种情况都是如此。因此，三心二意的观察和字面上的观念到处泛滥，不用吸收的“知识”祸害着世界。一两经验之所以胜过一吨理论，纯粹是因为只有在经验之中理论才具有活力四射和可以证实的意义。一种经验，一种非常谦逊的经验，能够产生和蕴含任何数量的理论（或理智内容），但离开经验的理论，甚至都不敢肯定能不能被理解为理论。这种理论往往变成了一种纯粹的书面公式、一套流行语，使我们的思考或真正理论建构变成了没有必要的事情，而且也成了不可能的事情。由于我们所受的教育是运用文字来解决问题，这就让我们觉得，文字就是观念。这种处理方法实际上只是使我们的洞察力变得模糊不清，再也没有办法看见困难。

二、经验中的反思

所谓思维或反思，就是识别我们所尝试的事情和所发生的结果之间的关系。这层意思我们在前面虽未明确讲出来，实际上已经看到了。没有某种思维的因素，便不可能产生有意义的经验。我们可以根据经验所包含的思维的比例来比较这两种类型的经验：我们的所有经验都包括“试验”的一面，即心理学家所谓的尝试错误法。我们只是做某件事情，等到它失败了，我们又开始做另一件事情，就这样一直尝试下去，直到碰巧做成功了一件事情，然后我们就采用那种方法，把它作为以后做事时要遵循的金科玉律。有些经验不过就是东碰碰失败了而西碰碰就成功了的过程。我们知道，某一行动方式与某一结果之间是存在着关联的，但我们并不明白它们之间有怎样的联系。我们不明白这些联系的具体细节；我们失去了前后联系的环节。我们的洞察可以说非常粗糙。在其他情况下，我们观察得更为深入，我们进行分析以便看到处于中间的东西，从而可以把原因与结果、活动与结果结合起来。随着我们见识的增加，我们对将来的预测会更加准确和全面。行动只是建立在试误法的基础之上，它就会受制于环境；环境可能会变化，这样就不能按预期的方式采取行动了。但如果详细了解了产生结果所需要的条件，我们就能关注自己是否具有所需要的条件。这种方法能拓展我们对环境的实际控制能力。因为，如果某些条件还不具备，而我们又知道结果所需要的前提条件是什么，那么我们就可以想方设法提供这些前提条件；或者，如果这些前提条件会产生令人不悦的不良后果，我们就可以消除一些多余的因素并节省精力。

在发现我们的活动与所发生的结果之间的具体关系时，彰显出了试验性的经验所隐含的思维。随着经验在数量上的增加，经验的价值也在成比例地提高并且完全不一样了。因此，经验的质量也发生了变化；这种变化非常重要，我们可以把这种经验称为反思性经验——一种典型的反省经验。对这方面思维的精心培养，就构成了思维的一种有显著特点的经验。换句话说，思维就是目的明确地努力去发现我们所做的事情与所造成的结果之间的具体联系，并使两者具有连续性。这两方面的隔离状态与它们纯属偶然碰在一起的情况就此得以消除；一种联合的、发展中的情形代替了隔离状态。发生的事情就得到了解释和理解，变得合情合理了。我们可以说，事情本就应该这样发生。

因此，思维就是让我们经验中的理智要素清楚地显现出来。思维使我们有目的的行为成为可能。有了思维，我们才有确定各种目的的条件。一个婴儿，当他开始有所期待时，他就开始把正在进行的事情作为将来要发生的事情的信号；虽然他进行的判断非常简单，但他已在开始进行判断了。他会把一件事情作为另一件事情的证据，已认识到了二者之间的关系。他的判断力在未来的发展中无论变得怎样复杂，都只不过是这个简单推理的进一步扩充和完善而已。一个最有智慧的人能够做的所有事情就是更为广泛地、更加细致地观察正在进行的事情，并且更加谨慎地从已被注意到的事情中选择出那些刚好指向将要发生的事情的因素。我们再次指出，考虑周到的行为的对立面就是循规蹈矩和随意任性的行为。循规蹈矩的行为把习以为常的事物作为预见将要发生结果的各种可能性的全部标准，而忽略他所做的各种特别的事情的各种联系。随意任性的行为把一瞬间的行为作为价值的标准，而忽视个人行为与环境力量的联系。随意任性的行为实际上是说“我在一瞬间碰巧喜欢事情如何，它就得如何”，就如同循规蹈矩的行为实际上是说“任何事情我过去发现它如何，就让它一直如何”一样。这两种行为都拒绝对目前的行为将会产生的结果承担责任。反思就是接纳这种责任。

任何思维过程的出发点都是某种正在进行的事情，这种事情就其现状而言是不完备的或是未完成的。这种事情的要点和意义在于，它将会有什么样的结果并且怎样产生这种结果。我写这本书的时候正值两军对峙的世界大战期间，对这次战争的积极参与者来说很清楚的一点就是，他们关注的重要问题是当时发生的种种事情将会产生什么结果。至少在参战期间他们已与战争的结果密不可分；他们的命运与战争的走向紧密联系在一起。对一个中立国的旁观者来说，军队的每一次调动、每一次前进和撤退的意义在于预示着什么样的结果。我们会对所听到的战事消息进行思索，试图从蛛丝马迹中发现极有可能或是可能会发生的结果。我们把这条报道和那条报道作为已成定论的东西，就好像一本剪贴簿那样，用其充塞我们的头脑。这并非在思索，不过是在把我们变成一种记录的装置而已。考虑所发生的事情对可能会产生但尚未发生的事情的关系就是在进行思考。如果我们用时间的间隔代替空间的距离，在性质上，反省性经验就不存在差异。让我们想象一下，世界大战已经结束，未来的历史学家要说明这次战争。我们可以假定战争已经成为过去，但是如果历史学家没有记住战争的时间顺序，他就不能对战争做出思想独到的说明；他所阐明的发生的每件事情的意义在于这件事情对世界的未来造成的影响，而不是指对历史学家的未来造成的影响。把这次战争看作自身完全独立存在的事情，就是没有反思地对待这件事情。

反思也指对事件的关切——仅就事件的戏剧性而言，他们会把自己的命运与整个事件进程的结果看成一件事。对战争中的一个将军、一个普通士兵或者交战国一方的一个公民而言，思维的刺激物是直接而急迫的。对中立国的人而言，思维的刺激物是间接性的并且需要借助想象。但是，人类天性表现为明显的党派性，这证明我们具有一种强烈倾向，让自己认同事件的一种可能的进程，而拒绝另一种可能的进程并把它视为与自己没有关系。如果我们不能在公开的行为上站在某一边，并尽我们的绵薄之力来帮助决定最后的结果，我们就会在情感上和想象中支持某一方。我们渴望产生这种结果或那种结果。一个对结果毫不关心的人不会关心或者根本不会考虑正在发生的事情。思考行为取决于对事情将会产生的结果的共享感，由此产生种种悖论思想。思维产生于偏心，为了完成思维任务必须具备某种超越的公正无私的态度。如果一个将军任凭其希望和欲望影响他对目前形势的观察和解释，那他无疑会做出错误的计划。对一个中立国的旁观者而言，希望和恐惧可能是他对战争进程进行缜密思考的主要动机，但如果他的偏心对所观察和推理的资料进行了篡改，他就不能有效地进行思考。不管怎样，反思的时机与反思的价值之间并非势不两立，反思的时机在于个人对进行中的事情的参与，而反思的价值则在于把自己置身于所观察到的资料之外。要做到超然事外存在着不可克服的困难，这证明思维产生于复杂的情境，在这些情境中思维过程是许多事件发生进程中的一个实际部分，它可以用来影响结果。只有循序渐进地通过富有社会同情心的发展来拓宽我们的视野，思维的发展才能超越我们的直接兴趣：这个事实对教育的意义是重大的。

我们说，思维发生在仍在进行之中并且还未完成的情境中，也就是说，思维是在事物还不确定或者还很可疑、还有问题的时候发生的。只有已经完毕和完成的事情才是完全确定的。哪里有反思存在，哪里就存在悬而未决的事情。思维的目的就是帮助获得一个结论，根据已知情况推断出一个可能的结果。除这个特点之外，思维还包括一些事实。既然思维发生的情境是一个还有疑问的情境，那么思维就是一个过程：一个探究的过程、一个观察事物的过程、一个调查研究的过程。在这个探究过程中获得结果是次要的，它只是探究行动的手段。探究就是要探索不在身边的东西。我们有时谈论“独创性的科学研究”，这似乎是科学家的特权，或者至少也是研究生的特权。但所有思维都是科学研究，即使旁人已经知道他在寻求什么，但对从事研究的人来说，其研究也都是独特的、原创性的。

还有一件事情就是，所有思维都包含着冒险。确定性并不能事先得到保证。未知事物的闯入使思维具有冒险的性质。思考得出的种种结论，在得到事实证明之前或多或少是属于尝试性的或者假设性的。把主观论断作为最后的结论是没有根据的，事实上也是不能解决问题的。希腊人尖锐地提出了这样的问题：我们怎样才能学习？因为，要么我们已经知道自己所寻求的是什么，要么我们根本不知道要寻求什么。在这两种情况下学习都不可能发生。在第一种情况下，由于我们已经知道了，所以用不着学习了；在第二种情况下，因为我们不知道要寻求什么，即便碰巧我们找到了什么，也不能说这就是我们要寻求的东西，所以学习也不可能发生。这种进退维谷的境地对打算通过认知进行学习不会有任何帮助；它假设我们要么有完全的知识，要么完全无知。但在完全的知识和完全无知之间存在着一个处于探究和思维之间的扑朔迷离区。希腊人所处的进退两难境地在于忽略了假设性结论与尝试性结果之间的可能性。这些错综复杂的情境会提示一些解决方法。我们尝试这些方法，要么使我们摆脱困难，在这种情况下，我们知道已经发现的正是我们要寻求的；要么使情形变得更加模糊不清、混乱不堪，在这种情况下我们知道自己仍然一无所知。所谓尝试性是指跟着感觉走去尝试暂时的解决方法。上面提到的希腊人的论点，就其自身而论是一段非常好的形式逻辑。但是，只要人们对知识和无知保持一种截然的二分状态，科学就只能取得缓慢且带有偶然性的进步。人们认识到，为了探究的目的可以利用怀疑来形成假设，并用假设指导各种尝试性的探索行为，这种尝试性的探索的进展又能证实、驳斥并修正起主导作用的假设。当这种情况出现时，科学发明与发现就开始有了系统的进步。希腊人对知识的重视远远超过了对学习的重视，近代科学则把现存知识作为学习与发现的手段。

我们可以重提前面举过的例子。一个统率军队的将军不能把其行动要么建立在绝对的确定性上，要么建立在绝对的一无所知上。我们可以假定，他手上有某些相当可靠的情报，然后他根据这些情报推断出某些可能的行动，从而为所处情境的各种事实赋予一定的含义。他的推断或多或少是值得怀疑的，而且是假设性的。但是他会根据这个推断去采取行动。他拟订关于行动程序的计划，并设计出应对当时情境的方法。他这样行动而不是那样行动由此产生直接的结果，来检验和发现他对行为进行种种反思的价值。他已经知道的东西起了作用，他所学会的东西具有了价值。但以上这种说法是否适用于一个非常关心战争进程的中立国的人呢？从形式上说是适用的，但从内容上说当然并不适用。他根据当前的事实对未来做出种种推测，并利用这些推测去尝试对许多并不相关的事实提供意义，但很显然，这些推测不能作为要在实战中产生影响的方法的基础。那并不是他要解决的问题。但是，在某种程度上他在进行积极的思考，同时并不只是消极地关注事态的发展，他的尝试性的推论将会在和他所处的情境相适合的行为措施中产生实际影响。他将会对某些未来行动趋向进行预测，并对其是否会发生保持高度的警觉性。只要他在理智上很关注并且深思熟虑，他就会主动提高警惕；他就会采取必要的措施，尽管这些措施并不会影响实际的战争，但会在某种程度上改变他以后的行为。否则，他今后所说的“我告诉过你事情会是这样的”这句话就根本没有任何理智的性质；它并未对先前的思维进行任何标志性的检验或证实，只是碰巧满足了情感的需要，并且包含了一个巨大的自欺欺人的因素。

可以把这个例子用来与一个天文学家的例子进行比较。这个天文学家根据已知的资料去预测未来的日食，不管这种预测的数学概率有多高，这个推测都是假设性的——概率性或可能性的事情。① 对日食的日期和位置进行的种种假设，会成为产生未来的行动方式的材料。他把仪器安好后，也可能远行到世界的某个角落去进行观察。无论如何，采取主动措施就可以在实际上改变一些物理环境。除了采取的措施与接下来产生的情境的变化之外，思维活动并没有就此结束，它依然悬而未决。已经获得的知识支配着思维的进展并且使思维产生效果。

关于反思性经验的一般特征就讨论到这里，这些特征是：（1）由于事实上我们处于一个不完全的情境中，它的全部特征还未确定下来，所以所处情境是错综复杂、混乱不堪、令人质疑的；（2）进行推断性的预测——对已知要素进行尝试性的解释，并把它们归功于会产生某些结果的因素；（3）进行仔细的调查（考察、检查、探究、分析），调查一切会考虑到的事情，它们可以用来解释和澄清手上的问题；（4）接下来就是详细阐述尝试性的假设，从而使假设更加精确和连贯，因为它们与范围广泛的事实是吻合的；（5）把提出的某个假设作为行动的计划，运用到当前的事态中去，然后采取一些公开的行动来达到预期的结果，从而让假设得到检验。以上第（3）和（4）两步所达到的广度和准确度，把

① 在科学实践方面非常重要的事情就是，在许多情况下，人们能够计算可能性的程度和所包含的错误概率，但是这并不能改变这里所描述的情境的各种特征，情境本身对其特征进行了限定。

具有显著特点的反思性经验与尝试错误阶段的经验区分开了。这些步骤使思维本身转化成了经验。然而，我们从来都没有完全超越试误情境。我们最精密、理性上最连贯的思维，必须经历一番尝试并接受经验的检验。既然我们的思维不可能考虑到所有的联系，那么它就不可能完全精确地囊括一切结果。但是，如果对情境进行深谋远虑且周密细致的调查，对结果进行控制性的推测，我们就可以把反思性经验与比较粗糙的试误行动方式区别开来。

总　　结

决定思维在经验中的地位时，我们首先注意到的是经验关涉到行动或尝试与所承受的结果之间的联系。把经验的主动行动的一面与被动地承受结果的一面割裂开来，就会破坏经验的极其重要的意义。思维就是准确地、审慎地把所做的事情与其结果联系起来。它不仅表明这两者之间的联系，而且指出联系的种种细节，它使联系的各个环节以关系的形式显示出来。当我们要决定某个已经完成的行为或即将完成的行为的意义时，就会对思维产生刺激，由此我们就会对种种结果进行预测。这就意味着，现在的情境不论是实际的情境还是我们眼中的情境，都是不完全的，因此也是不确定的。对种种结果的预测的意义就是假设一种建议性的或尝试性的解决方法。要使这种假设得以完善就必须对目前的情况进行仔细的考察，对假设的种种含义进行阐释，这种操作就叫推理。这个建议性的解决方法——是观念或理论上的——还必须通过实践进行检验。如果它能产生某些结果并引起某些明确的变化，那么它就会被认为是有效的；否则，它就要被修改，然后再进行一次尝试。思维就包括上面所有这些步骤——感觉问题的所在；观察各方面的情况；提出假定的结论并进行推理；积极地进行实验性检验。尽管一切思维都会产生知识，但最终，知识的价值还得归属于其在思维中的运用。因为我们并不是生活在一个固定不变的、完成了的世界之中，而是生活在一个向前不断发展的世界中。在我们完成展望未来的主要任务的地方，也存在着对过去的回顾——与思想不同的所有知识都是回顾过去的——知识的价值在于让我们可靠地、安全地和富有成效地去应对未来。

第 12 章　教育中的思维

一、教育方法的构成要素

从理论上讲，没有人会怀疑在学校中培养学生良好思维习惯的重要性，但从实践上讲，远离事实的习惯培养并不像人们理论上认为的那样，为人们所认可。就学生的种种心智而论（某些特殊的肌肉能力不包括在内），学校为学生所能做或所需要做的一切就是培养他们的思维能力，对于这个观点人们尚无充分的理论认识。各个不同的教学目标把教学分割成了不同的板块，比如：技能的获得（如阅读、拼写、写作、画画和背诵）、知识信息的掌握（如历史和地理）和思维的训练。这种分割开来的做法使三个目标都不能有效地实现。如果不把思维与提高行动效率联系起来，即不与增加关于我们自己和关于我们生活的世界的知识联系起来，这种思维就存在着缺陷（参见第 11 章第二节）。如果获得的技能没有经过思维，就不会把运用技能的种种目的联系起来。这种技能会使一个人受到常规习惯的支配和其他权威人士的控制。这些权威人士虽然知道他们要做什么，但是他们并未对实现目的的方法手段进行特别慎重的考虑。通过没有经过深思熟虑的行动得来的知识，是死知识并且是毁坏心智的负担。既然它冒充知识，就会产生自负自满的流毒，它是优雅的智识进一步发展的巨大障碍。坚持不懈地改进教与学的方法的唯一直接途径就是，把注意力集中在严格要求思维、促进思维和检验思维的各种条件上面。思维就是理智学习的方法，这种学习要运用心智并使心智获得报酬。我们谈论思维的方法固然合情合理，但要牢记在心的是，关于方法最为重要的一点就是：思维就是方法，即在思维过程中体现出来的理智经验的方法。

1. 在开始阶段，被称为思维的东西就是不断发展的经验，而思维的开始阶段就是经验。这句话听起来好像同语反复，其意思不言而喻；但令人遗憾的是它并非显而易见的。与此相反，在哲学理论与教育实践中，思维常常被看成与经验隔绝开来的东西，并且能够单独地培养。事实上经验具有先天的局限性，这常被看成要求关注思维的充足理由。因此，经验常被局限于感官和欲望范围以及纯粹的物质世界；而思维则产生于较为高级的官能（即理智），用于精神方面或至少属于书面文字方面的东西。因此，常常有人把纯数学与应用数学截然分离开来，认为纯数学是特别适合进行思维训练的教材（因为它与物质性存在没有关系），而认为应用数学具有实用价值但没有思维训练的价值。

一般来说，教学方法上表现出来的根本错误在于假定学生的经验可能是想当然的，所以不可靠。在此我们有必要创设一个实际的经验情境并把其作为思维的开始阶段。这里的所谓经验正如我们解释过的那样，就是一个人尝试做某一件事情，他会感觉到这件事情又反过来作用于他。上面所说的错误在于，假定不考虑某种情境带给个人的直接经验，我们便可以根据算术、地理或其他科目的现成内容开始教学。甚至连幼儿园里的蒙台梭利教育法，为了“不浪费时间”，也急于让学生掌握理智上的内容，因而他们会倾向于忽略或减少儿童对熟悉的经验材料进行直接而粗糙的运用，而立即把他们引入到学习表现成人理智成就的材料之中。但是，一个人无论处于什么年龄阶段，他接触任何新材料的第一个阶段，毫无疑问会具有尝试错误的特点。不管是在游戏中还是在工作中，他必须利用实际材料来尝试做某件事情，从事由他自己的冲动引起的活动，然后关注他自己的力量与他所用材料的力量之间的相互作用。当一个儿童开始玩积木时就会发生这种情形。当一个科学家在其实验室里开始用不熟悉的材料做实验时，发生的情形与儿童玩积木是一样的。

如果我们要激发学生的思维而不是仅仅让其学一些文字的话，学校里任何科目所运用的教学方法都应该尽可能避免学究式的方法。要让学生懂得经验或经验情境的意义，我们就必须在头脑里记住校外出现的那些情境，想到日常生活中使人对活动感兴趣并参与活动的那些事务。仔细考察一下正规教育中永远成功的教学方法，无论是算术、阅读学习、地理学习、物理学习还是外国语学习，都会揭示出这种教学方法之所以有效，是因为它们回归到了校外的日常生活之中引起学生思维的情境。它们让学生去做一些事情，而不是让他们去学一些东西；做事情具有这样的特性，即要求进行思维或者有意识地关注事物之间的联系，由此他们自然而然地学到了东西。

情境应该具有激发思维的性质，也就是说，它应该提出一件既不是循规蹈矩又不是变化无常的事情去做。换句话说，做一件全新的（因而也是不确定的或有问题的）与已有习惯之间有充分关联的事情，足以引起有效的回应。一个有效的回应就意味着，它是能够达成明显的结果的回应。这种活动与纯粹偶然的活动是不同的，前者从思想上把活动结果与所做的事情联系起来了。因此，在此要问的最重要的问题就是，假设可以引起学习的任何情境或经验所包含的问题是属于什么性质的问题。

粗略一想，学校通常所用的方法似乎很符合这里所提出的标准。教师给学生提出种种疑难问题，布置种种任务，详细解释各种难点，它们是学校工作的主要部分。但是对这两种问题进行区分很有必要：一种是真正的问题，另一种是模拟的或虚假的问题。下面提出的许多问题有助于我们对这两种问题进行区分。（1）除了给学生提出一个问题之外还有其他事情要做吗？这个问题是从学生的个人经验所处的某种情境内部自然而然引申出来的，还是只是为了讲授某个学校的课题内容而提出的孤零零的问题呢？它是否能引起校外的观察并进行实验尝试？（2）它是学生自己面临的问题，还是教师或教科书上给出的问题？之所以提出这个问题，是不是因为如果学生不解决这个问题，就不能得到想要的分数、不能升入高一年级或者不能赢得教师的赞许呢？这两个问题显然是互相涵盖的。它们不过是同一个问题的两种说法而已：学生所获得的经验是本来具有刺激与指导观察所包含的联系，并能引发推论和检验推论的性质的、与个人切身相关的事情呢？还是由外部强加给学生从而让学生满足外界要求的东西呢？

以上这些问题让我们在判断当前的教学方法能在多大程度上培养学生的思维习惯时仍然犹豫不决。一般教室中的物质设备和教室布置都是与实际的经验情境截然不同的。教室里有什么东西是与能够引起疑难情境的日常生活情况相似的呢？在教室里所做的每件事情几乎都是在证明：要非常重视听讲、读书、把听到的和读到的复制出来。教室里发生的这种情况，与学生在家里、在游戏场上、在日常生活职责的履行中与人主动接触的情况相比，两者存在着极大的差异，这种差异怎么描述都不会过分。在很多情况下，它们甚至不能与学生在校外与别人交谈或自己阅读时在头脑里产生的问题相比。无人曾对这样的问题进行过解释：为什么儿童在校外时会提出如此多的问题（如果他们受到鼓舞，他们就会缠住成人不放）？为什么儿童对在课堂上所学的教材内容是如此明显地缺乏好奇心？反思一下这种令人吃惊的对比就可以明白，传统的学校情境可以在多大程度上让学生的问题自己流露出来。无论教师个人在教学方法上进行了多少改进，都不能完全补救这种情况。要克服传统学校课堂里存在的这种缺陷，就必须提供更多的实际材料、更多的师资、更多的教学设备与更多让学生做事情的机会。我们发现，凡是儿童在忙着做事情并且会讨论做事过程中所发生的问题的地方，即便教学模式很一般，儿童探究的问题也会自然流露出来而且数量众多，他们提出的问题解决方法先进、多样且具有独创性。

由于学校缺乏产生真正问题的材料和事情，因此学生在学校里面对的问题并不是他自己的问题；或者说这些问题虽然是他自己的，但它们只是他作为一个学生的问题，而不是他作为一个人的问题。把他解决学校课堂里的这些问题时所获得的能力迁移到课堂以外的生活事务上，就会产生令人惋惜的浪费。一个学生有一个问题，但这个问题是由教师设置来满足其特殊要求的。他的问题就变成了找出老师想要什么，去发现在课堂问答和考试及行为表现方面怎么做才能使老师觉得满意。学生的问题与所学内容的关系不再是直接的，思维的各种机会与材料不能在算术、历史或地理科目中找到，只能在巧妙地使材料迎合老师的要求时找到。学生虽然在学习，但他并没有意识到他所学习的对象是学校教育制度和学校当局的传统和标准，而不是那些课程表上规定的学科。这样引起的思维不过是人为性的、表面性的、片面性的。在最糟糕的情况下，学生的问题不是如何符合学校生活的要求，而是如何使其看起来似乎符合这些要求，或者是如何做到差不多符合这些要求以便勉强过关而不发生太多的冲突。用这些手段形成的判断力不利于学生良好品格的形成。如果上面所说的这番话对学校教育的常用方法描述得有点儿过度的话，这种夸大其词至少可以说明：如果要想具备这样的情境，即能够正常产生引起令人深思的种种探究的问题，就需要有运用材料来实现各种目的的种种积极追求。

2. 必须掌握资料，为应对出现的具体困难的需要提供各种考虑。采用“发展式”方法的教师有时会让学生自己想办法解决问题，似乎他们通过拍脑袋的方式可以凭空想出解决办法。思维的材料不是各种思想，而是各种行动、各种事实、各种事件和各种事物的种种关系。换句话说，一个人要想有效地进行思维，他必须曾经具有或者现在拥有许多经验能够给他提供解决所遇到的困难的办法。疑难是引起思维的不可或缺的刺激物，但并不是所有疑难都能唤起思维。有时候，困难会使人们茫然不知所措，他们会被困难所吓倒并感到沮丧不已。这个疑难的情境必须与学生曾经应对过的情境有一定的相似之处，使其能够掌握应对这个疑难情境的方法。教学艺术有很大一部分在于，使新问题的困难程度大到足以能够激发学生的思想，小到加上新奇因素能够自然而然地引出疑难问题，从而使学生获得一些富于启发性的解决问题的突破点，由此提出有助于解决问题的种种建议。

从某种意义上讲，采用某种心理学的方法来为思维提供材料并不十分重要，记忆、观察、阅读和传达都是提供材料的途径。至于每种途径获取的资料所占比例各是多少，这要由特定问题的特点所决定。要是学生对某些事物非常熟悉，并且能够独立地把事实回忆出来，在这种情况下坚持要他通过感官进行观察就是愚不可及的做法。观察方法可能使人过分依赖感官的提示，从而丧失思维的活力。没有任何人能把一个藏品丰富的博物馆带在身边，利用其收藏的东西来帮助他思考。可以这样说，一个经过良好训练的大脑蕴藏着极其丰富的资料，作为思维的坚强后盾，它会习惯于通过回味过去的种种经验来理解其产生的结果。另一方面，一个熟悉的事物，其性质或关系在过去可能未被重视，现在却正好可以帮助我们应对我们所碰到的问题。在这种情况下就需要我们进行直接的观察。另一方面，观察同样需要运用阅读和“告诉”的方法。用于观察的原则同样适用于阅读法。直接观察法虽然比较生动活泼，但也存在着局限性。不管怎样，一个人应该能够利用别人的经验来弥补个人直接经验的狭隘性，这是教育的一个必不可少的组成部分。过分依靠他人来获取资料（无论是靠阅读得来的，还是听来的）是不足取的。其中最要反对的就是，他人、书本或教师很可能给学生提供一些现成答案，而不是给他材料让他自己去进行加工整理从而顺理成章地解决手上的问题。

通常情况下，学校里由别人提供的知识信息太多和太少的情况都存在，这样说并没有什么矛盾之处。在学校里，过于重视学生对知识信息的获取与积累，这样一来，学生就可以在课堂问答和考试时照搬照套。从知识信息资料的角度讲，“知识”的意思就是深入探究的工作资本和必不可少的资源。知识常常会被看作目的本身，因此，学生的目的就是把知识堆积起来，需要时再展示出来。这种静态的、冷藏库式的知识理想会阻碍教育的发展。这种理想不仅会让思维的机会溜走从而不能利用，而且会扼杀思维。没有人会在乱七八糟的堆满废弃物的场地上建造房屋。学生的“头脑”里装满了各种各样从来不会理智地加以利用的材料，当他们想要思考时必然会受到阻碍。对于如何选择适当的材料，他们没有得到过锻炼，也没有可以遵循的标准；每样东西都处于死板的、静态的同一水平上。另一方面，给学生提供的知识资料，如果他们能够根据自己的目的实际地加以运用，并使其在经验中发挥作用，那么学生是否就不必比平常掌握更多的书籍、图画和谈话资料了，这也完全可以公开质疑。

3. 与思考已经获得的事实、资料和知识相互关联的事物，就是指各种暗示、推论、猜测的含义以及各种假设和尝试性的解释说明——简言之就是各种观念。细致的观察和回顾决定着已知的东西和已有的东西是什么，因此它们是千真万确的东西，它们不能提供不存在的东西。它们能界定问题、澄清问题和确定问题在何处；但它们不能提供问题的答案。要想找到问题的答案，必须进行设计、发明、创造和谋划。资料能够激发起种种联想，只有通过参考具体的资料，我们才能判断这些联想的准确性如何。但是联想体现出来的意义超越了当时经验中实际已知的意义。联想预示着将来可能发生的结果，可能要去做的事情，但并不是事实本身（已经做好的事情）。推论是从已知的东西进入到未知的东西时产生的一个飞跃。

从这个意义上讲，一种思想（事实所揭示的而不是它所呈现的）是有创造性的，是进入到新颖状态的东西。思想含有一些发明创造的意味。所揭示的事物必须在某种背景关系中是非常熟悉的；创新以及发明创造性的谋划是用新的眼光来看这种事物，用不同方式来运用这种事物。当牛顿想到他的万有引力定律时，他所体现出来的思想创造性的一面并不是体现在其所用的材料上。这些材料是人人皆知的，其中的许多都是平淡无奇的，如太阳、月亮、星星、重量、距离、质量、数的平方。这些都不是他的原创观念，它们都是既成事实。牛顿的创造性在于他利用这些人人皆知的材料，把它们引荐到不熟悉的背景关系中去。世界上每一项惊人的科学发现、每一项重大的发明、每一件令人欣羡不已的艺术作品，都是这样产生的。只有傻瓜才会把创造看成稀奇古怪和异想天开的事情；其他人则会认为，衡量是不是创造性的方法，就是要看他是否利用了别人没有想到的方法，是否利用了习以为常的事物。所谓具有创造性，不是指所运用的材料新颖，而是指操作方式新颖。

在教育上可以得出这样的结论：一切能够考虑到从前未被认识到的事物的思维，都是创造性的思维。一个 3 岁的孩子发现他能够用积木来做些事情；或者一个 6 岁的孩子发现他能够把 5 分钱和 5 分钱加在一起得到一个结果，即使世界上的每个人都知道这个结果，对孩子而言他也是个发现者。他的经验真的增长了；这种增长不是机械地增加了一个新项目，而是通过一种新的性质丰富了经验。对于这些幼小儿童的自发行为所体现出来的魅力，富有同理心的观察者把它归功于对儿童具有的理智的创造力的洞察。如果“创造性”一词没有被误解的话，那么儿童自己体验到的快乐就是理智的创造性所带来的快乐。

我总结得出的教育训条并不是说，如果学校的各种条件支持学生的发现式学习，而不赞成把别人给学生灌输的内容贮藏起来，那么教师就会发现自己的工作并不是那么辛苦和劳累了；也并不是说，这样就能使儿童和青少年享受到个人的理智成果的快乐——虽然这种情况的确存在而且很重要。我所总结出的教育训条是，没有哪种思想和观念可以以观念的形式从一个人传递给另一个人。当一个人把一个观念告诉他人时，对于听到的人而言，它已不再是观念，而是一个已知的事实。这种思想交流可能激发他人去认清自己的问题所在，然后想出一个类似的观点；也可能使听到的人的理智兴趣受到压抑，抑制他在思维上的努力。但他直接得到的绝不会是一个观念。只有当他亲自考虑问题的种种状况并寻求解决问题的方法时，他才算是真正地在思考。父母或教师给儿童提供了激发思维的种种条件，并通过进入到共同的经验中去从而对儿童的活动抱持共情的态度，他们会想方设法促使儿童去学习他们要求的一切，其余的事情需要直接有关者自己去做。如果他不能自己谋划（自然不是与老师和同学隔绝开来，而是与他们保持联系）并找到解决办法，那么他就什么也学不到；就算他能背出一些正确的答案，而且答案百分之百正确，他还是没学到什么东西。我们能够并且的确向学生提供了数以千计的现成“观念”；但我们通常并未不遗余力地使学生在有意义的情境中进行学习。在有意义的情境中，学生自己的活动能产生观念、支持观念和坚守观念，即觉察到事物的种种含义或联系。这样做并非意味着教师可以不闻不问和袖手旁观；相反，不能默认教师把现成内容提供给学生并用心听其背诵得是否正确，而是要求教师参与学生的活动。在这种共享活动中，教师是一个学习者，而学习者不知道其实自己也是一个教师——总体上讲，无论教师还是学生，越少意识到自己在施教或受教就越好。

4. 我们已经认识到，我们的观念无论是谦卑的猜测还是高贵的理论，都不过是对各种可能的解决方法的预期。它们是对一个活动的某种连续性（或联系）和还没有显露出来的结果的预期。因而，观念是在行动的操作过程中得到检验的。观念必须指导和组织各种深入的观察、回顾和实验。观念是学习的中间物而不是最终目的。我们曾经说过，所有教育改革家都喜欢对传统教育的被动性说长道短并进行攻击。他们反对像海绵一样吸收知识的注入式教学。他们攻击注入式教学就好比要钻进坚硬的岩石一样把学科内容打进学生的脑子里。但是，把获得一个观念等同于得到一次经验，即得到一次扩大我们与环境更加密切地接触的机会，要确保各种条件来做到这一点并非易事。一种活动，甚至是自我活动，很容易被看成纯精神的东西，它们被禁锢在头脑里，只是通过发声器官才找到表现的机会。

虽然所有的比较成功的教学方法都承认，必须把学到的观念应用到实际中去，但有时应用观念的练习只是作为一种手段而存在，它把已经学到的知识固定下来，并在运用知识的过程中获得更多的实际技能。这种结果是实实在在的并且不可小觑。但是，应用在学习中掌握的知识的练习首先应该具有理智的性质。我们早已明白，思想仅仅作为思想是不完整的，它们最多不过是尝试性的；它们只是联想和迹象；它们是应对经验情境的立足点和方法。思想在实际情境中得到运用之前是缺乏充分的意义和现实性的。思想只有通过应用才能得到检验，只有通过检验才能使思想具有充分的意义和现实感。没有经过应用的思想通常会倾向于自成一个特殊世界。非常值得质疑的是，那些把精神孤立起来并与物质世界对立起来的各派哲学（参见本书第 10 章第二节），其根源是否在于有一批思想家和理论家制造了一大堆观念，而社会环境又不允许他们实践和检验这些观念。因此，这些人陷入他们自己的思想中，并把创造思想作为目的本身。

无论上面所说的那种哲学的根源是什么，在学校里所学到的许多东西都带有特别的人为性，这一点是不用怀疑的。虽然不能说有很多学生清楚地认识到了他们所学的学科内容是不真实的，但这种内容对他们来说肯定没有充满生机与活力的经验所具有的那种现实性。学生学习这种学科内容时也并不期望有那种生动的现实性；他们习惯于认为学科内容的现实性在于对付课堂问答、上课和考试。这种内容对日常生活经验毫无用处，这种看法多多少少被认为是理所当然的。这种情况会产生两个不良后果：一是平常的经验得不到应有的滋养，这种经验并不会因为学习而变得更加丰富；二是因为学生习惯于接受一知半解和生吞活剥的学科内容，而养成了一种会削弱思想活力和效率的态度。

如果说我们特别关注探讨消极的方面，那么这是为了提出能使思想有效发展的积极措施。哪里的学校设置了实验室、车间和园地，哪里充分运用了戏剧、游戏和运动，哪里就存在使实际生活的情境在校内得以重现、使学生获得的知识和观念能够得到应用、使进步的经验能够向前发展的各种机会。这样一来，观念就不再是隔离的了，也就不会形成孤岛了，它们会使平常的生活更富有生气，变得更加丰富。由于知识信息能够发挥作用和指导行动，所以知识充满了生机与活力。

我们特意使用了“存在各种机会”这个说法。这些机会也许没有被人充分利用；可能有人着重在身体方面进行手工和建造活动，也只是把其作为获得身体技能的手段；也可能有人进行这些活动是为了“实用的”即金钱的目的。但是，有许多拥护“文化”教育修养的人倾向于认为，这类活动纯粹属于物质（肉体）的或职业的性质，这本身就是身心二分哲学观的产物，这种哲学观使心理不受经验的指导，因此就不会对事物采取行动。如果把“心理的”活动看作一个独自存在的领域，身体活动与行动也就会遭受极为相似的命运。身体活动充其量只会被看成心理外部的附属品而已。为了满足肉体的需要并且获得外表的体面和身体的舒适，也许需要身体活动，但是身体活动在心理方面并不占有必要位置，对思想完善也并不发挥必不可少的作用。因此，身体活动在自由教育——关注理智兴趣的教育——中是没有地位的。即使在身体活动中渗透自由教育，也不过是群众的物质需要的妥协表现。至于把精英教育纳入身体活动中，那简直是不可理喻的事情。这个结论来自把心理看成完全孤立的东西这个观念。但是，当我们如实地来看心理时，也就是说，把它看作经验发展中的有目的的、指导性的因素时，根据同样的逻辑，这个结论就不存在了。

虽然我们希望一切教育机构都拥有足够丰富的设施设备，使学生在代表重要的社会状况的积极事务中有机会获得观念和知识，并有机会检验这些观念和知识信息，但是要所有教育机构都拥有这些设施设备，无疑还需要很长的时间。教育所处的这种状况并不是要给教师袖手旁观、坚持采用知识与实际相脱离的教学方法提供借口。每一门科目的每一次口头问答，都有机会在课堂教学内容与更为广阔、更为直接的日常生活经验之间建立起相互联系。课堂教学可以分成三种类型。最糟糕的课堂教学就是把每堂课看成一个相对独立的整体。这种课堂教学不要求学生去寻找这堂课与同一科目的其他课之间或与别的科目之间有什么相关之处。比较明智的教师会高度关注引导学生系统地利用过去的功课来理解目前的功课，而且也利用目前的功课去加深对已经获得的知识的理解。这种教学的效果比第一种会好一些，但是学校的学科内容依然是孤立存在的。除偶然情况外，学生的校外经验仍然处于粗糙的、相对缺乏反思的状态。学生不能把直接教学中的比较准确而全面的材料用来提升和拓展其校外经验。因为没有把直接教学的内容与日常生活的现实情况结合起来，所以学生会缺乏学习动机，缺乏学习的现实感。最好的一种教学会牢记：使学校的学习内容与现实生活两者保持密切的联系。这种教学会让学生形成一种态度，把寻找这两方面的接触点和相互关系作为一种习惯。

总　　结

教学的种种过程统一到什么程度，它们培养学生良好的思维习惯就重视到什么程度。尽管我们可以准确无误地谈论思维的方法，但值得重视的是，思维是获取教育性经验的方法，因此，教学方法的要素与反思性思维的要素是相同的。这些要素分别是：第一，学生要有一个真实的经验情境，即存在一个学生非常感兴趣的连续性活动；第二，一个真实的问题会从这个情境内部产生，并会作为思维的刺激物；第三，学生要掌握信息资料并用来进行必要的观察，从而解决这个真实的问题；第四，他必须井然有序地、负责任地、尝试他所假设的种种解决方法；第五，他要有机会和理由通过应用来检验他的观念，从而使这些观念的意思清楚明白，并且自己去发现它们是否有效。

第 13 章　教学方法的性质

一、学科内容和方法的统一

学校包括三个三位一体的主题：学科内容、教学方法和行政或管理。我们已经在前面几章讨论过学科内容和教学方法这两个主题。前面是合在一起进行讨论的，现在要把它们分开来对其性质进行详细的讨论。我们将从教学方法开始讨论，因为方法问题和上一章的讨论最为接近。但在讨论之前要让大家明确，我们提出的理论所包含的一个观点就是，学科内容与教学方法是相互联系的。有一种思想观念认为，精神与物质世界及人的世界是两个各自独立的领域，这就是所谓的哲学二元论。这种思想观念引出的一个结论就是，教学方法和学科内容是互不相关的。这样，学科内容就变成了自然界和人类的种种事实与原理的现成的、系统化的分类。而教学方法就是考虑如何把这种先行的学科内容妥善地呈现给学生，使其给他们留下深刻的印象；或者考虑学生的心理如何从外部来影响学科内容，从而促使其更好地获取和掌握学科内容。在理论上，一个人至少会从现存的独自存在的心理科学中推导出一套完整的学习方法理论，根本不用了解这些方法将用到什么科目的学习上。实际上，许多人对各门学科的内容非常精通，却对这些方法一无所知。这种情况给人们提供了一个批驳教育学的机会，他们认为教育学作为公认的学生该怎样学习的一种方法科学，是无用的；它只是一块幕布而已，把教师深刻而正确地熟悉所教学科内容的必要性掩盖起来了。

但是，既然思维是有指导地运用学科内容去实现圆满结果的行动，既然心智是这个行动过程的深思熟虑的、有目的的方面，那么，任何把学科内容和教学方法割裂开来的观点从根本上讲都是错误的。一门科学的材料是经过组织的这个事实说明，这种材料已经服从理智了；也可以这么说，它已经被方法化了。动物学作为知识系统的一个分支学科，代表着我们平常熟悉的有关动物的原始的、零散的事实，经过仔细的考察、慎重的补充和整理，显示出对观察、记忆和进一步探究有帮助的联系之后，形成了一门有系统的学问。这些事实标志着学习的结果而不是标志着提供了学习的起始点。教学方法意味着安排处理学科内容使其得到最为有效的运用。方法从来都不是某种材料之外的东西。

从个人立场来看，对学科内容进行处理的方法到底是什么呢？再说一遍，方法不是外在于材料的东西。方法不过是对材料进行有效处理——所谓有效，就是指利用材料（去达到一个目的）时花费的时间和投入的精力最少。我们能够对行动的方法进行区分并且单独讨论这种方法；但是它只是作为处理材料的方法而存在的。方法与学科内容并不是对立的，方法是有效指导学科内容去实现所期望的结果。方法与漫无目的的、考虑不周的行动是对立的——所谓考虑不周，就是指适应不良。

方法就是有指导地使学科内容朝着种种目标前进——这句话太形式化了。举个例子来说明。每个艺术家在从事艺术工作时必须有一种方法或技巧。钢琴家弹钢琴时并不是乱敲琴键，弹钢琴这种方法就是井然有序地使用琴键。这种井然有序的秩序感，并不是在弹钢琴的活动进行之前就已在音乐家的双手和头脑里存在着的东西。这种秩序感存在于使用钢琴、双手和头脑来达成想要的结果的动作安排之中。弹钢琴的动作是指向实现钢琴作为一种乐器的目的的。教学方法也是同样的道理。唯一的区别在于钢琴是事先为了单一的目的而设计制造的工具，而学习材料则能够无穷无尽地利用。但就这一点而言，如果我们考虑到钢琴可以演奏无穷无尽的乐曲，而且要想取得不同的音乐效果必须采取不同的演奏技巧，这个例子也适用。不管怎样，方法就是为了某种目的而运用某种材料的有效方式。

如果我们回到前面讨论过的关于经验的概念，这些考虑可以进行这样的概括：经验是一个过程，即对所尝试的事情与所承受的结果之间的种种联系进行领悟的过程。如果不考虑控制这个过程的进程中所做的努力，那么学科内容与教学方法就不存在什么区别。一个活动往往包括两个方面：个人所做的事情和环境所做的事情。一个有精湛演奏技艺的钢琴家不可能有机会去区分他自己的贡献和钢琴的贡献。任何娴熟而流畅的活动——如溜冰、谈话、听音乐、欣赏风景等——都不能使人清楚地意识到其运用的方法与材料之间的界限。在全神贯注地玩游戏和工作时，也存在着同样的现象。

当我们获得一个经验时，还会对这个经验进行反思，因此我们就不可避免地会把我们自己的态度和支持我们态度的对象区分开来。当一个人正在吃的时候，他是正在吃食物。他并不会把他的动作分成吃与食物。但如果他要对这个行为动作进行科学的考察，他要做的事就是进行这样的区分：一方面，他会考察食物的营养成分；另一方面，他会考察生物体吃进食物和消化食物的动作。对经验的这种反思，使我们对经验内容和经验方式二者进行了区分。如果要给这种区分命名，我们就采用“学科内容”和“方法”这两个术语。一方面是我们看见、听见、喜爱、憎恨和想象的东西，另一方面是看、听、爱、恨、想象等行为。

为了某种目的进行的这种区分是如此自然和重要，以致我们太容易把它们看作各自独立存在的东西，而不会看作思想上进行的区分。于是，我们就会把自我和环境（或世界）进行一个区分。这种区分就是方法与学科内容二元论的根源所在。也就是说，我们假定认知、感觉、意愿等，是属于处于隔离状态的自我或心智的东西，它们会对独立存在的材料施加影响；我们又假定，这些孤立的属于自我或心智的东西有其自己的运行规律，与要施加影响的对象所具有的作用定律无关，这些规律被认为是可以提供方法的。同样荒谬可笑的是假定人们可以不吃东西来做出吃的行为，或者说，牙床的结构及运动、喉头肌肉和胃的消化活动等，并不是由于它们的活动所要处理的材料才发挥其作用的。正如有机体的器官是食物材料所存在的自然界的一个连续部分一样，看、听、爱、想象等潜能，也与世界的学科内容有着内在的联系。这些潜能与其说是作用于事物的各种独立动作，不如说它们是环境进入经验并在经验中起作用的各种方式。总之，经验并非精神和物质世界、主体和客体、方法和学科内容的结合，而是大量的（从字面上讲数不胜数）的各种各样的力量之间持续不断的相互作用。

为了控制向前发展的整体经验的进程或方向，我们对怎样（How）和什么（What）两者进行了思想上的区分。虽然在实际的行走、吃和学习之外不存在一套行走的方法、吃的方法和学习的方法，但在动作中存在着某些更为有效地进行控制的关键因素。对这些因素进行特别的关注，可使它们更加明显从而更易领悟（使其他因素暂时从显眼处退居次要地位）。如果对经验是怎样发展的做到心中有数，我们就会非常清楚，必须具有什么因素或者改变什么因素才能使经验比较成功地得到发展。还是举个例子以便说得更为清楚一些。如果一个人仔细观察几种植物的生长情况，有些植物生长良好，有些植物生长比较缓慢或者根本没长，他就会发现植物顺利生长所要依赖的各种具体条件。如果对这些条件依次加以说明的话，就构成了植物的生长方法、生长方式或生长状态。植物的生长与经验的顺利形成之间并没有差别。无论是植物的生长还是经验的形成，两者都不容易真正抓住最佳运行的各种因素。但是，对许多成功和失败的事例进行研究，并对它们进行广泛而细致的比较，就有助于把握各种原因。如果我们把这些原因依次排列，就会形成一套程序方法或技术。

在教育上由于把方法与学科内容隔离开来而产生了一些弊端，思考它们可以使我们的论点更加明确。

第一，忽视了经验的具体情境（这一点我们已经说过了）。不研究各种实例就不能发现方法。方法是从观察实际发生的事情中引申出来的，目的在于使这件事情再次发生时效果更好一些。但是在教学与训练中，儿童和青少年很少有充分的机会去获得正常的直接经验，并且教师很少能从这些直接经验中引申出方法观或最佳发展顺序观。他们的经验是在受束缚的条件下获得的，于是这些经验不易或无法说明正常的成就经验之道。因此，各种“方法”必须由权威方面给教师提出建议，而不是教师自己进行理智的观察所获得的经验。在这种情况下教师使用的教学方法千篇一律，认为对所有儿童可以使用相同的教学方法。如果提供一种环境，使儿童在工作和游戏中所做的各种事情都得到指导，使个人经验的灵活性得到促进，那么所确定的方法将是因人而异的，因为每个人肯定都有其特有的做事方法。

第二，教学方法与学科内容是脱离的，这个观念是引起我们曾提到过的对训练和兴趣产生误解的原因。如果把处理材料的有效方式看作某种与材料脱离的现成方法，我们假定存在着三种可能的方式来建立所欠缺的关系。第一种方式是利用兴奋、快乐的冲击，并迎合学生的胃口。第二种方式是使注意力不集中的学生感到痛苦，用伤害来威胁学生从而促使其去关心与之没有干系的学科内容。第三种方式是直接投其所好，从而使其不用说明任何理由就会努力学习，我们可以依靠“意愿”这个直接压力。但第三种方式只有在学生害怕产生不愉快的结果时使用才会有效。

第三，使学习活动本身成为一个直接的并且意识到的目的。在正常情况下，学习是完成学科内容之事的产物和奖赏。儿童并不是一开始就意识到了自己在学走路或在学说话。一个孩子先是表现他的交流冲动以及想与别人更充分地交流的冲动。他的学习发生在他的直接活动的结果之中。我们会说，教儿童阅读的较好方法要遵照同样的步骤。不要让学生把注意力固定在必须要学习的一些东西上，这样做会给他造成一种自我意识到的紧张。这种无意识的方法使他在从事各种活动的过程中学习：比较成功地学习数字或其他任何事情的方法都是如此。但是，如果学科内容没有被用来引发学习冲动和养成通过思考获得有意义的结果的习惯，那么这种学科内容就只不过是专供人学习的东西而已，学生只不过认为它是必须学习的材料而已。我们很难想出各种极不利于引发学生高度警觉和专心致志的反应的情况。在战争中正面的攻击非常消耗军力，在学习中的正面攻击消耗更大。但这并不是说要诱使学生不知不觉地进入到专心听课的状态。它的意思是说，学生专心听课必须有真正的理由或目的，而不是把所学的功课作为专供人学习的东西。如果学生深刻地认识到学科内容在完成某种经验中所处的地位，他的学习目的就会达到。

第四，在精神与物质是隔离的这个观念的影响下，方法往往降格为按部就班的、干巴巴的例行常规，机械地遵循着既定的步骤。不知道有多少课堂，儿童在算术课或语法课的列举式叙述中，在方法认可的借口下被迫去学习某种预先规定的套话。教师不是鼓励儿童直接在试验中进行各种主题的学习，用看起来令人向往的试验方式去学习，并根据所产生的各种结果学会分辨；而是认为有一种固定的方法可以遵循。他们还天真地认为，如果学生的汇报和解释是按照一定的“分析”形式进行的，那么总有一天他们的思维习惯就会符合要求。有一种信念认为，教学方法就是把教学上可以遵循的方案和模式交给教师，没有什么比这种观念更能给教育理论带来坏名声的了。灵活而具有开创性地处理问题的方法就是对材料进行处理并得到一个结论的方式。机械呆板则是任何把心智与以目的为动机的活动割裂开来的理论不可避免的结果。

二、一般的方法与个人的方法

简而言之，教学方法是一种艺术的方法，是受各种目的明智地指引的行动方法。但是，美术的实践远远不是即兴发挥灵感。重要的是要学习前人取得巨大成就的各种操作方式及其结果。总是存在着一个传统或者是某个艺术流派，很显然足以使初学者留下深刻的印象，并且常常会使他们着迷。在每个艺术分支中，艺术家们所用的方法都依靠完全彻底地熟悉材料和工具；一个油画家必须了解油画布、颜料、画笔，并掌握操作这些工具的技术。要掌握这种知识，就要求坚持不懈地、专心致志地关注种种客观材料。艺术家会研究他自己的种种尝试所取得的进展，从而去发现什么尝试是成功的、什么尝试是失败的。有人认为，在遵循现成规则和相信天赋之间，在遵循一时的灵感和相信缺乏指导的“艰苦工作”之间，不存在取舍，这种看法与各种艺术的实践程序存在着矛盾。

所有这些关于过去的知识，关于现行技巧的知识，关于所用材料的知识，以及关于确保取得最好成绩的各种方法的知识，它们都是在为一般的方法提供材料。有一套长期积累起来的、相当稳定的用来取得成果的方法，而且这套方法也被过去的经验和理智分析认可。一个人忽视这些方法就会承担风险。我们在讨论习惯养成的问题时曾经指出过（参见第 4 章第二节），总是存在着一种危险，即这些方法会变得机械、僵化并控制着人们，这些方法不会变成为了达到个人目的而自由使用的力量。但是，一个想要取得不朽成就的革新家，他的工作不能只是转瞬即逝、轰动一时的偶然事件，他采用比他自己和他的批评家看来还要多的经典方法，他赋予这些经典方法新的用途，由此使其得到了改造。

教育也有其一般的方法。这种说法用于教师的情况比用于学生的情况更为明显，其实用于学生的情况也是同样真实的。学生学习的一部分，而且是非常重要的部分，在于成为种种方法的大师。他人经验已经证明，这些方法在类似获取知识的事例中是最为有效的方法[①]。这些一般的方法与个人的主动性和首创性——个人做事情的方法——一点也不对立。相反，一般的方法增强了个人的方法。因为，即使是最一般的方法

① 这一点在后面讨论逻辑方法和心理学方法时将分别进行阐述。参见第 17 章第一节。

也与规则之间存在着根本的差别。规则是行动的直接指南，一般的方法则是通过它给目的和手段提供启示而间接发挥作用。换句话说，一般的方法是通过理智起作用，而不是通过服从外在强加的命令来起作用。即使拥有熟练运用公认技巧的能力，也并不能保证能够创造出艺术作品来，因为艺术作品依赖富有生命活力的观念。

如果关于他人的方法如何使用的知识并不能直接告诉我们应该怎么做，或者说并不能给我们提供现成模式，那么这种方法的使用须知是怎样起作用的呢？所谓的理智方法是什么意思呢？我们以医生为例来说明理智方法的含义。没有谁比医生更加迫切地需要关于诊断和治疗的知识了。但是，各种病例毕竟只是类似而不是完全相同。现有的治疗方法尽管被大家公认，但要运用得恰到好处还必须符合特殊病例的要求。因此，众所周知的治疗方法给医生指明了他应该独立进行什么诊断和尝试什么措施。这些一般的方法是对病情进行调查研究的立足点；医生提出要特别查找的问题，对于调查研究某特殊病例的特征可以节省不少精力。医生本人的态度和他处理与其具体情形有关的问题的方法（个人的方法），并不从属于一般方法的原理；相反，一般方法的原理可以指导个人方法的改进。这个例子有助于指出，教师掌握的心理学方法和过去行之有效的经验主义方法到底有什么价值。如果教师运用这些方法而置自己的常识于不顾，对自己必须要应对的情境也不了解，那么他用这些方法比不用还要糟糕。但是，如果他把获得的这些方法作为思考的工具，这些方法在他获取独特经验的过程中抓住了各种需要，充分运用了各种资源，克服了面临的重重困难，那么这些方法就发挥了建设性的价值。总而言之，正因为一切取决于他自己对种种方法的反应，许多事情取决于他在做出自己的反应时，在多大程度上能利用他人经验所获得的知识。

我们曾经说过，这里所讲的每句话对学生的学习方法来说都是直接适用的。无论是小学生还是大学生，如果认为我们为他们提供的方法模式可以让他们在获取学科知识和解释学科问题时照搬，那就陷入了自欺欺人之中并且会产生令人遗憾的后果（参见本章第一节）。无论做什么事情，一个人必须要做出自己的反应。别人在类似的事例中所采用的标准化的指标或一般的方法——特别是已经成为专家的那些人所使用的方法——是有价值的还是有害的，要看它们使人做出个人的反应时是更加理智，还是诱使他放弃运用自己的判断力。

如果我们前面（参见第12章第一节）所讲的关于思维原创性的言论要求有些过分，即这些要求只有受教育多的人才能做到而非等闲之辈所能企及，那么，造成这种困境的原因在于我们受到迷信般的精神压力。我们提出了一个抽象的心智概念，提出了对所有人都一样的理智方法，然后我们又认为，每个人的心智的"量"是各不相同的。我们希望普通人做普通事情，只允许超常之人去做有原创性的事情。普通学生和天才学生的差别在于普通学生缺乏创造性。但是，这种一般心智的概念纯属虚构。怎样把一个人的能力与另一个人的能力在数量上进行比较，这并不是教师要做的事情，这种比较与教师的工作没有关系。教师所要做的是让每个学生都有机会在有意义的活动中发挥自己的潜能。心智、个人的方法、创造性（这些都是可以调换的名词）指的是意图明确的或有指导的活动的品质。如果我们按照这个观念去行事，即使根据传统的标准，我们也会比现在获得更多的创造性。如果我们把一个所谓统一的一般方法强加给每一个人，那么除了最杰出的人之外，所有的人都会成为碌碌无为之辈。如果我们用不同于大众这一点来评价创造性，那么我们就会把他们变成反常之人，由此，我们扼杀了许多人的特异品质。除少数人（如达尔文）幸免于难之外，我们又用有害身心健康的品质去感染了少数天才。

三、个人方法的各种特征

我们在第 12 章中讨论了认知方法最基本的特征。这些特征也就是反思性情境的特征：问题；资料的搜集和分析；各种暗示或观念的提出与说明；试验性运用和检验；得出结论或做出判断。至于个人的方法或解决问题的方式所包括的具体要素，最终可以在其天赋倾向和后天养成的习惯和兴趣中找到。由于个人的原始本能的潜能、他过去的经验以及他的爱好与别人的有所不同，所以他的方法也会有所不同（这种不同是理所当然的）。凡是对这些问题有过研究的人都会掌握这方面的知识。这些知识有助于教师去理解不同的学生所做出的各种回应，并有助于教师去引导学生更加有效地做出这些回应。有关儿童的研究、心理学和社会环境的知识，可以为教师增强对学生个人的了解提供知识上的补充。但是各种方法依然是个人的事情，是个人处理问题和解决问题的方法。方法形式多样，种类繁多，没有一个目录可以把它们完全罗列出来。

但是，可以列出几种态度，它们在有效而理智地处理学科内容的各种方法中处于中心地位，其中最重要的态度是：直接、虚心、专注（专心致志）和负责。

1. 直接。所谓直接，从反面来说比从正面来说更容易讲清楚它的意思。自我意识强、尴尬困窘和受拘束是态度直接的敌人。这些态度表明一个人并不直接关心学科内容。有些东西横亘在了他与学科内容之间，使他把注意力转向了枝节问题。一个自我意识太强的人，一部分心思在想他自己的问题，一部分心思在想别人怎样看待他的工作。分散精力就意味着失去能力和思想混乱。一个人对其所做的事持一种态度，绝不是说他一定要意识到自己的态度。对做事抱持的态度是自然而然的、朴素的、单纯的，这是一个人对他所做的事情保持全心全意的标志。后一种态度，即意识到自己做事的态度，并不一定是不正常的。有时，这种态度是纠正错误的方法和提高他所采用手段的效率的最简捷的方式。比如说，打高尔夫球的人、钢琴演奏者、公众演讲家等必须时不时地留意一下自己的姿势和动作。但是，这种需要是偶尔的、暂时的。如果一个人思考自己打算怎么做一件事情，把这种思考作为实现其目的的一个手段，那么，这种态度就是有效的——就像一个打网球的人要先练练手体验一下自己的打法一样。在不正常的情况下，一个人不是把自己作为执行力量的一部分来思考，而是把自己看作一个孤立的对象——这就像一个打网球的人只是装腔作势，心里想着的却是自己的这些动作会给观众留下什么印象；或者忧虑重重，因为害怕自己的动作会给人留下不好的印象。

“自信”是个用来表达“直接”这个术语的意思的最好的词语。但是，不应该把自信与自负混淆起来，自负是自我意识的一种形式，或者说是自我意识的“无礼放肆行为”。自信并不是一个人所想的什么或是一个人感觉到他自己的态度的代名词；自信并不是习惯性反应。自信指的是一个人对其应该做的事情所持的一往无前的态度。它并不指一个人对其潜能的效力有自觉的信任，而是指对情境的种种可能性有下意识的信仰。自信指的是一个人需要奋力应对情境。

我们在本章第一节已指出过，我们反对让学生明显意识到自己是在学习或在研究。一旦学校里的情况使学生感觉到他们是在学习，他们就不是真正在研究和学习了，学生的这种态度就是分裂的、错综复杂的了。教师无论采取什么方法使学生把注意力从他应该做的事情上移开，转移到他对正在做的事情的态度上去，都会损害关注和行动的直接性。如果一直持这种态度，学生就会养成一种永久的倾向——胡乱摸索，漫无目的地东张西望，会在学科内容之外去寻找某种行动线索。这样一来，学生就会依赖外部的暗示和指导，就会处于朦朦胧胧、模糊不清的状态。相反，儿童面对生活情境应该有确定无疑的态度（那些没有被“教育”消磨天真的成年人也会一样）。

2. 虚心。兴趣的意思就是，对某种行动有所分担、有所参与和有所偏袒，正如我们已经知道的那样，偏心是伴随现有兴趣而来的。因此，我们就更有理由养成这样一种心态：主动积极地欢迎来自各方面的种种联想和相关知识。我们在第 8 章（关于教育目的的论述）中已经表达过，预见的种种结局是处于变化中的情境的发展因素。这些预测的结局是控制行动方向的手段。因此，它们是从属于情境的，而不是情境从属于这些结局。从最终意义上讲，它们并不是每一件事情都必须遵从并要为其做出牺牲的结局。它们作为预见的结局，是指导情境发展的手段。比如说，靶子不是射击的未来目标，而是当前的射击关注的中心因素。虚心的意思就是指对任何一种考虑的接纳心态，这有助于了解需要厘清的情形，决定行动的结果。有些目的被设定为不可改变的，实现这些目的的效能感可与狭义的虚心共存。但是，智力的增长意味着必须不断拓宽视野，并不断形成新目的与新回应。要做到这一点，没有主动欢迎那些迄今为止不属于自己的他人观点的意向，没有再三考虑改变现有目的的积极愿望，是根本不可能的。保持成长能力，就是虚心接受新意见的一种酬报。抱有成见并顽固不化的最大坏处就是会抑制发展，会把心灵封闭起来而导致无法接受新的刺激。所谓虚心就是保持孩子般的天真态度；而思想闭塞表现在理智上就是未老先衰。

过于期望程序的整齐划一和过度要求迅速获得表面的结果，是学校中的虚心态度所要对付的主要敌人。教师不允许、不鼓励学生用多种方法去处理各种问题，就像给马套上眼罩一样，等于是给学生的智力发展设置障碍——把学生的眼光限制在教师刚好同意的道路上。但是，教师之所以热衷于机械呆板的方法，其主要原因也许是他用机械呆板的方法能够迅速取得可以精确计量的正确结果。教师急于要求学生给出“答案”，这就是他们热衷于采用机械呆板方法的最好解释。如果教师喜欢采用强迫方法和高压手段是基于同样的原因，那么对学生的灵活性和理智兴趣也会产生同样的限制结果。

虚心与内心空虚是不一样的。在家门口挂上一块写着“家中无人，欢迎光临”的牌子并不等于热情好客。但是，采取一种被动的态度，愿意让经验积累、沉淀和成熟，是发展的本质。结果（外在的答案或解决方法）也许可以匆忙获得，但过程无法强制。走向成熟是需要时间的。如果所有教师都认识到教育性成长的标准是学生心智变化过程的质量，而不是提供一些正确答案，那么教学上所发生的改变不亚于一场革命。

3. 专注。从字面意义上讲，我们前面关于“直接”的许多讨论都对专注适用。但在这里“专注”这个词所传递的意思是兴趣的彻底性与目的的统一性；被压制而实际在起作用的各种外在目的是不存在的，因为明确承认的目的不过是一个假面具而已。专注就是精神的整体性。如果能全神贯注、全心全意地学习学科内容，学生就能养成专注的习惯。如果学习时兴趣分散、注意力不集中，就会破坏专心致志的习惯。

理智的完整性、诚实和真挚实际上是主动回应的品质，而不是清楚意识到目的的问题。当然，通过有意识的意图能够培养这些品质，但是很容易变成一种自欺欺人。人的欲望都急于得到满足。如果他人的要求和愿望禁止这些欲望的直接表现，它们就易受到压制并掉到隐蔽、深暗的角落。完全屈从于别人并且照搬他人所要求的行动方案是几乎不可能的，结果可能就是，要么故意反抗，要么故意想方设法欺骗别人。比较常见的结果是兴趣处于混乱不清、分散不一的状态，自己的真实意图到底是什么也会受到蒙蔽。学生得尝试同时为两个主人服务。就其社会本能而言，它强烈希望取悦讨好他人并得到他们的赞同；就其所受的社会训练而言，他的责任感、权威观念和对受罚的担心又会使他三心二意地努力地“关注学校的功课”，甚至遵从学校的任何要求。讨人喜欢的人会心甘情愿地去做他人希望他做到的事情。学生也意识到了他是在有意这样做。但是，他并没有放弃自己的欲望，只是这些欲望没有明显地表现出来而已。要学生去关注与他的欲望敌对的东西真是令人厌烦；不管他意识到的欲望是什么，他的潜在欲望会决定他的主要思想进程和更深层的情感反应。他的心思会游离于名正言顺的学习科目，而致力于内心非常渴望的东西。结果就是，其注意力一直处于分散状态，欲望的表现表里不一。

只要一个人稍稍回忆一下他在学校时的种种体验，回想一下他现在表面上所从事的一些对他来说并无欲望和吸引力的活动的各种体验，他就会认识到这种注意力的分散即口是心非的态度是多么流行。我们对此习以为常并认为理所当然，认为这种态度绝大部分都是必需的。也许就是如此。如果真是这样，那么正视这种态度给理智造成的不良影响就更重要了。如果一个学生有意识地尝试（或者做出尝试的样子）关注一件事情，而他的想象力却在无意识中自然而然地关注与其兴趣相符的事情，那么，很明显，直接可用的思维能力就浪费掉了。一旦形成自欺欺人的习惯及其对现实的模糊认识，就会对智力活动的效率产生更加微妙、持久的削弱作用。这样就会对现实采取双重标准：一个是我们个人的多多少少有点隐蔽的兴趣的标准；另一个是公众认可的兴趣的标准。这种双重标准对我们多数人来说，对心智活动的整体性和全面性会有所阻碍。同样严重的后果会是，使清楚意识到的思维和注意力与盲目冲动的爱好和欲望两个方面处于分裂状态。处理教学内容时的反省态度是被强迫的，是三心二意的；注意力是游移不定的。他所关注的事情没有得到公开的承认，因而在理智上是不合法的，关注这些东西只能在暗地里进行。他通过有目的的深思熟虑的探究来规范自己的反应，而这种训练还很缺乏；他最关注的事情和最志趣相投的想象活动（因为这些活动集中在最热切渴望的东西上）则变成偶然的、隐蔽的。这些想象活动是得不到承认的。它们不会因为对种种后果的考虑而得到纠正，它们在腐化着道德品质的培养。

这种心智分裂的情况表现在：一方面从事大家承认的、公共的、有社会责任感的事情，另一方面又纵容私人的、不遵守规章制度的、受到压制的思想活动。在学校，这种心智分裂的情形比比皆是。有时候被称为“严格训练”的事情，比如说外面强制施压就存在着这种倾向。用所做事情之外的奖赏作为做事的动机，也会产生同样的后果。一切使学校教育仅仅变成预备工作的做法，也存在着这种倾向（参见第5章第一节）。教育目的不是学生目前就能够理解的，因而必须借助其他力量来使其关注所布置的作业。这种做法虽然能够得到学生的一些回应，但是学生的那些未被支持的欲望和爱好必定会寻找其他出路。过去强调活动技能的练习不用任何思维的参与，这种练习没有目的，只是养成机械的技能，它的危害同样非常严重。自然憎恶精神空虚。教师们试想一下，当学生的思想和感情在目前的活动中找不到出路时将会发生什么情况呢？如果这种思想和感情可以暂时搁置，或者被冷却，它就不会成为如此重要的问题。但是，学生的这种思想和感情并不会消失；它们无法被搁置起来，也不会被压制下去——除了正在完成的任务之外。它们会沿着自己的混乱无序、未经训练的道路前进。如果学生的心智反应中那些天赋的、自发的、有生命力的东西得不到利用和检验，那么，他所养成的习惯就会使这些心智反应越来越远离大家公开宣称的目的。

4. 负责。负责作为理智态度的一个要素是指事先考虑任何设计的步骤带来的各种可能后果，并且从容不迫地接受这些后果。所谓接受这些后果的意思就是指对这些后果进行考虑并在行动中承认它们，而不只是在口头上接受。我们知道，观念从本质上讲是引发解决疑难情境的观点和方法，是用来影响回应的各种预测。往往有人会轻易同意一个报告或相信别人所提出的真理，而对这个报告或真理的含义并没有经过慎重的考虑；对由于他的同意而必须承担的义务也只进行过粗略而表面化的研究，因而所谓的观察和认知、信念和同意不过是懈怠地默认外部所提出的事情的名称罢了。

如果学校设置少量的情境，使学生能在理智地解决问题时获得某种真实的信念——也就是说，使自己与种种事实及预见的结果所要求的行为保持一致——那么，教师在教学中少给学生灌输一些事实和真理，情况将会好得多。学校科目设置得过于复杂，课程和功课排得过满，它们所产生的永久恶果并不是随之而来的忧心忡忡、神经紧张和表面化的理解（尽管这些后果已经很严重了），而是不能使学生理解真正认识一件事情和真正相信一件事情的含义。理智上的负责就是要在这方面设定严格的标准。这些标准只有通过实践才能确立，即通过进一步探究所理解事物的意义并把其用于行动的实践。

因此，理智的全面性是我们要考虑的态度的另一个名称。有一种全面性几乎纯粹是物质的；这种全面性指的是对一门学科的细节进行机械而详尽无遗的操练。理智的全面性就是对一件事情进行彻底的了解。要做到这一点，就要依靠细节所从属的目的的统一性，而不是依靠提出众多毫无关联的细节。理智的全面性体现在阐发目的的全部意义的坚定性上，而不是体现在关注外部强加的有指导的行动步骤上，不管这种关注如何“细致”，都不是理智的全面性的体现。

总　结

方法就是对学科内容的经验最有效率和最有成果地得以发展的方式的表述。因此，方法就是从观察经验的发展进程中引申出来的，在这种观察中，个人的态度和举止与所学习的材料之间并不存在清楚意识到的区别。认为方法是某种隔离的东西，这种想法与心智和自我与物质世界是隔离的观念有着密切的关系。这就使教学和学习变成了形式化的、机械式的、压制式的。尽管方法是个别化的，但是由于从先前经验所获得的智慧储备，由于时不时处理的各种材料具有普遍相似之处，对经验小有成效的正常进程具有哪些特征倒是可以分辨出来的。根据个人的态度来表达的良好的方法具有以下几个特征：直接的态度，灵活的理智兴趣或虚心的学习意志，目的的整合性，以及对包括思维在内的个人行动后果负责。

第 14 章　教育内容的性质

一、教育者的教育内容和学习者的教育内容

从原则上说，到目前为止关于教育内容的性质，除我们已谈到过的（参见第 10 章第二节）之外没有什么可以再谈的了。所谓教育内容，是由各种事实与各种观念构成的，各种事实指的是在一个有目的的情境的发展过程中所观察到的、所回忆的、所阅读的和所谈论的东西，各种观念也是根据这个有目的的情境及种种事实提出来的。这句话需要联系学校的教学材料和组成课程的科目来探讨，才能表达得详细和具体。我们把对教育内容的定义应用在阅读、写作、数学、历史、自然研究、绘画、音乐、物理、化学、外语等科目上，其意义是什么呢？

让我们重提一下前面讨论过的两个观点。第一个观点是，教师在教育事业中的角色就是提供能够激发学生的回应和指导学生学习过程的环境氛围。总之一句话，教师所能做的一切就是改变刺激，这样一来，学生的回应就会尽可能地朝着令人向往的良好的智力倾向和情感倾向发展。显而易见，学校课程的各门学科或教育内容与学习环境的创设有着密切的关系。另一个观点就是，需要一个社会环境来为已经形成的习惯赋予意义。在我们所提出的“非正规教育”中，教育内容直接包含在社会交往的情境之中，它就是与一个人交往的那些人所做的一切和所说的一切。这个事实给我们提供了一个用来了解正规教育或审慎的教学所使用的教育内容的线索。在原始社会，人们进行的各种活动和所举行的各种仪式中，伴随着许多故事、传统、歌谣和仪式，我们可以从中找到

联结的环节。这些东西代表着从以前的经验中产生出来的意义宝藏，群体成员都非常珍视它们，把其当成自己集体生活的思想的同一体。这些意义宝藏虽然并不是显而易见地属于展示日常工作如饮食、狩猎、战争和求和、制作地毯、陶瓷和编制篮筐等技能的一部分，却会有意识地使年轻人对其产生深刻的印象，而且常常与入社仪式一样让年轻人带有强烈的热情。甚至他们在有意识地永久保存该群体的神话、传说和神圣的口头用语方面所费的心思，比传递该群体中直接有用的风俗习惯要多得多。这正是因为群体的风俗习惯在平常的群体生活过程中就可以学会，而神话传说则不能随便学到。

当社会群体变得越来越复杂时，人们获得的大量技能在事实上或群体的信念里都建立在过去经验所积累的标准观念的基础上，由此，社会生活的内容就得到了更为明确的表述，从而可以教给年轻一代。我们前面已经说过，我们有意识地去详细讲述群体生活，吸取其最为重要的各种意义，并使群体生活变成井然有序的系统，主要动机正是在于教育年轻一代并满足延续群体生活的需要。一旦走上这种选择、构想和组织的道路，就会循环往复、永无止境。书写和印刷术的发明给这一工作带来了巨大的推动力。最后，学校里学习的教育内容与社会群体的习惯和理想之间联系的纽带，就被伪装甚至被掩盖了。两者之间的纽带变得如此松散，以致显得好像毫无联系一样；好像教育内容不过就是为自己的利益而存在的知识；好像学习就仅仅是为了掌握教育内容本身而去掌握教育内容，而用不着考虑它是否有社会价值。为了实践原因去反对这种趋势极为重要（参见第 1 章第三节），所以我们进行理论探讨的主要目的就在于理清这种容易被忽略的联系，并且详细说明学习过程中包含的主要社会内容成分及其作用。

从教师和学生的立场来看，需要考虑这样几点。对教师而言，学科内容中的知识远远超过了学生目前的知识水平，最重要的是为教师提供明确的标准，并向教师揭示出未成熟的学生进行的各种粗糙的活动所具有的种种可能性。（1）学校里的学习材料就是把希望传递的当前社会生活的意义转化成具体而详细的术语。这种教育内容把需要永久保存的文化的重要成分以井然有序的形式清楚明白地向教师提出来，这样就可以避免当各种要义还没有经过标准化时，教师就盲目地沉溺于漫无计划的努力而一无所得。（2）教师如果了解过去的活动结果所形成的许多知识观念，他就能够领悟儿童的从表面上看属于冲动性的漫无目的的各种回应的意思，就能提供需要的刺激去引导儿童做出更有价值的回应。教师越是懂得音乐，他就越能领悟儿童最初表现的音乐冲动的种种可能性。经过组织的教育内容代表着与儿童的经验相类似的许多经验的成熟产物，这些经验涉及的是同一个世界，也代表着与儿童所拥有的类似的种种能力和需要。这种教育内容并不代表完美无缺或毫无错误的智慧；但是它是可以自由支配以增进新经验的最好内容，至少在某些方面超越了现有知识和艺术作品中所体现出来的成就。

从教师的角度来看，学校里的各种学习科目代表着各种工作资源和可以利用的资本。但是这些内容与儿童的经验相距甚远，并不是表面现象而是事实。因此，学生的学习内容与成人的程式化、定型化和系统化的教育内容即书本中和艺术作品中呈现的材料是不一致的，也不可能一致。成人的教育内容为学生的学习材料提供各种可能性，而不是学生的现成学习材料。成人的教育内容直接成为专家和教师活动的一部分，而不能成为初学者和学生活动的一部分。由于教师和学生的观念有别，所产生的教育内容观也存在差异，对这一点没有牢记在心，就是在使用课本和其他许多先前存在的知识的表现形式时所造成的大多数错误的根源所在。

正是由于教师对教育内容的态度与学生对教育内容的态度有很大的差异，教师非常需要了解人类天性的具体组成要素和功能，这样做的意义重大。教师实际呈现的教育内容只是代表学生可能会的东西。也就是说，教师已经知道的东西，在学生这里却只是正在学习的东西，因而师生双方的问题根本就不一样。当教师从事一线教学活动时，他需要对教育内容烂熟于心；他的注意力应该集中在学生的态度和学生的回应上。教师的任务在于了解学生与教育内容之间的相互影响，而学生的心思自然应该用在正在学习的主题上，而不是用在自己身上。同一个问题可以用不同的说法，那就是：教师不应该关注教育内容本身，而应该关注教育内容与学生当前的需要及能力之间的相互作用。从这个意义上讲，教师只有学问是远远不够的。事实上，如果教师没有养成一种习惯去关心教育内容与学生本人的经验的相互影响，那么孤立地去看教师的学问或他所熟练掌握的内容，它的某些特点反而会妨碍有效教学。第一，教师的知识无限制地超出了学生熟悉的范围。这些知识所包含的原理超出了未成熟的学生的理解能力和兴趣。这种知识本身并不能代表学生的活生生的经验世界，就像天文学家关于火星的知识不能代表婴儿对他所待的房间的熟悉程度一样。第二，一个有学问的人对材料的组织方法与一个初学者对材料的组织方法截然不同。有人认为，儿童的经验是没有经过组织的，是由孤立片段组成的，这种看法并不正确。但是，儿童经验的组织与其实际的直接兴趣点有着密切的联系。比如说，儿童的家是他的地理知识的组织中心。他在本地的行动、他到国外旅游和他的朋友们的故事，给他提供了各种纽带，从而把他经历的一桩桩事件放在了一起。但是，地理学家的地理学和已经发展了这些较小经验含义的某个人的地理，是在各种事实相互关系的基础上组织起来的，而不是根据与他的家、他的身体活动以及朋友的关系组织起来的。对一个有学问的人来说，他的教育内容是广泛的，是经过精确界定的，而且在逻辑上是相互关联的；对一个正在学习的人来说，他的学习材料是变动的、局部的，而且是与他个人从事的事务联系在一起的[①]。教学的问题就是使学生的经

---

① 因为一个有学问的人也应该是一个学习者，可以认为这些对比是相对的而不是绝对的。但是至少在学习的早期阶段，这些对比从实践上讲是非常重要的。

验不断地向着专家已经知道的方向前进。因此，教师既需要懂得教育内容，也需要懂得学生的特殊需要和各种潜能。

二、学生的教育内容的发展

在学生的经验中，在不违背事实的情况下，把教育内容的发展划分成三个比较典型的阶段是可能的。在第一阶段中，学生的知识内容表现为智力——做事的能力。学生熟悉或认识了各种事物，表明他已经掌握了这种内容或知道了这种材料。在第二阶段中，通过知识或信息的交流，这种材料逐步得到充实和深化。在最后的阶段中，材料得到扩充和加工，成为符合理性或逻辑的井然有序的材料——掌握这种材料的人，相对来说就是这个学科的专家。

1. 人最初接触到的知识，最根深蒂固地保存在人的记忆中的知识，是关于怎样做的知识。比如说，怎样走路、怎样谈话、怎样读书、怎样写字、怎样溜冰、怎样骑自行车、怎样操作机器、怎样计算、怎样赶马、怎样销售货物、怎样管理人，等等，真是数不胜数。通常有一种倾向是把适应一种目的的本能动作看成一种神奇的知识。尽管这种个人倾向并不合理，但足以证明存在着一种强烈倾向，把对行动手段的理智控制与知识等同起来。除了用科学方法系统地提出种种事实和真理的学术性知识之外，其他类型的知识一律不予过问。在这种学究式知识观念的影响下，教育不承认原始的或最初的教育内容一直作为积极行动的知识存在着，行动知识包括身体的运用和材料的处理；学校的学科内容与学生的需要和目的相脱离，只是变成供人记忆并在需要时背出来的东西。与此恰好相反，如果承认教育内容有一个自然发展的进程，总是从包含着做中学的那些情境开始的。各种技艺和职业构成课程的最初阶段，它们相当于要知道怎样做才能达成种种结果。

用来表述知识的流行术语还保存着各派学术思想已经丧失了的与行

动能力的联系。比如说，ken（知）和can（能）就是同源的词。注意（attention）一词意味着关照某个东西，既有钟爱它的意思，也有照料其福利的意思。用心（mind）一词意味着遵照指示去行动，比如说一个孩子听他妈妈的话；还有一个意思就是照料某个东西，就像一个护士照料一个婴儿一样。考虑周到（to be thoughtful，considerate）这个词的意思是注意别人的要求。理解（apprehension）一词既有担心令人不满意的结果的意思，也有理智地把握的意思。感觉良好或有判断力（to have good sense or judgement）的意思是，知道在一种情境下该采取什么样的行为。洞察力（discernment）一词的意思，并不是指为辨别而辨别，并不是指去进行无益而琐碎的分析练习，而是指对行动有真知灼见。智慧（wisdom）一词的意思总是与生活的正确方向联系在一起。只有教育中的知识才主要指的是一堆远离做事的信息库，而在农民、水手、商人、医生和实验室的实验人员的生活中，知识是从来都不会远离实际的做事行为的。

用明智的方式与事物打交道，就能认识或熟悉事物。我们最熟悉的事物就是我们经常会用的事物，比如椅子、桌子、笔、纸、衣服、食物、刀和叉等平常的东西。就每个人的职业生活来说，它们又会分化成许多更加专门化的事物。熟悉（acquaintance）这个词所揭示的意思是，具有亲密的感情含义的各种事物的知识是从为了实现一个目的而使用的这些事物中产生出来的。频繁地对某个事物采取行动，我们就能预料对这个事物将有什么动作，将有何种反应，这就是“熟悉”的意思。对熟悉的事物我们总会有所准备；它不会趁我们不备或是出其不意地捉弄我们。这种态度使我们有一种情投意合或友好的感觉，有一种舒适自在的眼前一亮的感觉；而我们对不习惯应对的事物就会感到陌生和不相干，就会觉得它冷淡、遥不可及和“抽象”。

2. 但上面对第一阶段的知识的详尽陈述，将使理解的意思变得不明确。这个阶段的知识包括我们的一切实践性知识，它们并未经过周到而细致的专门研究。各种有目的的做事模式既包括处理事物，也包括应付人。交流的冲动和与人交往的习惯必须有助于维持与他人的良好关系；由此，大量的社会性知识就会得到积累。一个人通过这种相互交流能从别人那里学到很多东西。他们会讲述自己的经验，也会讲述从别人那里听来的经验。所以说，一个人如果能够对这种交流有兴趣或有所关注，别人的事情也会成为他自己的经验的一部分。我们与别人进行的各种主动交往，会成为我们自己事务的密不可分的重要组成部分。所以说不可能划出一道清楚的界线，但我们可以说："我的经验在这里结束了；你的经验在那里开始了。"当我们作为公共事务的参与者时，别人把他们参与这个事务的经验告诉我们，这种经验立即就会与我们做某件特别的事情所获得的经验融合在一起。耳朵、眼睛、手都是经验的感觉器官，眼睛可以用来阅读不在眼前发生的事情的报告。在空间和时间上离我们很远的东西，与我们能闻到、能拿到的东西一样，会对我们的行动结果产生影响。它们真的都与我们有关系，因此，任何有关它们的记载如果能够帮助我们解决目前的问题，就都属于个人经验的范围。

这种教育内容通常称为信息资料。交流在个人行动中所处的地位为我们在学校中估量这种信息资料的价值提供了一个标准。这种信息资料是否是从学生所关心的某些问题中自然而然产生出来的呢？它是否与学生更熟悉的知识相符合，从而能够增强它的效能感和深化它的意义呢？如果信息资料能满足这两个条件，它就具有教育性。学生能听到多少或者能读到多少并不重要。假如学生需要这种信息资料，并能把它用到自己的情境中去，那么这种知识越多越好。

但是，对这两个条件在理论上进行规定是比较容易的事情，而在实际工作中就不那么容易满足了。近代以来相互交往的范围在不断扩大；对遥远天际的星球、以往的历史事迹、器械的发明越来越了解；印刷、记录和传播信息——有真有伪——的成本不断降低。这些事实创造了大量的相互交流的知识材料，用这种材料去让学生忙得不可开交是很容易的事情，而要把这种材料引入到学生的直接经验中去就不那么容易了。这种材料往往另成一个陌生的世界，它正好处于个人熟悉的世界之外。学生的唯一问题就是为了学校的目的，为了课堂问答和升入更高的年级，才去学习这个陌生世界的知识信息。在今天的大多数人看来，“知识”一词的最明显的意思不过就是指别人已经确定的种种事实和真理；就是在图书馆里的书架上陈列的那一排排地图、百科全书、历史书、传记、游记、科学论文里面的材料。

这些给人深刻印象的、数量巨大的材料在不知不觉中对人们的知识本质观念产生了影响。知识中的各种陈述、命题，积极关注各种问题的事件，这些东西一旦呈现在人们面前，它们本身也会被看作知识。知识的记录——撇开其所处地位不谈——是探究结果和进一步探究的资源，它本身会被看作知识。人们的心灵被其以前战胜环境的战利品俘获；他们未把这些战利品作为战胜未知事物的武器，却把其用来锁定知识、事实和真理的意义。

如果连逻辑学家和哲学家也把知识与陈述信息的命题视为同一件事，那么，同样的观念几乎已经控制了整个教学领域，也就没什么奇怪的了。学校的“学程”大部分由分布在各门学科中的信息构成，每门学科又分成若干节课，把累积的知识内容分割成一系列的片段一部分一部分地教给学生。在17世纪的时候，这种累积的知识材料的量还很小，所以人们提出了掌握全部的百科全书式知识的理想。现在，知识材料积累得如此之多，很显然，任何人都不可能全部掌握。可是，掌握百科全书式的教育理想并未受到很大的影响。学生对每一门学科或者至少对所选择的一组学科要获取一些知识信息，这依然是从小学到大学的一个课程编制原则；把比较容易的部分安排在前几年教授，而把比较难的部分安排在后几年教授。

教育者们抱怨学问不但未变成品格，而且未影响行为；他们反对过于强调记忆的学习，反对死记硬背，反对勤勤恳恳地专找“事实”，反对对细微区别的字斟句酌和对法则和原理的一知半解。所有的一切都源于这种状况。这里的知识主要属于间接的知识，属于他人的知识，容易变成只是字面意义上的知识。我们并非反对用语言文字表达的知识信息；交流信息必须要运用语言才能进行。但是，如果所交流的知识不能纳入学生的已有经验，这种知识就会变成纯粹的语言文字，即纯属一种感觉的刺激，而不会有什么意义，那么，这种知识的作用只是引发机械的反应，要么只能运用发音器官重复原有的表述，要么用手写字，要么动手做“加法”。

把知识告诉一个人，他就会获得间接知识。他就掌握了有效解决问题所需要的内容，从而使寻求解答和解决问题本身变得更有意义。资料信息性的知识是一个人处于疑难情境时可以依据的已知的、确定的、既成的、确信的材料，它是心灵从疑难通往发现的一座桥梁，发挥着一个智力中介的作用。它把人类以往经验的最后成果进行压缩精简，用有效可用的形式进行记录，并把其作为增加新经验的意义的工具。当一个人听到有人报告说，布鲁特斯[①]刺死了凯撒，或者一年有三百六十五又四分之一天，或者圆周同圆的直径的比例是3.1415……他听到的其实是别人的知识，对他来说这些知识不过是认知的刺激物而已。知识的获得取决于他对所传递给他的知识的回应。

三、科学或理性知识

科学是为最具有独特性的知识赋予的名称，它在程度上代表完美无缺的学习结果——知识的最高峰。在某种特定情况下，所知道的东西就是确信无疑的、确认无疑的、确定无疑的、已经处理好的事物；是我们用来进行思考的事物，而不是我们要对其进行思考的事物。从高雅的意

① 布鲁特斯（Marcus Junius Brutus，公元前85？—公元42），罗马将军。——译者注

义上讲，知识不同于意见、猜测、推断和纯粹的惯例。在知识中，事物都是确定无疑的；它们是这样就是这样，绝不会含混不清。可经验使我们认识到，教育内容的理智确定性与我们自己的确定性，两者之间存在着差别。可以这么说，我们生来就有信任的倾向，所以轻信是很自然的。未经训练的心智一点也不喜欢悬而未决和理智上的犹豫不决，它倾向于明确的肯定。未经训练的心智比较喜欢事物不受干扰并且固定不变，而且没有充分的根据就把它们看作已经确定的事物。熟悉、众口称赞、与愿望志趣相投，很容易被用作评价真理的标准。无知使人容易犯固执己见和追赶潮流的错误，这种错误对于学习来说是比无知还要强大的敌人。难怪苏格拉底会宣称，意识到自己的无知就是有效地爱智慧的开始。笛卡尔（René Descartes，1596—1650）也说过一句话：科学产生于怀疑。

有一个事实我们已经详细讨论过，就是教育内容或资料必须经过实验的检验才知道它有无价值：材料和观念就其本身而言是试验性的、暂时性的。我们偏爱不成熟的认识和主张，厌恶悬而未决的判断，它们都是我们有种自然倾向想要缩短尝试过程的标志。我们会对表面上的、目光短浅的直接应用感到满意。这种应用的结果只要有一点让我们满意，我们就会觉得心满意足，并认为我们的假设已经得到证实。即使遇到了失败，我们也往往不会把失败归咎于自己的材料和思想可能不恰当和不正确，而会归咎于自己运气不好和环境糟糕。我们不把所得的不良后果归咎于自己计划的错误，归咎于对情况未进行全面的探究（如果能够对情况进行全面的探究，就能获得修正计划的材料和拓展探究的激励因素），却归咎于命运不好。我们甚至不管结果如何，都为我们能坚守自己的观念而感到自豪。

科学代表着人类可以防止这些自然倾向及由此产生的不良后果。科学由人类经历漫长过程设计出来的各种专门工具和方法构成，在思考的程序和结果可以检验的情况下，人们运用这些工具和方法进行反思。科学是人为的（是获得的艺术）而不是自发的；是学会的而“不是天生就会的”。科学在教育中占有独一无二且无法估量的地位；同时也产生了威胁正确利用科学的危险。如果一个人没有养成科学精神，他就不会拥有人类设计来指导有效反思的最好工具。这种人不但不能利用最好的工具从事研究和学习，而且不会理解知识的全部意思，因为他不熟悉意见和同意与公认的信念之间的区别。此外，科学标志着高度专门化的技术条件下获得的完美学问，这个事实会使科学研究的结果本身远离日常经验——这种远离日常经验的性质通常被称为抽象。当这种隔离状态表现在学校教学中时，科学知识甚至比其他形式的知识信息，更容易面临呈现现成教育内容所带来的种种危险。

科学曾经被界定为探究的方法和检验的方法。这个定义给人的第一印象，似乎与流行的作为有组织的、系统化的知识的科学概念是对立的。但这种对立只是表面上的；当通常的科学定义得到完善的时候这种对立就不存在了。把科学区分出来的不是一般的组织，而是由经过检验发现的产生恰当方法的那种组织。一个务农能手的知识是系统化的，他的知识是根据手段与目的的种种关系组织起来的，是在实践中组织起来的。作为知识的组织（也即经过充分检验和证实而组织起来的知识），对于保证谷物丰收和牲畜生长等知识的组织来说，具有某种偶然性。但科学的教育内容是根据发现事业的成功行为和把追求学问作为专门事业而专门组织起来的。

参照一下科学所具有的确信无疑的性质，就可以明白上面所说的意思了。科学是合理化的确信无疑——有逻辑的保证。因此，科学的组织的观念就是，每一个概念和陈述都必须是从别的概念和陈述引申出来的，又必须能引申到别的概念和陈述上去。各种概念和命题之间不但相互包含，而且相互支持。这种“引出和证实”的双重关系就是所谓的逻辑的、合理化的意思。我们日常对水的观念更适用于水的日常用法，如水是用来喝的、用来洗东西的和用来灌溉的等。而化学家则把水说成

H_2O，从研究立场和探究用途来讲，化学家的这个说法比较有优势。化学家这样表述水的性质，能够把水与其他事物的知识联系起来，可以向了解水的性质的人指出，水这种知识是怎么得来的，以及水这种知识所包含的知识结构有哪些组成部分。从严格的意义上讲，化学家所说的水的定义并未指出水的客观关系，与我们说水是透明的、流动的、没有味道的、没有臭味的、能解渴没有什么两样。我们说水有这些关系，就像化学家说水由两个氢分子和一个氧分子构成一样，这两种说法都是正确的。但是，为了指导发现从而达到证明事实的特定目的，后一种关系才是更为根本的。一个人越是把组织作为强调科学的标志，就越会承认方法在科学的定义中所处的首要地位，因为方法能够说明科学之所以是科学的那种组织。

四、教育内容的社会性

接下来的几章将对学校的各种活动和学习课程进行探讨，我们是把它们作为刚才还在讨论的知识演进的若干连续阶段加以探讨的。我们前面所探讨的主要是对教育内容的理智方面的关注，而有关教育内容的社会性方面还有必要稍微讲一下。非常重要的知识有广度和深度的差异，甚至与各种真实问题有关并由各种目的诱发的资料和观念，也有广度和深度的差异。因为各种目的的社会范围和各种问题的社会重要性也存在着差异，因为可能有广泛的材料供我们进行选择，所以在教育上（特别是没有最专门化的各个阶段）非常重要的一点就是要采用一个社会价值标准。

所有的信息资料和系统化的科学内容都是在社会生活的条件下产生出来的，都是用社会手段进行传递的。但这个事实并不能证明，它们形成现在的各个社会成员的性情和为他们提供的设施设备具有同等的价值。一个课程计划必须考虑学习内容要适应现有社会生活的需要；选择教育内容时，必须要以改善我们的共同生活为目的，使将来的生活比过去的生活更加美好。除此之外，在规划课程时必须把“核心要素”放在第一位，把“精练”放在第二位。凡是在社会方面的最根本的事物，也即凡是与最广大社会群体共同参与的经验有关的事物，就是核心要素。代表特殊群体和专门技术事务的需要的事物则是第二位的。有句话说得千真万确——教育首先必须是人的，只有在这之后才是专业的。但是，说这句话的人常常把“人”（human）这个术语理解为仅仅指高度专业化的阶级，即保存以往古典传统的学者阶级。他们忘记了教育内容必须与人作为人的共同利益有密切联系才是富有人性化的材料。

维护民主主义社会尤其要依靠用广泛的人道主义标准来编制学校的课程。如果选择教育内容的主要影响因素在于大众教育是根据狭隘的功利目的来选择的，而少数人接受的高等教育是按照精神贵族、精英阶级的传统来选择的，那么民主主义是不可能兴盛起来的。有人认为初等教育的“要素”就是死板的读、写、算三门课，这是因为他们不理解实现民主主义理想所需要的核心要素是什么。他们不自觉地会假定这些理想是不现实的；对绝大多数男女来说，无论是过去还是将来，要求得生存，即所谓的“谋生”，必然表明这些人所做的事情是没有重要意义的，是不能自由选择的，不能使做事者变得高尚起来；他们并没有认识到做事的目的，他们是为了获得金钱的报酬而受别人指挥；教育就是为大量的人过这种生活做好准备，并且只是为了这个目的，教他们获得读书、写字、拼写和计算的机械技能，再获得某种程度的肌肉灵活性，这就是所谓“核心要素”了。这种情况也让所谓的自由教育受到感染，变得小家子气。它们隐含着某种寄生培养的味道，这是以牺牲由关心人类最深刻的共同问题而获得的启迪和规训为代价的。承认教育的社会责任感的课程必须提供各种情境，在这些情境中，所研究的问题都会与共同生活的问题密切相关，所从事的观察和所传授的知识都能发展学生的社会见识和社会兴趣。

总　　结

教育内容主要由为现有社会生活提供内容的各种意义构成。社会生活的连续性是指这些意义中的许多意义是通过过去的集体经验服务于现实活动的。由于社会生活变得日益复杂，这些因素在数量上和意义上也随之不断增加。对这些材料需要专门加以选择、构想和组织，这样才能把其恰当地传递给新一代。但正是这个过程倾向于提出具有自身价值的教育内容，认为脱离教育内容的作用也可以促使年轻人认识到他们的现有经验所隐含的意义。特别是教育者容易受到这样的诱惑：认为自己的任务就是让学生掌握和复述指定的教育内容，而不用考虑学生是发展中的社会成员，所以要把教育内容纳入学生的活动中。如果学生是通过有社会根源和社会功用的主动作业开始学习的，他们把更有经验的人所传授的观念和事实吸收到自己的更为直接的经验中去，并对涉及的材料和各种法则进行科学的理解，那么我们所主张的积极原理就会得到维护。

第15章　课程中的游戏和工作

一、主动作业在教育中的地位

在过去的几十年里，学校的学习课程经历了相当大的修订。这种变化一部分来自教育改革家的努力，一部分来自儿童心理研究兴趣的提高，一部分来自学校教学的经验。从这三个方面所得到的经验教训就是，教学应该从学生的经验和能力出发，儿童和青少年在学校采用的游戏和工作的活动形式，要与其在校外所进行的活动形式相类似。现代心理学已经用本能和冲动行为倾向的组合理论，取代了普通的、现成的心理官能学说这个旧理论的基本观点。经验表明，当儿童在游戏过程中有机会调动其自然冲动的身体活动时，上学便是一件快乐的事情，儿童的管理就不再是一种负担，并且他们的学习也会变成轻而易举的事情。

有时人们进行自由游戏、竞技游戏和建构性作业，仅仅就是为了这样一些目的，即强调消除“正规的”学校功课的沉闷呆板和劳累。但根本没有理由只是把游戏和建构性作业作为愉快的消遣手段。对心理生活的研究表明，探索、操作工具和材料、建构、表达欢乐的情绪等先天的倾向具有最为根本的价值。如果这些本能激发起的各种练习是正规学习课程的一部分，那么学生一定能够专心致志地学习，校内生活和校外生活之间的人为隔阂就会因此减少，学校能提供各种动力，促使学生关注有显著教育作用的各种材料和过程，并能促使学生进行合作性社会交往，赋予所学的知识材料一个社会场景。总之，学校之所以采用游戏和主动作业，并使其在课程中占有明确的位置，是出于理智方面和社会方面的原因，并非出于临时的权宜之计和片刻的及时行乐。没有一些游戏和工作，就不可能确保正常的有效学习；所谓有效学习就是指，知识的获得是进行有目的的活动的结果，而不是应付学校功课的结果。讲得更具体一点就是，游戏和工作完全是与第一阶段的知识的特征相对应的。我们在上一章已经讲过，这一阶段的知识的特征就是学习怎样做事和熟悉所做事情及过程。在意识哲学兴起之前，希腊人用同一个词代表技艺和科学，这是富有启发性的。柏拉图在解释知识时，在分析补鞋匠、木匠和音乐家等所具有的知识的基础上，指出他们的技艺（如果并非纯粹的例行工作）都包括：有一个结果需要达到，必须熟悉操作材料，能掌控所用的工具，并且有明确的操作程序——必须了解这些事情才能获得理智的技能或技艺。

儿童在校外生活中一般总是在游戏和工作，这个事实在许多教育者看来，无疑成了儿童在校内时理应做与在校外时根本不同的事情的一个理由。学校里的时间是如此宝贵，似乎不应该再让儿童重复做那些无论如何他们都肯定会做的事情了。在一些社会条件下这个理由是非常有分量的。比如说，在拓荒时代，校外的种种事务能够提供明确而有价值的理智的和道德的训练。此外，有关这些事务的书籍和其他的资料不但很少而且很难得到；它们是当时在偏僻且原始的环境里通向外界的唯一出口。无论在哪里只要这种情况存在，支持学校活动应专注于书本就有一定的道理。可是，在今天所处的大多数社会中情况早已大不一样了。特别是在城市里，年轻人所从事的工种大多数是反教育的。禁用童工是社会的责任，这个事实就是这一点的证据。此外，现在的印刷品既非常便宜又普遍流通，获取知识文化的机会如此之多，因此比较老套的钻研书本的工作已远没有过去那样强有力了。

但是，千万不要忘记在大多数校外环境里，教育的结果不过是游戏和工作的一个副产品而已。这种结果是偶然产生的附属物，并不是主要产物。因而，由此保证的教育性发展多多少少也是偶然的。许多工作都具有当今工业社会的缺点——这种缺点对正常的发展而言几乎是致命的。游戏往往既重复和肯定成人生活环境中的优点，也重复和肯定其缺点。学校的任务就是营造一种环境，使在这种环境里进行的游戏和工作能促进学生的智力和道德的成长。如果仅仅在学校采用自由游戏和竞技游戏、手工劳动和体力劳动，这还不够，一切还要看它们是怎样被运用的。

二、可以利用的各种作业

稍微看一下学校已经采用的各种活动项目，就可看出我们身边已有一个多么丰富的活动空间。学校里的手工活动从材料方面讲包括：用纸的，用硬纸板的，用木料的，用皮革的，用布的，用纱线的，用黏土和沙的，用金属的，等等。手工有时要用工具，有时不用工具。学校里的手工活动从操作方法这方面来讲包括：折叠，切割，穿刺，测量，浇铸，做模型，制作图案，加热和冷却，锤，锯，锉，等等。除了数不胜数的各种游戏和竞技活动之外，还可以列举出一些活动方式，如户外的短途旅行、园艺、烹饪、缝纫、印刷、装订书籍、编织、油漆、绘画、唱歌、演剧、讲故事、阅读、书写等，它们都是具有各种社会性目的（不只是作为练习去获得将来有用的技能）的主动作业。

教育者的问题就是让学生从事这些活动：让他们不但获得手工技能和技艺的效能感，并在工作中获得及时的满足感，同时为以后的运用做好准备，所有这一切都应从属于教育，即从属于智育的结果和社会化倾向的形成。这个原则表达了什么意思呢？

第一，这个原则排除了某些实践。遵照明确指示和命令进行的活动，或者是复制不许进行任何更改的现成模型，这种事情也许能让学生的肌肉变得灵巧，但是学生不用认识和说明目的，换言之就是，不允许学生运用判断力来选择活动方法并把方法用于实现目的。这种错误，不只是在被称为手工训练的活动中能看到，在许多传统幼儿园的练习中也能看到。而且，犯错机会也是一个附带的要求。这并不是因为错误是令人喜欢的，而是因为，如果太热衷于选择没有机会发生错误的材料和工具，就会限制学生的主动精神从而使其判断力降到最低程度，并且会强迫学生使用远离复杂生活情境的方法从而使其已获得的能力毫无用武之地。儿童往往会过分夸大他们的执行能力，选择自己力所不能及的行动方案，这一点是千真万确的。但是，能力的限度也是儿童必须学习的事情之一；与别的事情一样，也要通过体验种种结果才能学到。儿童执行一项过于复杂的方案时会把事情弄得乱七八糟，不仅产生粗劣的结果（这是小事一桩），而且会获得粗糙的标准（这可是重大的事情），这种危险的后果是严重的。但是，如果学生在相当长的一段时间里还看不出自己的成绩不好，并由此受到激发去尝试可以使其能力得以完善的练习，这可就是教师的过错了。与此同时，让学生保持创造活力和建设性的态度，比让其从事太过琐细和规定太严格的活动来求得外表上的完备要重要得多。在学生的能力范围以内让学生做一件相对复杂的工作时，可以要求其在某些部分做得准确和细致。

无意识中怀疑学生的本来经验，然后过于使用外部控制，这种情况不但表现在教师的命令中，而且通常会表现在教师提供给学生的材料上。无论是学校的实验室、手工工场，还是福禄培尔式的幼儿园、蒙台梭利式的儿童之家，都害怕把原材料提供给学生。对学生所用的材料的要求是经过他人的精心加工：学术性书籍中的知识材料是这样要求的，各种主动作业所用的材料也是这样要求的。这种经过别人加工过的材料，能够控制学生的操作使其不出错误，这是真实的。但是，要想学生运用这种现成材料就可以掌握这种材料中的智慧，那可就大错特错了。只有从原始材料开始操作，并经过有目的的使用，学生才能获得包含在完成材料过程中的智力。在学校实践中，对成形材料的过于强调导致对数学品质的夸大其词，因为学生在运用物体时，能从其大小、形状和比例及从中引申出来的种种关系中获得智力的益处。但是，只有在数学操作过程中提出种种目的，并让学生按照目的去采取行动，要求学生关注和认识这些数学品质，这些数学品质才会被了解。学生的操作性作业的目的越符合人性，或者越与日常经验所要求的目的接近，学生的知识就越真实。如果学生活动的目的仅限于掌握数学的品质，他们由此获得的就仅仅是技术性的知识而已。

我们说主动作业最主要的应该是关注整体，这是同一原则的另一个说法。不过，教育的目的所指的全体，不是指物质性的事务。从智力上讲的整体性存在取决于学生对主动作业的关注或兴趣；整体性存在是指性质上的，即主动作业情境具有完全的感染力。如果不顾现在的目的而过于夸大养成有效技能的作用，在设计主动作业练习时，往往就会置主动作业的目的于不顾。这样一来，实验室的工作要么只是一些准确测量的工作，目的在于获取与物理学基本单位有关的知识，而不去接触那些使这种单位显得非常重要的各种问题；要么是一些使学生掌握如何熟练使用实验仪器的操作方法。操作技术的获得与发现和检验的各种目的毫不相关，可操作技术只有通过达到发现和检验的目的才具有意义。幼儿园的主动作业不过是用来给儿童教授立方体、球体等的知识的，是用来让他们养成某种使用材料的习惯的（因为每件事情都是“照着做”），至于缺乏比较重要的目的的问题，有人认为可通过所用材料的所谓“象征主义”来加以弥补。至于学生的手工训练，则变成了一系列安排好的指定作业，学生只是确保依次掌握一件件工具的使用和确保与建构物有关的各种要素——比如说各种不同的接合——的技术能力。主张这种教法的人辩驳说，学生在实际制作之前必须知道怎样应用工具——他们认为，学生不能在制作过程中学会怎样应用工具。裴斯泰洛齐的观点是合理的：主动运用各种感官来代替死记硬背语言文字。但他在实践中留下了各种“实物教学”计划，让学生认识所选择的实物的一切特性。他的错误是一样的：在这些事例中都假定，必须让学生先知道实物的特性，然后他们才能明智地应用实物。实际上，在正常情况下，明智地（即有目的地）应用实物同时也在运用各种感官，因为所洞察到的各种特性就是完成一项工作时所要考虑的因素。我们来看一看一个制作风筝的孩子的态度，他注意到木材的纹理和其他的特性，也注意到大小、角度和各部分的比例。我们再来看一下在一堂关于一块木头的实物课中的一个学生的态度，在这堂课上，木头和它的特性所起的唯一作用就是作为这堂课的内容。这两种态度可以说是截然不同的。

学生在主动作业情境的发展过程中认识到它的作用，对心智的目的来说，就构成一个“整体”。由于没有意识到这一点，在涉及简单和复杂的教学中，常常会产生错误的看法。对研究一个科目的人来说，简单的东西是他的目的——无论执行过程是多么错综复杂，他都要利用材料、工具或技术程序。有了目的统一性，再把注意力集中在科目的细节上，在活动过程中应考虑的要素就再简单不过了。有了目的统一性，就可以根据每个组成部分在整个科目中所起的作用，赋予它一个单一的意义。一个人在经历整个过程以后，科目的构成特性和关系就是要素，每一个要素都有其特定意义。上面所说的错误的观点是从专家的角度来看的。在他看来，要素是独立存在的，应把要素与有目的的活动分离开来，并作为“简单的”东西呈现给初学者。

但是，现在是时候来正面表述了。主动作业代表的是要去做的事情，而不是要去研究的东西。撇开这个事实来看，主动作业在教育上之所以重要就在于它们可以代表社会性的情境。人类基本的共同事务集中在衣、食、住、家具以及与生产、交换和消费有关系的种种设备。这些东西是生活的必需品和装饰品，这些事情触及了人的本能深处；它们充满了具有社会性的事实和原理。

学校里进行的园艺、纺织、木工、金工、烹饪等活动，就是把上面所说的人类关注的基本事务变成了学校的课程资源。如果指责这些活动只有养家糊口的价值，那就失去它的本意了。如果人们常常感觉到他们所从事的产业性职业只不过是为维持生计而不得不忍受的灾难，这个错误看法不能归咎于职业本身，只能归咎于这种职业所处的社会地位。在当今的生活中，经济因素变得日益重要，教育非常有必要揭示职业的科学内容及其社会价值。因为在学校里进行的主动作业不是为了获得金钱的报酬，而是为了作业本身的意义。学校的主动作业摆脱了外部的联系和挣工资的压力，能够给学生提供本身具有价值的各种形式的经验；这种主动作业真正具有解放人的性质。

比如说，园艺教学并不是为了培养未来的园林工人，也不需要用来作为惬意的消遣方式。园艺教学是提供一个研究途径，去了解农业和园艺在人类历史上和现在的社会组织中所处的地位。在注入了教育因素的环境中进行园艺教学，可以提供种种途径去研究有关生长的事实、土壤化学、光线、空气和湿度的作用，以及有害的和有益的动物生活，等等。在开始研究植物学时，任何一件事情都可能与关于种子生长的事情生动地联系起来。这样的学科内容不是属于植物学的特别研究，而是属于生命的，并且与土壤、动物生活以及人与人的关系有着天然的联系。当学生长大成人时，就不会受到原来对园艺的直接兴趣的支配，就能洞察到各种令人感兴趣的问题，对这些问题是为了发现目的而去进行研究的——比如说，关于植物的发芽和营养、果实的生产，等等——进而过渡到缜密的知识性研究。

当然，以上的阐释也可以应用到学校的其他作业上，如用到木工、烹饪以及本章所列举的其他各种活动上。应该指出的是，在人类历史上，各门科学都是从有用的社会职业中逐步发展起来的。比如说，物理学就是从各种工具和机器的运用中慢慢发展起来的；物理学的一个重要分支如力学（mechnics），英文的原意可以证明，力学原来是和机械有关的。杠杆、滑轮、斜面等就是人类最早的伟大的理智发现。这些发现虽然是在寻求具有实用目的的工具的过程中发生的，但仍然属于理智发现。上一个世代里电学方面的巨大发展，与电力在交通运输工具、城市和家庭的照明以及更为便宜地生产物品的应用有着密切的关系。电学的发展既是电力在各个方面得以运用的原因，又是运用的结果。而且，这些科学上的应用都带有社会性目的。如果说这些应用与个人利益观念有着紧密的联系的话，并不是因为科学应用本身存在什么问题，而是因为它们被私利目的利用了。学校应该担负起责任，使年轻一代的心灵深处依然存有这样的思想：科学的应用与公众的科学兴趣和社会利益是密切相关的。同样，化学是从染色、漂白、金工等的加工程序发展起来的。近年来，化学在工业上已有不胜枚举的新应用。

数学现在还是一门相当抽象的科学；然而，几何学的意思从字面上讲是指土地测量：实际应用数字来计算，数清物件和度量长短，这是最初发明数字的目的，现在这种实际的运用比以前发明数字的时候甚至更为重要。诸如此类的思考（在任何一门科学的历史上这种例子都数不胜数）并非为了重演以往的人类历史，或是为了给古代的经验法则做辩护。但是，这些考虑表明了今天利用各种主动作业进行科学学习的机会的可能性比过去更大了。无论回顾人类过去的生活，还是展望将来的生活，我们都会发现这种科学学习的机会在社会性方面是同样巨大的。比如说，小学生要学习公民和经济学，最直接的途径就是研究产业性职业在社会生活中的地位和作用。即使对于年龄大一些的学生，如果他们所学习的社会科学更多地属于学生所处社会群体的日常生活中接触的直接内容，很少作为科学（很少作为系统阐述的知识）来学习，那么这样的社会科学也可以显得不那么抽象和形式化。

各种作业与科学教学方法的联系，至少与科学教学内容的关系一样密切。科学进步缓慢的时代，就是有学问的人轻视日常生活材料和日常生活过程的时代，在手工业时代更是如此。因此，他们想方设法进行逻辑推理——差不多是用拍脑袋的方式——从一般原理来发展知识。我们说学问应该从对物体所起的作用和利用物体时所采取的行动中得到，比如说，把酸液滴在石头上然后察看石头会发生什么变化，这似乎与我们说学问应该是用穿着蜡线的锥子刺穿皮革才能得到一样荒谬可笑。但实验方法的兴起已经证明，如果条件能够得到控制，实验方法比孤立的逻辑推理方法更能代表获取知识的正确途径。实验方法产生于17世纪，并在接下来的几个世纪里得到了发展。当人们的兴趣集中在如何控制自然和利用自然的问题上时，实验方法就变成了大家公认的求知方法。应用工具来处理物体的主动作业，有目的地使各种有用的变化得以发生，这就引入了最为重要的实验方法。

三、工作与游戏

主动作业这个名词，既包括工作，也包括游戏。从它们的内在意义而言，游戏与工作绝非通常假定的那样是相互对立的，它们之间之所以存在尖锐的对立，原因在于不良的社会条件。两者都涉及了有意识的目的，为了有效实现目的，都对材料和过程进行了选择和相应的设计，游戏与工作两者之间的主要差别之一是时间长短，它影响目的和手段之间直接联系的程度。在游戏中的兴趣是比较直接的——这个事实常常会用这样的话来表达：在游戏中活动本身就是目的，而不是为了有一个进一步的结果。这个说法是正确的。但如果我们把游戏的意思假定为游戏活动是短暂的，既没有前瞻展望的成分，也缺乏向前推进的因素，这样的理解就不正确了。比如说，狩猎是成人游戏中最为普遍的表现形式之一，但它也需要对进一步的结果有预见性，同时要根据狩猎的对象来指引自己当前的活动，这些都是显而易见的。当活动本身就是目的时，在这个意义上讲“当下”的活动已结束，这种活动是纯粹的身体活动；它没有什么意义可言（参见第6章第三节）。进行这种纯粹身体活动的人，要么是十分盲目地运动着；要么是纯粹地在进行一系列的模仿活动；要么就是处于一种让自己精疲力竭的身心紧张状态。幼儿园里的一些游戏就会产生这样的结果，因为这些游戏的观念具有高度的象征性，只有成人才能够理解它们的象征意义。如果参加游戏的儿童对游戏没有自己的完全不同的看法，那么他们的行动要么是像处于催眠状态的人一样动来动去，要么只是对直接的兴奋做出回应。

上述内容的要点就是，游戏存在着一个起指导观念作用的目的，它为一个人相继的种种行动指明要点。游戏的人们并非只做某件事（纯粹的身体活动）；他们正在尝试去做一件事情，或者正在尝试达到一种效果。游戏的这种态度涉及对未来结果的预测，并以此激发游戏者的当前回应。而所期待的结果只不过就是接下来的行动而已，并非要在事物中产生特别的变化。因此，游戏是自由且具有可塑性的。想要得到某种确定的外部结果，就必须对这个目的有一定的坚持性；所预期的结果越是错综复杂，对目的就越要有坚持性，并且需要有相当多的一系列中间适应行为。当所要采取的是另外一种行动时，就用不着有长远眼光，而是更容易做出频繁的变动。如果儿童在制作一只玩具小船，他必须坚持这个单一的目的，并且用这个思想指导他的一系列行为。如果儿童只是“玩小船游戏”，那么他就可以随便改变作为小船的材料，根据想象引入新的因素。他会把椅子、木块、树叶、纸片想象成小船，只要这些东西能使活动向前推进就行。

然而，从儿童早期开始，就不存在完全的游戏活动时期和完全的工作活动时期的区别，它们只有着重点的差别。即使年幼儿童的期望也有确定的结果，而且他们也会尝试去获得这个结果。他们对参与成人的职业活动有着浓厚的兴趣，单就这一点来讲就能实现这个目的。儿童想去“帮助”他人；他们急于从事成人的各种事务，因为这些事务能影响外部的变化——比如说，在桌上摆设餐具并准备开饭、洗涤杯盘、帮助看护动物等。在游戏中，他们喜欢制作自己的各种玩具和工具。随着儿童逐渐长大成人，他们对没有实际可见的成就和结果的活动会失去兴趣。然后，玩游戏就变成愚弄人，如果这种行为变成习惯，他们就会成为道德败坏的人。要使一个人意识到自己有多大的力量，可以观察到的结果是必不可少的。当儿童明白假装的游戏只是假装的时候，只是幻想的虚拟事物不可能激发起儿童热烈的反应。我们只要观察真正在做游戏的儿童的面部表情，就可以注意到他们是严肃认真、聚精会神的；当事物不能继续提供充分的刺激时，这种态度就会消失，无法使游戏继续。

如果我们能预见到非常遥远并具有一定特征的结果，并且为了获得这种结果而做出持久的努力，那么游戏就变成了工作。工作与游戏一样是一种有目的的活动，它与游戏的区别不在于它从属于一个外部的结果，而在于这个结果会引起一个具有较长过程的活动。在工作中更加要求持续不断的关注，在选择并形成工作的方式时必须表现出更多的聪明才智。将这方面的讨论延伸开去，将会重复在目的、兴趣和思维等主题下所讲过的观点。但是，研究一下为什么有许多人认为在工作中的活动从属于一个需要过很长时间才能看见的物质结果，这倒是合适的。

活动从属于物质结果时表现出来的极端形式就是做苦工，它给我们提供了一个线索。在外部压力或强制情况下所进行的活动并不存在任何意义。活动过程本身并未令人感到惬意；它只是为了避免某种惩罚，或者是作为一种手段在活动结束时能获得某种报酬。忍受一种本身令人厌恶的事情，是为了防止某种更加令人厌恶的事情，或者获得某种他人许诺的好处。在经济条件不自由的情况下，这种事情必定会存在。工作或勤劳很少能对情感和想象产生吸引力；它是一系列多少有些机械和紧张的活动。只有为了完成工作的目的，才能控制一个人使其持续工作。但目的应该内在于活动之中；活动的目的应该是活动过程本身的一部分。这样，这个目的就能激发人们去努力工作，这与因为想要与活动毫无关系的结果而不得不努力是很不一样的。前面讲过，学校里不存在经济的压力，这就提供了一个机会，教师可以模仿成人的工作情境设计作业，让学生为做作业而做作业。如果在某些作业中承认金钱报偿也是作业的一个结果，尽管不是作业的主要动机，这个事实也很可能会增加作业的意义。

凡是所做的事情近似做苦工或者需要完成外部强加的工作任务的地方，就存在休闲的要求，只是这种要求往往会被歪曲。一般的活动过程不能给情感和想象以充分的激发，所以在休闲的时候，人们就会急切地不择手段地寻求刺激，不惜借助于赌博、酗酒等方式；或者说，在不怎么极端的情况下，求助于无聊的娱乐，用及时行乐的方式来打发时间。娱乐消遣（recreation）这个词的意思是指恢复精力。它是人类最迫切、最无法规避的需要。认为这种需要能够被抑制的看法是绝对错误的。清教徒的传统不承认这种需要，结果造成大量的不良后果。如果教育不为健康的娱乐消遣提供机会，那么，被压抑的本能就会寻找各种不正当出路，有时是寻找公开的出路，有时是沉溺于想象。教育的责任没有比提供恰当的娱乐消遣更加重要的了；还不仅是为了眼前的健康，而且更重要的是为了对心智的习惯产生永久的影响。艺术就是对这个需求的回答。

总　　结

在上一章中我们已经发现，最初的知识材料包含在学习怎样做一件非常直接的事情之中。这个原则用在教育上就是，坚持运用各种适合年轻人的能力并代表社会活动一般模式的简单作业。在为活动而进行活动的过程中，获得的是技能与有关材料、工具和能量规律的知识。把这些技能和知识赋予的社会性特征发挥出来，它们就可以迁移到各种校外的情境中去。

重要的是，不能把游戏和工作在心理学上的区别与在经济学上的区别混为一谈。从心理学上看，游戏的特征不能界定为娱乐消遣，也不能界定为漫无目的。游戏的目的在于进行更多的同类游戏，而不是根据所产生的结果来界定活动的继续与否。当各种游戏变得越来越复杂时，通过更多地关注所取得的具体结果就可以增强游戏的意义。由此，游戏就逐渐变成了工作。不同的经济条件使富人在游戏中处于空虚的兴奋状态，使穷人把工作看成不得不进行的体力劳动。撇开这些不同的经济条件不谈，游戏和工作是同样自由的，它们都能从本身引起动机。从心理学上讲，工作只是一种活动，人会有意识地把对结果的关照作为活动的一部分；当结果作为一种处于活动之外的目的时，活动就变成了只是达到目的的手段，工作就变成了强迫劳动。始终带着游戏态度的工作是一种艺术——虽然传统上不这样讲，但从本质上讲它确实是艺术。

第16章　地理和历史的意义

一、拓展基本活动的意义

同一个活动，有的只是身体活动，有的却具有丰富的意义，这二者之间存在着巨大的差异。从外表上看，一个天文学家用望远镜凝望天空，一个男孩用同样的望远镜凝望远方，他们两个人的活动没有什么差别。在这两种情况下，都有玻璃和金属制成的望远镜，都用眼睛看到远方的一个小光点。可是，在某个关键时刻，天文学家的活动则可能关系到一个世界的诞生，我们所知道的关于太空的一切都是它的重要内容。从物质上讲，人类从原始状态进化到现在，对地球所产生的影响，只是在地球表面上留下了一个痕迹，这个痕迹从远处甚至看不见，与太阳系涉及的范围相比，这一段距离简直太微不足道了。但从意义上讲，我们所取得的成就是衡量文明和野蛮的标志。虽然这些活动引起了物质上的一些变化，但与活动意义的拓展相比，这种物质上的变化却是微不足道的。一个活动所具有的意义是否无止境，一切取决于我们看得见多少与活动相关的联系；在实现联系方面想象力的范围是无止境的。

人的活动在获取和发现种种意义方面具有很大优势，因而教育所做的贡献远远胜过工具的生产或动物的训练。工具的生产和动物的训练可以提高效能感，但它们并不会产生意义。上一章讨论过的游戏和工作中的各种事务最终体现在教育上的重要性在于，它们会为意义的延伸提供种种直接手段。在适宜的条件下，这些事务会像磁铁一样吸纳和维持无穷无尽的广泛的理智思考。它们会为接收和吸收知识信息提供重要的中心点。当知识信息只是作为知识信息被大量地提供并保存起来时，那么它会倾向于与具有生机活力的经验分层。当知识信息进入活动中成为活动的一个因素，为了知识本身而追求知识时，无论这种知识是作为手段还是拓宽目标和内容，都会有启发作用。直接获得的洞见与被告知的知识就会融会贯通起来。这样，个体经验就能够吸收和掌握他所属的群体的经验结晶——包括长期以来承受的苦难和经受的各种考验。以这种方式获得的知识没有固定的饱和点，还可以进一步吸收新的知识信息，并且吸收的知识信息越多，进一步吸收知识信息的能力就越强。新的接收能力带来新的好奇心，新的好奇心使获得新知成为可能，如此循环往复下去。

种种活动涉及的各种意义都与自然和人有关。这是个显而易见的真理，把它用到教育方面就会获得意义，意味着地理和历史提供内容材料，提供背景视野和理智观点，这就可能会窄化个人的行动或只是提供技能形式。随着把自己的所作所为在时间和空间上联系起来的能力的增强，我们的所作所为就获得了有意义的内容。在发现我们作为居住者所处的空间景象，以及我们作为继承者和延续者努力表现出时间连续性的过程中，我们认识到了自己是完完全全的城市公民。因此，我们的日常经验不再是瞬间之物，它获得了永恒的实质。

当然，如果地理和历史是作为现成的学科来教授的，而且一个人仅仅因为要上学才来学习这两门学科，就很容易发生这种情况，即他所学习的大量内容不过是远离日常经验并且与日常经验无关的东西。他的活动会被分隔开来，形成两个彼此分离的世界，他的活动会按分隔开来的不同时段进行。不会发生什么改变；日常经验也不会通过获得各方面的联系来扩充它的意义；课堂上所学到的东西没有生机活力，也没有真实感，因为它与他目前的活动没有关系。原来的日常经验虽然范围是狭窄的但却是有活力的。现在的日常经验已不是原来的样子了，它失去了流动性和对种种提示的敏感性。现在的日常经验已为未被吸收的知识信息的沉重负担所压垮，并被推到一个角落里，失去了其灵敏性和对额外意义的强烈渴求；离开生活的直接兴趣，只是追求知识信息的堆积，会使心灵变得木讷；心智的灵活性就会丧失。

正常情况下，每一个为了自身而进行的活动，总要向外拓展并超越其自身的范围。这种活动并不会被动地等待人们给予知识来增加活动的意义，它会主动去寻求增加意义的知识。好奇心并不是一种偶然的、孤立的东西；经验是不断前进和不断变化的东西，与其他事物有着各种各样的联系，这个事实是好奇心的必然结果。好奇心不过是一种趋向，使我们能觉察到这些联系。教育者所要做的事情就是提供适当的环境，使不断向外拓展的经验可以得到硕果累累的报偿，并能保持持续不断的积极主动性。在某种环境中的一个活动可能受到检验，它所产生的唯一意义就是直接而可见的孤立结果。一个人可以烹调、锤击或步行，引起的结果可能只是烹饪、锤击和步行的字面意义——或物质结果，也许并没有使心智走得更远一点儿。但无论如何，这种动作的结果依然具有深远的影响。比如说，步行就涉及人在地面上的位移和反作用，只要哪里有东西被触碰到，我们就会感觉到颤动。步行还涉及四肢结构和神经系统以及力学原理。烹饪就是利用热量和水汽来改变食物材料的化学关系，它会影响到食物的消化和身体的成长。在物理、化学和生理学方面最有学问的科学家也不能把所有这些结果和联系全部搞清楚。而且，教育的任务就是要使儿童知道，这些活动可以用什么方式、在什么条件下进行，并使儿童尽可能地认识到这些联系。“学习地理”就是学会去洞察一个普通动作的空间的和自然的联系；“学习历史”就是学会去认识人类的种种联系。因为，所谓的作为一门学科的地理，不过是在他人经验中发现的有关我们居住的自然界的一些事实和原理，把它们联系起来，我们生活中的许多行为动作就可以得到解释。同样，所谓的作为一门学科的历史，只是与我们的生活密切相关的社会群体的种种活动和苦难的一些已知事实，以这些事实为参考就可以阐明我们自己的风俗习惯和规章制度。

二、历史和地理的互补性

历史和地理（地理包括自然研究，原因后面将会提到）是学校中典型的知识性学科。考察一下这两门学科的材料和利用这些材料的方法就可以清楚地知道，有的知识深入到了活生生的经验之中，有的却是纯粹孤立地进行积累，它们之间的区别取决于这些学科是否忠实于人和自然相互依赖的关系。能阐明人和自然的相互依赖关系是历史和地理被学校设置为学习科目的理由。但是，如果仅仅因为有人已经习惯了在学校教这些学科，有人习惯了学这些学科，就认为它们是适合的教育材料，这会存在更大的危险。哲学观念上有理由认为这些材料会对有价值的经验改造发挥作用，这种理由要么被看作无用的幻想，要么被看作为支持一件已做过的事情提供夸夸其谈的说法。“历史”和“地理”这两个词语只是表明它们是学校传统所认可的内容。这种内容数量巨大且种类繁多，让人不敢去探究它们究竟代表什么，以及如何进行教学才能使这些内容在学生经验中完成其使命。但是，除非“在教育中存在一个统一的社会方向”这个观念只是一个荒谬可笑的借口，否则，作为课程的历史和地理中的绝大部分内容，就必须在发展真正的社会性和理智性的经验中发挥普遍作用。必须把对这个普遍作用的发现作为尝试和筛选所教授的事实材料和所用的方法的标准。

前面已经讲过，历史和地理学科内容的作用在于通过提供前后联系、背景和观点，来丰富和解放比较直接的个人生活的接触面。虽然地理强调物质的方面，历史强调社会的方面，但这都只是对一个共同的主题，即人类共处生活的强调而已。因为这种共处生活及其各种试验、方法和手段、成功和失败，既不是在天空中也不是在真空中进行的，而是在地球上发生的。这种自然环境与社会活动的关系，并不像舞台布景与戏剧表演的关系；因为自然环境会深入到构成社会事件的历史形式中，从而成为历史的一部分。自然是社会事实的媒介物；它提供原始的刺激，也提供障碍物和资源。文明就是不断地进一步控制自然的各种能量。历史强调人的因素，而地理强调自然的因素，如果忽略历史学科和地理学科之间的相互依赖关系，那么历史学科就会流于罗列年代并附加历史事件目录，然后标上“重要”的字样；或者变成文字记载的幻想——因为在纯粹的文字记载的历史中，自然环境不过是舞台场景罢了。

当然，在自然界的事实与社会事件及其后果相关联的方面，地理具有教育性影响。地理的经典性定义就是，地理即地球这个人类家园的纪事，这个定义表达了教育现实。不过，下这个定义是比较容易的事情，而要把具体的地理学科内容与人类的重要联系表达出来，就不是一件容易的事情了。正是人的居住、事业追求、成功和失败这些东西，为教育内容中包括地理资料提供了理由。但要把这两者结合起来，就需要我们有见多识广的经过培养的想象力。当联系纽带中断的时候，我们会发现，地理本身提供的是一堆不相关的支离破碎的大杂烩，表面上看起来就像一堆知识垃圾：这里是一座山的高度，那里是一条河的河道；这个是一个市镇所生产的木瓦数量，那个是城市的船舶吨位，这是一个县的疆界，那是一个国家的首都。

地球作为人类的家园有人类一元化的特点；如果把地球看作一堆杂乱无章的、零散的事实，这会让人缺乏富有生气的想象力。地理原本是一个可以唤起人的想象力的主题，甚至可以唤起浪漫主义的想象力。地理分享着所有的奇迹和荣誉，它们与人类的冒险、旅行和探险紧密相关。人的多元化和环境的多样化与类似的情景形成了强烈的对比，并提供了无限的刺激。心智会摆脱风俗习惯的单调氛围。虽然在改造自然环境中，乡土地理是自然的起始点，但乡土地理也是向未知前进的理智的起始点。如果不把乡土地理看作了解本土之外的广阔世界的基础，那么学习乡土地理就会变成一件死气沉沉的事情，而不能把它自身看作终点，就像只是概括一下熟悉事物特性的直观教学一样，具有相同的理由。学生的想象力不但没有被培养出来，而且受到了很大的抑制，学生的学习不过是把已知的东西复述出来，然后进行分类并加以提炼罢了。但是，当作为乡村人家的地界标志的人人熟悉的篱笆变成各国国界的记号时，篱笆也蕴含着深刻的意义。阳光、空气、流水和地形起伏，各种产业、地方长官及其职责——所有这些东西都能在本地环境中找到。如果认为这些人和事物的意义始终局限在本地环境中，那么对于学生而言，它们就只不过是必须不辞劳苦学会的稀奇古怪的事实而已。如果把它们看作扩充经验界限的工具，那么本来陌生和不了解的人和事物都会被带进经验的范围之内，就因为用法不一样，它们就变成不同的东西了。日光、风、溪流、商业和政治关系从远处来，并把思考引向远方。追寻它们的前进路径就是在扩充心智。这种扩充心智的方法不是通过把额外的知识塞进头脑，而是通过对从前视为理所当然的东西的意义进行重塑。

地理研究包括许多分支或方面，它们会成为各自分开的分支学科。数学地理或天文地理、自然地理、地形地理、政治地理、商业地理，就是地理学的各个分支。上面所讲的原理可以使地理研究的各个分支变得协调一致。怎样使它们协调一致呢？用外部的妥协办法，让每个分支的内容都挤进去一些吗？除了牢记教育的重心是各门学科的文化方面或人文方面，我们找不到其他办法。从这个重心着眼，任何材料，只要我们需要用它来帮助认识人类的活动和人类的关系，它就是合适的材料。要理解寒带地区和热带地区的文明所存在的差异，以及温带地区的人在工业和政治方面进行的各种特殊发明，我们就得把地球看作太阳系的一个成员。经济活动一方面深刻地影响着社会交往和政治组织，另一方面又反映出自然条件。对这些主题进行专门化研究是专家的事情，而它们之间的相互作用则关系到每一个人，因为人的经验具有社会性。

把自然研究纳入地理无疑有些勉强，从字面上看是如此。虽然在教育的观念中只有一个现实，可惜的是在实践中我们却有两个名称：名称的多样性往往会遮蔽意义的同一性。自然和地球应该是意思相同的术语，所以“地球研究”和“自然研究”也应该是意思相同的术语。人人皆知，学校中的自然研究存在着学科内容拼凑的问题，因为处理的大量主题都是孤立存在的。比如说，撇开作为一个有机体的花，去研究花的各个构成部分；撇开植物本身去研究它的花；撇开植物赖以生长的土壤、空气和阳光去研究植物。这样造成的结果就是，要学生关注的种种主题各自孤立地存在着，无法培养学生的想象力，它们就不可避免地会显得呆板无趣。由于教育内容缺乏生趣，所以有人严肃地提出了要复活泛灵论，用神话来装扮自然界的事实和事件，以此来吸引和保持学生的注意力。人们愚蠢地求助于拟人化的情况，真是不胜枚举。这种方法虽然有些愚蠢，但它表达了对人文氛围的真实需要。许多事实脱离了它们的背景联系而被撕扯得支离破碎，它们不再属于地球，它们在任何地方都没有一个永久的地位。为了弥补这种缺陷，人们不得不求助于人为的情感联想。真正的补救方法是把自然研究真正变成对自然进行的研究，而不是对许多没有意义的片段进行研究，因为这些片段完全脱离了它们产生和起作用的情境。当我们把自然作为一个整体来对待时，就好比把地球放在种种关系中来看待，这样，自然界的种种现象就会与人类生活发生自然的同理关系和联想关系，就不需要人为的替代物了。

三、历史和当前的社会生活

扼杀历史的生命活力的隔离现象，就是把历史与当前社会生活的种种模式及相关事实割裂开来。过去的事情已经过去，不再与我们相干。如果过去的事情全都成了过去，一切都已烟消云散，那么对待过去的事情就只有一个合理的态度，那就是让它们和死者一起埋葬吧。可是，过去的知识是了解现在的关键。历史应对的是过去，这个过去却是现在的由来。美洲的发现、探险和殖民化，美国西部的开拓运动以及移民等，对这些问题进行理性的研究，就是对美国现今的研究——对我们今天居住的国家的研究。在事物形成的过程中去研究它，可以使许多非常复杂而不能直接把握的东西被人们理解。发生学方法也许是19世纪后半叶的主要科学成果。发生学方法的原理是：对任何复杂的产物进行洞察的方法就是追溯它的形成过程——追踪它得以产生的连续不断的各个阶段。这种方法应用到历史上，如果只说明当前的社会情况不能与它的过去隔离开来，那么这种认识是片面的。因为它同样意味着，过去的事件不能与活生生的现在隔离，否则将失去其意义。历史的真正起点总是某种现存情境及其问题。

我们可以用这个一般原理简明扼要地考虑它与几个问题的关系。传记方法通常被推荐为研究历史的自然模式。伟人、英雄和领袖的生平使本来抽象和不能理解的历史情节变得具体且生动起来。它们把一系列错综复杂、杂乱无序的事件浓缩成许多生动的图景，这些事件分散在广阔的空间和漫长的时间里，只有受过高度训练的人才能追踪并解释它们。毫无疑问，这个原理在心理学上是很有说服力的。但是，如果用这个原理把少数几个人所做的事情夸大其词，并不参照他们所代表的社会情境，那就是在误用这个原理。如果一部传记只记载一个人所做的事情，而不与促使他做这些事情的环境联系起来，那么他的种种活动就只不过是对环境的回应，我们就不会有历史的研究，因为我们没有研究社会生活，而社会生活是个人与个人联合在一起的事务。这样的传记只不过是一层糖衣，它让我们比较容易吞服某些知识片段罢了。

近来把原始生活作为学习历史的开端这种观点引起了许多人的关注。原始生活包含的价值存在着正确的和错误的两种表述方式。从表面上看来，现存状况的既有特征及其复杂性，再加上它们在表面上看起来不容更改的特征，所有这些对领悟它们的本质来说是无法逾越的障碍。求助于原始生活，可以用非常简化的形式来提供现存情形的基本要素。这就好比有一块图案非常复杂的布放在你的眼前，距离太近使你看不清这些图案，直到这块布的图案的较大较粗的线条凸显出来，你才能看清这些图案。我们不能通过深思熟虑的实验来简化目前的情境，但诉诸原始生活，它会提供我们渴望从实验中得到的那类结果。各种社会关系和有组织的行动模式都可以用最简单的术语来表述。无论如何，当这个社会目标被忽视时，对原始生活的研究就纯粹变成了野蛮人的令人激动的情感特征的排演。

从原始的历史中可以使人找到工业史的蛛丝马迹。因为追溯更为原始的状况，可以把现状分解成比较容易理解的各种因素，这样做的主要原因之一就是我们可以认识到：衣、食、住和安全防卫等基本问题是怎样解决的；通过了解早先的人类是怎样解决这些问题的，我们对人类必须走过的漫长道路，以及促使人类不断进步的种种发明形成一些看法。我们无须就历史的经济学解释进行争论就可以认识到，人类的工业史让我们觉察到社会生活的两个重要方面，这是其他的历史分支学科做不到的。工业史为我们提供了连续不断的种种发明的知识，出于社会生活的安定与繁荣的利益考虑，理论科学通过这些知识来对自然加以控制。所以说，工业史揭示了社会进步得以延续不断的各种原因。工业史的另一个贡献就是把人类共同关心的东西摆在了我们面前，即与谋生相关联的种种职业和价值观。经济史关注的是普通人的活动、职业生涯和财产，其他历史分支学科都不关注这些问题。有一件事情是每个人都必须做的，这就是生活；有一件事情是社会必须要做的，这就是要求每一个人为社会的共同福祉做出应尽的贡献，并使每一个人得到公正的回报。

经济史更有人文性和民主色彩，因此它比政治史更富有解放人的力量。经济史不关注主权国家及权力的兴衰问题，它处理的是普通人如何通过控制自然来增加自由的有效性，权力和主权国家正是为了普通人而存在的。

对于认识人类的斗争、成功和失败与自然的密切关系，工业史比政治史提供的研究途径更为直接，至于军事史就更不必说了，政治史简化到年轻人能理解的水平就容易变成军事史。因为工业史解释的主要是人类怎样学会利用自然力，它从大多数人剥削他人体力的时代开始探讨，一直到人类如何通过控制自然资源来扩大对自然的统治乃至主宰自然的时代（如果说这还不是现实，那么至少也在期望之中）。如果历史不讲劳动的历史，不讲利用土壤、森林、矿藏的情况，不讲驯养动物和种植谷物，不讲生产和分配，那么历史就变成了纯粹的纸上谈兵——讲的不过是没有生活在地球上的神秘人类的浪漫史而已。

在普通教育中最受忽视的历史分支也许就是知识发展史了。我们只是刚刚开始认识到，改变人类命运的伟大英雄不是政治家、将军和外交官，而是科学的发现者和发明家，后者给人提供各种工具去不断拓展和控制经验；艺术家们和诗人们用绘画、雕塑和文字来歌颂人类的奋斗、胜利和失败，由此它们的意义就能得到人们的普遍理解。工业史作为人类把自然力逐步用于社会的历史，其优点之一就是有机会去考虑方法上的进步和取得的知识结果。现在，人们习惯于在一般意义上颂扬智力和理智；它们的重要性也得到了强调。但是，学校里的学生学习历史通常用的是传统方法，他们要么认为人类的智力在量上是静止不变的，不会因为发明了更好的方法就会有所进步；要么认为智力除了显示个人的精明之外，只不过是一个无足轻重的历史因素。要真正了解智力在生活中所起的作用，除了学习历史外没有更好的方法，因为历史会说明人类从野蛮到文明的整个进步，是如何取决于知识的发现和发明的，同时会说明通常在历史著作中大量出现的东西，在多大程度上是边缘问题，或者在多大程度上是要用智力去克服的障碍。

用这种方式来研究历史，其在教学中自然就具有伦理的价值。人的道德性不只是苍白的天真，要养成道德观，必须对现今共处生活的各种形式具有真知灼见。历史的知识有助于提供这种真知灼见。它是分析现存社会结构的经纬的工具，是使人了解编织历史经纬图案的各种力量的工具。利用历史来培养社会智力，构成了历史的道德意义。把历史用来存积趣闻逸事也是可能的，趣闻逸事可以作为道德训诫的材料，为这个道德行为或那个不道德行为灌输特别的道德教条。但这种教学与其说是历史在伦理上的运用，不如说是借助多少有些真实的材料，来努力创造出各种道德的印象。最好的情况是产生一种暂时的情感振奋；最坏的情况是产生对道德说教的冷漠无情。历史有助于个人对所处的当下社会情境，进行更为明智的同情和理解，这是一笔永久的建设性的道德财富。

总　　结

经验的本质在于，它会远远超出最初被清楚注意到的各种意义。清楚地认识这些联系或含义，可以增加经验的意义。任何经验，不管第一眼看起来是多么不起眼，通过拓展其被觉察到的各种联系的范围，都能估计出它的无限丰富的意义。与他人的正常交往是有效实现这种发展的捷径，因为它会把群体甚至种族经验的最后结果与个人的直接经验联系起来。所谓正常交往，就是指在交往中有一种联合的兴趣和共同的兴趣，因此，一方急于给予，而另一方急于接受。这种方法与告诉或陈述的方法形成了强烈的对比，把事物告诉别人，或者是陈述事物，目的只是为了让他人对其有深刻的印象，仅仅为了检验他已经记住了多少，并且能用文字复述多少。

地理和历史是学校课程中的两大资源，它们能够用来扩充个人直接经验的意义。上一章所描述的各种活动性作业从空间和时间上向外延伸，与自然和人两方面都有关联。除非它们只是为了外部的原因，或仅仅作为技能的模式而被教授，否则，它们的主要教育价值就会是：提供最直接、最有趣味的路径，进入到历史和地理所讲述的广阔的意义世界中去。历史阐明人类的含义，地理阐明自然的联系，这两门学科是同一生存整体的两个方面，因为人类的共处生活是在自然界进行的，并不是在一个偶然场景中进行的，而自然界又是发展的材料和媒介。

第 17 章　学习课程中的科学

一、逻辑方法与心理学方法

正如我们已经表述过的那样，科学是指经过深思熟虑地运用观察法、反省思维法和检验法所获得的稳定和确定的内容材料。这些内容材料表现为知识就称之为科学。科学要求深思熟虑地、坚持不懈地努力修正各种流行的信念，消除其谬误并增强其准确性，而且首先要使科学信念的形式能尽可能明显地表现出事实之间的相互依赖关系。像一切知识一样，科学也是在环境中引起某些变化的活动结果。但对科学而言，所获得的知识质量是活动中的支配性因素，而不是活动的偶然结果。无论是在逻辑方面还是在教育方面，科学都是认知的完善过程，都是认知的最后阶段。

总之，科学就是任何知识的种种逻辑含义的实现。逻辑顺序不是强加给已知事物的一种形式，它是完美知识的正确形式，因为逻辑顺序意味着内容材料的表述具有一种性质，可以使理解材料的人明白其前提和结论各是什么（参见第 14 章第三节）。正如一位称职的动物学家能通过几根骨头重新还原一个动物一样，一位数学家或物理学家也能从数学或物理学的一个陈述中形成真理体系的一个观念，并指出其所处的地位。

然而对一个非专家人士而言，这种无懈可击的完美形式却是一块绊脚石。正因为材料的陈述方式是要把促进知识本身作为目的，这样一来知识与日常生活材料之间的联系就被遮蔽了。对外行来说，几根骨头不过是令人惊讶的珍品而已。在掌握动物学的原理之前，他想用几根骨头制造什么东西的努力只是漫无边际的瞎鼓捣而已。从学习者的立场来看，科学形式是要达到一个理想而不是要出发的起点。然而学校通常进行的教学实践是从简化过的科学开始的。这必然导致的后果就是会把科学和有意义的经验隔离开来。学生学习的是一些象征符号，这些符号无法让学生获得了解科学意义的钥匙。学生获得了专门的知识信息，而不能追溯这些知识与他所熟悉的事物及其操作之间的各种联系——他通常只是获得了一些专门词汇而已。

假定把形式完善的知识内容呈现给学生就是学习的康庄大道，这个看法具有强烈的诱惑力。认为让学生从探究能手留下的成果开始学习就可以节省时间和精力，并且避免产生不必要的错误，还有什么比这种假设更加自然而然的呢？这个假设的结果就是在教育史上大书特书一番。学生从教科书开始学习科学，这种教科书是根据专家研究的顺序来把教育内容组织成一个个题目的，每个题目都是从介绍专门的概念及其定义开始的。在很早的阶段就引介了许多科学的规律，最多会稍微讲几条得出这些规律的方法。学生学习的是所谓的“科学”，而不是学习用来处理日常经验中的熟悉材料的科学方法。研究生的学习方法主宰着大专院校的教学，大专院校的方法又转移到中学，这样一直往下转移到小学阶段，同时不断地删掉一些内容从而使教育内容更简单容易一些。

年代学的方法是从学生的经验开始的，从学生的经验来发展形成正确的科学处理模式，通常称为“心理学的”方法，它与专家或专门家使用的逻辑方法有着显著区别。运用心理学方法在表面上失去的时间，可以从所获得的深刻理解和充满生机活力的兴趣中得到补偿，而且会绰绰有余。学生所学习的东西，他至少是理解的。此外，从日常熟悉的材料中选择相关的问题，运用科学人士取得完善知识的方法来对问题进行探究，学生就会获得独立处理其能力范围内的材料的能力，避免学习只有象征意义的材料所带来的思想混乱和理智乏味。既然大部分学生并不打算成为科学专家，那么，他们对科学方法获得一些见解就应该比广泛地抄录科学家所取得的第二手结论重要得多。学生所学到的东西也许不会太深刻，但就其脚踏实地所学到的东西来说，他们确信无疑并且深思熟虑。毫无疑义，立志成为科学家的少数几个人如果采用这种方法，会比那些沉陷于大量纯粹技术性的、象征性的知识中的人获得更好的准备。事实上，那些成功的科学人士正是通过自己的潜能想方设法避免了传统学究式的科学学习方法带来的缺陷。

在一二十年之前，有人在非常不利的条件下为了确保科学在教育中获得一席之地而努力奋斗，他们的期望与普遍取得的结果形成了强烈的对比，结果令人痛心。赫伯特·斯宾塞（Herbert Spencer，1820—1903）探究了什么知识是最有价值的。他得出的结论是：从一切观点来看，科学知识是最有价值的。可是他的论点在不知不觉中包含了这样的假设：科学知识可以用现成的形式进行传授。他的观点没有关注到我们的日常生活材料转变成科学形式的各种方法，也就忽略了科学之所以成为科学的方法。学校里经常会根据类似的计划进行教学。但是，用正确的专门化的科学形式表述的材料并未附着什么魔力，学习这样的材料依然让人感觉到它们是一些没有生机和活力的知识。此外，这种材料的表述形式与正确的文学表述方式相比，更加远离与日常经验的有效接触。但不能因此就说，科学教学的有关主张是不合理的，所以不能遵照执行，因为这样教授的材料对学生而言并不是科学。

虽然根据演绎计划编写的教科书有了很大改善，但是跟事物打交道本身和实验室的练习并不足以满足需要。虽然这样的练习是科学方法的不可缺少的组成部分，但事实上它们并未构成科学的方法。物质材料可以用科学仪器进行处理，但是这些材料本身和处理的方法可以与校外所用的材料和运用过程分离开来。这些材料所要解决的问题纯粹是科学问题：对科学科目已经入门的人所碰到的问题。我们可能会对在技术处理中获得技能全力以赴，却没有关注实验室练习与属于学科内容的问题之间的联系。有时，实验室教学所存在的仪式与异教仪式一模一样。[①]

我们曾偶然提及过，科学表述或逻辑形式隐含着信号或象征符号的使用。当然，在所有的语言运用中这句话都适用。但在母语中，我们的心智能直接从符号中了解符号所表示的事物，与熟悉材料的联系是如此密切，所以我们一看到符号就会联想到它所表示的事物。这种符号就是专门用来代表事物和行为的。但科学术语还有另外的用处。我们知道，科学术语并不是代表在经验中直接应用的事物，而是代表认知系统中的事物，当然，科学术语最终还是表示我们的常识所熟悉的事物，但它们并不在常识背景中直接代表这些事物，而是已经转化成了科学探究术语。原子、分子、化学公式、物理学研究中的数学命题——所有这些主要具有知识的价值，并且只是具有间接经验的价值。它们代表进行科学研究的工具，与其他工具一样，它们的意义只能通过应用才能被了解到。我们不能通过指出事物理解它们的意义，只有通过指出它们是如何工作的，即把它们用来作为知识技巧的一部分，才能了解它们的意义。

甚至就是几何学中的圆形、正方形等，也与我们日常所熟悉的圆形和正方形有所不同。一个人学习数学越是深入，与日常生活事物的距离就会越来越远。几何学会略掉与研究空间关系的知识没有关系的属性；会强调研究空间关系这个目的所需要的属性。如果再深入研究下去就会发现，甚至对空间知识有意义的属性也会让位给有利于其他事物的知识——也许就是一般的数的关系的知识。根本不存在一个概念性定义可以揭示空间的形式、大小或方向。这并不意味着它们就是一些不真实的任意捏造，但它表明了这样的意思，即直接的物理特性已转变为实现专门目的——知识组织的目的——的工具。在每台机器中，所用材料的原

---

① 就积极方面而言，可以提一下在花园、车间等地方工作中所产生的问题的价值（参见第 15 章第二节）。实验室可以被看作额外的资源，为更好地研究这些问题提供条件和工具。

来状况已经改变，使其能够用于实现某个目的。重要的事情不在于材料的原来形式是什么，而在于改变了的材料能适用于某个目的。一个人能够列举出组装一台机器需要的所有材料，但他并不一定就真正了解这台机器。只有知道这些材料的用途并且能够说出为什么要运用这些材料的人，才算真的懂得这台机器，才是掌握了关于这台机器的知识的人。同样，一个人有关于某个数学概念的知识，他必须懂得这个数学概念在其中能起作用的那些问题，并且必须知道这个数学概念在研究这些问题时的特殊用途。如果他只“知道”数学上的定义、法则、公式等，就像知道一台机器各个部分的名称而不知道它们分别有什么用处一样。无论是了解机器还是理解数学概念的例子，所谓意义或知识内容，就是知道一个要素作为整个系统中的一员会起什么作用。

二、科学和社会进步

从事具有社会兴趣的职业可以获得直接的知识，假设这种直接知识会发展成为完善的逻辑形式，那么就会产生一个问题：这种逻辑形式的知识在经验中处于什么地位。一般来说，对这个问题的回答就是科学标志着人的思想解放，从忠诚于风俗习惯的目的中解放出来并使系统地追求新目的成为可能。科学是行动中的进步力量，所谓进步有时被认为是更接近所追求的目的。但这只是一种较小的进步形式，因为这种进步只要求行动手段的改进或技术的提升。更为重要的进步模式在于，丰富先前的各种目的并形成各种新目的。愿望的数量并不是固定的，进步也并不意味着只是增加满意的数量。随着文化的提高和控制自然的能力的增强，人们会产生新的愿望并要求提高满意的质量，因为人的智力会洞察出许多新的行动可能。这些新的可能引导人们去寻找新的执行手段，进步由此得以发生；而且以前没有使用过的事物的发现会引出新目的的征兆。

科学是完善行动控制手段的主要方法，人类智力对自然奥秘的主宰产生的大量发明已经证明了这一点。广为人知的产业革命在生产和分配方面进行的绝妙转型就是实验科学的成果。铁路、轮船、电动机、电话、电报、汽车、飞机和飞船，是把科学运用在生活中的引人注目的证据。但如果没有成千上万的、不那么夺目的发明，使自然科学对我们的日常生活做出了伟大的贡献，那么以上这些发明就不会显得如此重要。

我们必须承认，已经取得的进步在很大程度上只是技术上的；它为满足早已存在的种种愿望提供了比较有效的手段，但并未改变人类目的的性质。比如说，还没有一种现代文明能在各个方面与希腊文化相媲美。科学依然是新近的东西，还没有被吸收到人们的想象力和情感倾向中去。人类比较敏捷而且确信不疑地踏上了他们的目的实现之路，可他们的目的绝大部分依然处于科学启蒙之前的状况。这一事实使教育必须承担起责任，利用科学来改变人们的想象和情感的习惯性态度，而不是利用科学去拓展我们身体的活动空间。

科学的进步已经改变了人们关于生活目的和生活幸福的想法，科学就这种责任的性质和履行责任的方法提出了恰当的观点。科学在人类活动中产生的影响，已经打破了过去把人们隔离开来的物质障碍；科学极大地拓宽了人们交往的范围。科学在很大程度上带来了利益的相互依存性，使人类对为了自身的利益而控制自然的可能性深信不疑，这个信念引导人们不断展望未来，而不是对过去念念不忘。理想的进步与科学的进步两者的融合不只是一种巧合。在科学取得进步之前，人们把远古时代作为黄金时代。今天，人们用坚定的信念面对将来，认为正确运用智力就能消除一度被认为不可避免的祸害。降伏灾难性的疾病不再是梦想；消灭贫困的希望并非乌托邦式的理想。科学让人们熟悉了发展的思想，科学在实践上产生的效果就是坚持不懈并且循序渐进地改善人类的处境。

那么，在教育上利用科学的问题就是，要创造一种智力，坚信靠智力自身来指引人类事务的可能性。通过教育使科学方法深入到学生的习惯中去，就是要把学生从单凭经验的方法和单凭经验的程序所产生的循规蹈矩的习惯中解放出来。“经验主义的”（empirical）这个词的日常用法并不是指“与实验相关联”，而是指粗糙未加工的和非理性的。在不存在实验科学的影响的情况下，在所有过去居支配地位的哲学中，人们都把经验与理性和真正合理的东西对立起来看待。所谓经验知识的意思就是，由过去的大量实际例子积累起来的知识对任何一个实例的原理都没有深刻的见解。有人说医学是经验主义的就是说它不是科学的，只不过是一种实践模式，一种以所积累的对各种疾病的观察和或多或少属于随便使用的救治方法为基础的实践模式。这种实践模式必然会靠碰运气；成功取决于机遇。这种医学只会助长骗局和庸医的行径。受“经验”控制的工业禁止建设性地运用智力；它依靠依样画葫芦的方法来仿照过去的模式。实验科学就意味着，能够把过去的经验用作心智的仆人而不是用作心智的主人。这意味着理性是在经验之内而不是在经验之外起作用的，理性赋予经验理智的或合理的品质。科学就是成为理性的经验。所以科学的作用就是改变人们对经验的本质和内在可能性所持的观念。出于同样的原因，科学的作用还在于改变人们对理性及理性如何起作用所持的观念。理性不是经验之外的东西，不是遥不可及的孤零零的东西，理性并非与生活中的经验事实无关的崇高领域，理性是在经验中土生土长出来的——它是过去的经验得以纯化并把过去的经验作为发现和进步的工具的因素。

“抽象”一词在公众口中的名声有些糟糕，它不仅被用来表示深奥难懂的东西，而且被用来表示远离生活的东西。但是，抽象概念是反思活动方向的不可缺少的特征。我们所遇到的情境并不都会在文字上重复一遍。习惯对待新发生的事情就好像它们与旧的事情一模一样。相对而言，如果不同的因素或新发生的因素对于现在的目的无足轻重，习惯就足以解决问题了。但是当新的因素要求得到特别的关注时，如果抽象概念不发挥作用的话，就只能求助于随机的反应。因为抽象概念就是从过去的经验材料中经过深思熟虑而选择出的有助于应对新经验的东西。抽象概念就是有意识地把蕴藏在过去经验中的意思迁移到新的经验上去加以运用。抽象概念是智慧的命脉，是把一种经验有意识地用来指导另一种经验的命脉。

科学在很大规模上对以前的学科内容进行着转型工作。科学的目的就是把经验从所有的纯粹的个人经验和严格的直接经验中解放出来；科学旨在把共同的东西与其他的经验内容分离开来。这种共同的东西可以保存下来以供将来之用。因此，它是社会进步必不可少的因素。任何经验在它刚刚产生的时候，虽然对相关的个人来说有珍贵的意义，但是这种经验的绝大部分是独特的、不可重复的。从科学的立场来看，尽管这些经验的共同特征非常重要，但这种材料具有偶然性。情境中的无论什么独特的东西，既然它取决于个人的独特性和环境的偶然性，那么，别人就不能加以利用，因此，除非经验中的共同东西能够被抽取出来，并且能用合适的符号把它固定下来，否则，实践中的经验的所有价值都可能随着经验的消逝而消失。但是，抽象概念和用通过抽象出来的术语记录的东西，可以把个人经验的净值提供给人类永久使用。没有人能详细地预测何时将会进一步运用或是将会怎样进一步运用。科学人士对抽象概念的开发就像工具制造者一样，他们并不知道谁将会使用这些抽象概念，也不知道何时会使用它们。但理智工具与其他机械工具相比，理智工具的适用范围要更为灵活一些。

归纳是相对于抽象概念而言的东西。归纳是抽象概念应用到新的具体经验中所起的作用——进一步澄清和引领新的情况。为了使抽象概念卓有成效，而不是流于没有结果的形式主义，必须要参考可能的运用情况。从本质上讲，归纳是一种社会性手段。如果人们把他们的利益完全等同于一个小集团的利益，那么他们进行的概括就会相应地受到限制。这种看法不允许进行广泛而自由的调查研究。人们的思想被束缚在压缩了的空间和短暂的时间上——会局限在他们自己已经形成的风俗习惯上，并且会用它来衡量一切可能的价值。科学的抽象概念和归纳等同于采用任何人的观点，而不管他所处的空间和所处的时间如何。科学从具体经验的条件和情节中解放出来这一点，可以解释为什么科学是远离现实和“抽象化”的，也可以解释为什么科学能在实践中得到广泛而自由的新的有效应用。

术语和命题把抽象出来的东西记录并固定下来，然后传播开去。从某个特定的经验分离开来的意义不能悬在半空中，它必须要有一个寄居地。名称就是给抽象出来的意义一个物质性的落脚点和形体。因此，名称的构想并非一种事后的想法或副产品，它是完成思维工作要做的必不可少的事情。有人知道很多事物却不能清楚地表达它们，但这种知识依然是可用的、直接的和个人的。个人能够自行运用这种知识，有效地根据这种知识采取行动。艺术家和执行经理所拥有的知识常常就属于这种情况。但是这种知识只是属于个人的并且是不能转让的，即是出于本能的。要想确切地阐述一个经验的意义，一个人必须得有意识地考虑他人的经验。他必须想方设法地找到一个观点——既包括他自己的经验，也包括别人的经验。否则，他交流的经验就不能被人理解，他所讲的话也没有人能听懂。文学艺术在表述经验方面提供了优秀的成功范例，因此，它们对别人有着重要的意义；科学的词汇是以另一种方式设计的，它用符号来表达所经历的事物的意思，任何研究科学的人都知道这些符号；美学的表达方式是要揭示和增加人们已有经验的意义；科学的表达方式是要提供用转换了的意义去重构新经验的工具。

综上所述，科学代表智力在规划和控制新经验方面的职能，有系统、有目的和广泛地寻求新经验，旨在摆脱习惯的种种限制。科学是有意识地进步的唯一工具，科学的进步与偶然的进步是截然不同的。如果科学的普遍性和科学远离个人的情况能使科学具有某种专门性和超越性，那么，这些性质与纯粹的理论猜测的性质是完全不同的。纯粹的理论猜测是永远与实践脱节的，而科学的专门性和超越性则只是暂时地脱离实践，是为了能够更为广泛、更加自由地应用到以后的具体行动中去。一种没有根据的理论是与实践对立的，但是，真正的科学理论是作为拓展和引领种种新的可能性的手段处于实践之内的。

三、教育中的自然主义和人文主义

有一个教育传统把课程中的科学与文学、历史作为对立面来看待。对立两方的代表人物之间进行的争论很容易从历史的角度得到解释。在实验科学产生之前，文学、语言和文学哲学已经在所有高等教育机构占据了稳固的地位。实验科学自然得为赢得自己的地位而努力奋斗。没有一个壁垒森严且坚不可摧的利益集团会直接放弃自己所拥有的垄断地位。但无论从哪个方面来讲，都无一例外地会假定语言和文学作品在性质上是人文主义的，而科学则完全是属于物质主义的，其实这是一个错误的观念。这种观念有削弱人文类和科学类这两类学科的教育作用的倾向。人类的生活不是处于真空中，也不是把自然界仅仅作为人生的戏剧舞台（参见第 16 章第二节）。人的生活是与自然进程密切相关的；人的事业无论是成功还是失败，都取决于自然以何种方式进入到人的事业中。人类深谋远虑地控制自己的各种事务的力量，取决于指引自然力量发挥作用的能力，这种能力又反过来决定他对自然进程的洞察力。不管自然科学对专家来说是何种东西，对教育目的而言自然科学就是关于人类行动状况的知识。要认识社会交往得以进行的媒介，要了解社会交往不断发展的各种手段和障碍，就要掌握在性质上完全属于人文主义的知识。一个对科学史一无所知的人，不会知道人类怎样从常规和任性行为、从迷信般地屈从自然和从着魔般地利用自然，到在理智上镇定自若地进行的种种斗争。科学教学可能流于一套形式上的技术操练，这可是千真万确的。无论什么时候，只要在科学教学中把关于世界的知识信息作为目的本身，就会发生这种情况。然而，这种科学教学不能使学生获得文化，并不证明自然知识就是与人文主义事业对立的，而只是证明教育态度是错误的。

不喜欢把科学知识运用到人们的各种职业中，这本身就是一种贵族文化的残余。在贵族社会中，所有有用的工作都是由奴隶和农奴来干的，工业管理模式都是根据风俗习惯而不是根据知识水平建立的。在这种社会里，“实用的”知识自然没有“纯粹的”知识那样有价值。那么，科学或者说最高的认识就等同于纯理论，它与生活中的一切应用都没有关系。与运用艺术相关的知识打上了从事这种艺术工作的阶级烙印（参见第 19 章）。这样产生的科学观念，在科学产生之后还坚持把它用作艺术的工具，在民主主义兴起以后，就用它们来生产知识。然而，就理论而言，与人类有关的事情比只与自然界相关的事情，对人来说具有更为重要的意义。在用与大众的实际需要相脱离的书面文化来规定知识的标准时，科学的倡导者在战略上是处于不利地位的。只要他们采用的科学概念是与实验方法和民主主义工业社会运动相匹配的，他们就很容易发现，自然科学比所谓的人文主义更具有人文主义的性质，人文主义是根据有闲阶级的专门利益来制订教育计划的。

我们在前面已经说过，如果把人文主义的学问与自然研究对立起来，人文主义学科就会受到妨碍。人文主义学科往往偏向于完全的语言文字的学习，这样会把人文学科浓缩成“古典科目”，研读已经不再有人讲的语言。因为现代语言被证明是有用的，所以也在禁除之列。在历史上很难找到任何东西，比把人文学科完全与希腊文和拉丁文的知识等同起来的教育实践更让人啼笑皆非的了。希腊、罗马的艺术和制度对我们的文明做出了如此重要的贡献，因此应该一直有充分的机会来了解它们。但是把它们看作典型的人文学科，就是故意忽略大众在教育中接触到教育内容的可能性，并且可能会形成心胸狭隘的势利行为：这个有学问的阶级的特点就是他们享受的学习机会具有排他性。知识在性质上是人文主义的，不是因为它是过去的人类作品，而是因为它解放了人类的智力和人类的同情心。任何能够成就这种结果的学科内容都是人文主义的，任何不能成就这种结果的学科内容甚至连教育性都没有。

总　　结

科学代表的是经验中的认知因素的成果。科学不满足于仅仅陈述个人的或习惯化的经验，科学旨在进行能揭示一个信念的各种来源、各种基础及各种结论的表述。如果能达到这个目的，那么这个陈述就具有逻辑性。在教育上，既然科学内容是经过高度的理智加工的，就必须要注意科学方法所具有的逻辑特点。科学方法不同于学生的学习方法——学生的学习方法有时间顺序的考虑，经验的理智性质是从比较粗糙到比较精密。忽略这个事实就会把科学看成单调乏味的知识，这种知识使用了不同寻常的专门词汇来表述，会比平常的知识还令人不感兴趣，会更加远离生活的实际。科学在课程中必须发挥的职能就是它已经为人类履行过的职能：使人从局部的、暂时的偶然经验中解放出来，开辟没有被偶然的个人习惯和偏爱遮蔽的理智前景。抽象概念、归纳和确切构想的逻辑特征都与这个职能有关。在使观念从其产生的特殊背景中解放出来并使其具有更为广泛的相关性时，任何个人经验的结果都可以供所有的人利用。因此，从终极的哲学意义来说，科学是一般社会进步的工具。

第 18 章　教育的价值

关于教育价值问题的讨论，本书在对教育目的与兴趣的讨论中已经涉及了。通常在教育理论中讨论的具体的教育价值，是与提出的教育目的相吻合的。通常提到的教育目的有这样一些：有用性、文化、知识信息、为社会效能感做准备、心灵熏陶或潜能训练，等等。这些教育目的之所以具有重要价值，我们在分析兴趣的性质时已论述过。把艺术说成是一种兴趣，或是把艺术看作一种价值，这两种说法没有什么差别。然而，我们对教育价值的讨论通常是集中在考虑课程中的具体学科所要实现的各种目的上的。这种讨论旨在通过指出各门学科对生活做出的重要贡献来证明这些学科是应该设置的。因而，详细讨论教育价值可以提供一个机会：一方面，对前面讨论的目的和兴趣的内容进行回顾；另一方面，通过把目的和兴趣互相联系起来，对课程进行探讨。

一、领会或欣赏的性质

我们的经验很多都是间接的。这种间接经验依赖介于事物和我们之间的符号，这些符号代表着事物。比如说战争，亲自参加了战争并且经历了战争的危险和艰难，这是一回事；听人讲过或读过有关战争的事情，这是另一回事。所有的语言和符号都是间接经验的工具。用专门的术语讲就是，通过种种手段获得的经验是“间接的”经验。这种经验与当下获得的直接经验形成了对比。直接经验是我们亲身参与的，是第一手经验，不是通过起代表作用的媒介物的介入而获得的。正如我们所知道的那样，个人直接经验的范围非常有限。如果没有媒介传递当下不存在的、遥远的事物，我们的经验可能会停留在野蛮人的经验水平上。从野蛮到文明的每一步都取决于媒介物的发明，这些媒介物拓宽了单纯的直接经验的范围，把它与只能用符号表示的事物联系起来并使其具有更为深刻而广泛的意义。这就是人们把没有教养的人与文盲等同起来的原因，这个事实是毫无疑义的。所以，为了获得有效的代表性或间接经验，我们会依靠文字。

同时（我们也已反复讲过这种情况），总是存在着这样一种危险，即符号并不真正具有代表性；符号不能真正把不在眼前的、遥远的事物带入到目前的经验之中，语言媒介的代表性本身则变成了目的。正规教育尤其面临着这种危险，它导致的结果就是，当语言文字占了上风时，通常称之为学术的东西，即完全的本本主义就会频繁地出现。在俗语中“现实感”这个词语是用来表达直接经验的紧迫性、温暖感和亲切性与间接经验的遥远性、苍白感和冷淡性之间形成的对比的。“心灵领悟”和“欣赏”（或真正的欣赏），是对实现一个东西的感觉的比较精致的名称。除非采用同义的说法，比如说“像回到家的感觉”、“真正的心领神会”等，否则就不可能解释清楚这些观念，因为要想知道事物的含义，唯一的方法就是获得直接经验。比如说，我们阅读一段关于一幅画的专门说明和实际看到这幅画，两者当然是有差别的；只是看到了这幅画和看到之后被这幅画感动，这两者也是完全不同的；学习关于光的数学方程式，与在朦胧的景色中看到特别辉煌的照明而被深深吸引，这两者也是不一样的。

因此，我们面临一种危险的倾向，即技术和其他的纯粹的代表性形式会侵入直接欣赏的领域。换句话说，就是存在一种趋向——认为学生对于种种情境已经具有足够的直接的现实基础。构想的学校课程可以建立在学生代表性经验的上层结构上。这不仅仅是一个获得直接经验的数量问题，更是一个质量的问题。直接经验一定要能够快捷有效地与用符号表达的教学材料联系起来。在教学能够安全地通过符号媒介传递事物和观念之前，学校教育必须提供许多真实的情境让个人参与其中，领会教学材料的意义及其要传递的问题。从学生的立场来看，他们所获得的经验本身就是有价值的；从教师的立场来看，这些经验也是手段，用来提供理解符号式教学所需要的教育内容，又唤起学生用符号传递材料的开放心态。

在既有的教育性学科内容的理论框架中，体现典型情形的游戏和主动作业可以提供领会或欣赏的背景。关于这一点我们已经讨论过，因此无须再讲什么了。不过有一点还应指出，前面讨论的很显然是关于小学教育的学科内容，在小学教育中要有直接经验的背景，这方面的要求非常明显。这个原理也适用于每门学科的基础或初级阶段。比如说，在中学和大学阶段的新领域中，实验室工作首要的、基本的作用在于让学生熟悉一定范围的第一手事实和问题——让他对这些事实和问题有“感觉”。掌握实验的技术和方法并进行归纳验证，最开始是居于获得欣赏之后的。就小学的种种活动而言，必须要记住的是这些活动的基本意图不是为了娱乐消遣，不是以最少的烦恼来传递知识，也不是要获得技能——虽然这些结果都会作为副产品产生出来——而在于扩大和丰富经验的范围，并且使知识的进步充满生机和趣味。

欣赏这个标题提供了一个引出三个深层原则的恰当题目：价值标准的有效性本质或真实本质（区别于名义上的）；想象力在欣赏的实现过程中的地位；美术（艺术品）在学习课程中的地位。

1. 价值标准的本质。每个成年人在他原先的经验和教育过程中已经获得了衡量各种经验价值的某些标准。他已经学会了把诸如诚实、亲和力、毅力、忠诚等品质看作美德；把文学、绘画、音乐方面的经典作品作为审美价值，等等。不仅如此，他还学会了衡量这些价值的某些准则——道德方面的金科玉律；审美作品中的和谐、平衡、比例分布等；知识成果方面的定义、澄清和系统。这些原则作为判断新经验的价值标准是非常重要的，教育者们总是倾向于把这些标准直接教给孩子。

他们忽略了一种危险，即这样教授的标准只是一种象征性的符号。也就是说，这些标准大多数都是约定俗成的文字。实际上，孩子的标准与表面上承认的标准有所不同，孩子的标准取决于他们自己在具体情境中特别欣赏的有深刻意义的东西。一个人也许了解到音乐中的某些特点在传统上是受到尊重的；他也许能与他人比较正确地谈论古典音乐；他也许老老实实地相信他已把音乐的这些特征等同于自己的音乐标准。但如果在他过去的经验中，他最习以为常和最为欣赏的是拉格泰姆音乐（ragtime）[①]，他评价音乐的有效标准就停留在拉格泰姆音乐的水平上。他自己觉得有实际吸引力的东西对其态度所起的稳固作用，比教师教给他的正确东西要深刻得多；这样固定下来的习惯倾向在他以后的音乐经验中就会成为他的真正价值“标准”。

可能不会有人否认上述关于音乐趣味的观点。这个看法同样适用于进行道德价值和知识价值的判断。如果一个青少年反复体验到友善待人的价值的全部意义，并让这种体验深入到其性格中，那么他就会获得慷慨大方地对待人的价值标准。如果没有这种生机勃勃的至关重要的欣赏体验，别人给他留下的大公无私的职责和德行标准的印象依然不过是单纯的符号而已，不可能充分地变为现实。他的德行“知识”是间接的，这种知识只能说明别人把大公无私珍视为一种优秀品质，如果他能表现这种优秀品质，别人就会尊重他。因此，一个人公开承认的标准与他实际拥有的标准之间会发生分裂的情形。一个人可能会知道他的内在倾向与他的理论观点之间发生挣扎斗争的结果；他得承受做他真正喜爱的事情和做他知道将会赢得别人称赞的事情之间的冲突。不过他并未意识到这种分裂，于是就会在不知不觉中造成一种虚情假意和性情反复无常的

① 1890—1915 年在美国流行的一种源于美国黑人乐队的早期爵士音乐。拉格泰姆是美国流行音乐中第一次出现的真正有全国影响力的音乐形式，它最初是一种钢琴音乐。——译者注

结果。学生也有类似的情况，一个学生千辛万苦地应付某种令人迷惑不解的需用智力的情境，他奋力前进去消除其中的迷惑并取得了明确的结果，这样他就能欣赏到清晰性和确切性的价值。他就有了一个可以依靠的标准。他可以接受外在的培训来对学科内容进行条分缕析，他可以获得在这些过程中发挥逻辑作用的有关价值标准的知识。但是，除非这种知识在某一点上被他理解并成为他欣赏的东西，否则所谓逻辑的标准就与记住中国河流的名称一样，只是外在的知识信息。他也许能够背出这些名称，但是这种背诵不过是机械的复述而已。

那么，把欣赏看作限于诸如文学、绘画和音乐一类的东西，这是严重的错误。欣赏的范围就像教育事业本身一样，非常广泛。除非我们养成的这种习惯也就是一种爱好——养成这种习惯的人所喜欢和尊敬的行为模式会给人一种实际的优越感，否则，这样的习惯就只不过是一种机械呆板的东西。有人声称现在学校总是重视表面的“纪律”，重视分数和奖励，重视升留级，就是不关注生活的情境——在生活情境中学生能够深切地感受到理解事实、观念、原则和问题的重要意义。这样的判断是有充分根据的。

2. 把欣赏性领悟与符号代表性经验区别开来。欣赏性领悟与智力性工作或理解性工作没有区别。只有有想象力的个人的回应才可能获得对哪怕是纯粹“事实”的认识。在每个知识领域中，想象力都是欣赏得以发生的媒介。想象力的运用是让活动不那么机械呆板的唯一途径。不幸的是，人们习惯于把富有想象力和假想虚构等同起来，而不是把想象看作对整个情境的热情洋溢的亲密接触。这就导致过高地估计童话、神话故事、想象的符号、诗歌和工艺美术，并把它们作为发展想象力和欣赏力的手段；而且由于忽视其他事物的想象力导致了教学方法的机械化，使很多教学简化为没有想象力地获取专门技能和堆积大量的知识信息。从某种程度上讲，理论和实践已经取得了很大的进步，足以使人认识到游戏活动是一件富有想象力的事情。不过我们通常还是把游戏活动看作儿童发展的一个特殊阶段，却忽视这样的事实——游戏和严肃工作之间的区别不是有没有想象力，而是进行想象的材料的区别。因此，一方面过分夸大儿童游戏的幻想性和“不真实”的一面，另一方面又使严肃工作死板无趣，变成只是循规蹈矩地高度重视外在的有形结果。所谓成就是指精心设计的机器比人所能做的更好，却把教育的主要影响——过一种有丰富意义的生活——抛到了九霄云外。与此同时，学生思想走神和浮想联翩完全是其无法压制的想象力没有用在所做事情上的一种表现。

适当地承认想象性游戏是认识超越了直接物质反应范围的事物的中介，这是摆脱机械呆板的教学方法的唯一方式。本书根据当代教育中存在的许多趋势提出了对活动的重视。如果不承认想象力和身体活动同样是人类活动的正常组成部分，那么本书所强调的活动观点就会让人产生误解。手工活动、实验室练习和游戏的教育价值，取决于它们在多大程度上有助于学生觉察到正在发生的事情的意义。即使在名义上我们不能把这些活动称为戏剧性表演，但在实际上它们就是戏剧性活动。这些活动的功利价值就是养成技能习惯并用其获得有形的结果。这种功利价值很重要，但如果它们与欣赏力相脱离的话，那么它们就不重要了。如果不同时运用想象力，就没有任何途径可以从直接活动进入到用符号代替的知识中去。因为，通过想象符号才能转换成直接的意义并与范围比较狭窄的活动结合起来，从而使这种小范围的活动得以扩大和丰富。如果典型的创造性想象只是在文学和神话中体现的，那么所用的符号就成为只是指导言语器官做出身体反应的手段。

3. 文学和美术在学习课程中的地位。以上讨论还没有明确地论及文学和美术在学习课程中所处的地位。其实我是故意忽略这一点。最初，在实用艺术或工艺美术和纯美术之间并不存在明显的界限。本书第 15 章所提到的许多活动本身都包含着后来区分美术和工艺美术的各种因素。由于这些活动投入了情绪情感和想象力，所以它们具有艺术的性质。由于这些活动对方法或技能有要求，使工具去适应处于不断完善之中的材料，它们便包含了艺术作品所不可缺少的技术因素。从艺术产品或艺术作品的观点来看，它们自然有不足之处，不过，尽管存在这方面的不足之处，但只要它们包含真正的欣赏，它们往往就有了初步的魅力。这些活动作为经验而言，既有艺术的性质又有审美的性质。如果它们变成了用活动产品来检验其价值的活动，当这些产品的社会实用价值受到重视时，这些活动就变成实用艺术或工艺美术了。如果这些活动的发展方向是提高最接近审美趣味的欣赏力，它们就变成了纯艺术。

欣赏（appreciation）的众多含义中的一种是与贬低价值（depreciation）对立的。欣赏的意思是指扩大的、强化的估价，不只是指估价，更不会是指——有点像贬低价值——一种降低的或贬低的估价。这些扩大的、强化的欣赏特性使任何平平常常的经验都变得富有吸引力——能被全部吸收——并令人愉悦。增加这些欣赏特性是教育中的文学、音乐、绘画等的主要职能。这些学科并非最一般意义上的独一无二的欣赏手段，不过它们是强化、提升欣赏的主要手段。就这些学科本身而言，它们不仅能直接使人愉悦，而且还为它们自身以外的目的服务。在固定的品位中它们越来越具有一切欣赏的作用，成为以后经验的价值标准。它们对降低了标准的情况表示强烈不满，要求把各种条件提升到它们自己的水平。它们揭示经验中的意义的深度和广度，如果没有这种意义，这些经验就会变得平庸并且不值一提。也就是说，它们能提供审美想象元素。而且，就完美的意义而言，它们代表了种种善的因素的集大成者，否则这些善的因素就会是分散的、不完整的。它们选择和集中令人愉悦的价值因素，这些因素会使任何经验能直接令人愉悦。它们并非教育的奢侈品，而是使教育具有价值的有力表达。

二、学习课程的评价

教育价值的理论不仅涉及解释说明欣赏的性质——它会决定后来的评价标准，而且涉及解释说明这些评价进行的具体方向。评价的主要意思是可贵，值得珍视和尊重；评价的第二个意思就是进行鉴定和衡量。换句话说，评价就是珍爱某种东西的行动，把它当作宝贝，还包含对其价值的性质和数量做出判断的行为，并与其他东西进行比较。从后一种意义上讲，评价就是衡量或评估。有时这两种意义的区别等同于内在价值和工具价值之间的区别。内在价值不是判断的对象，它不能与别的价值进行比较，不能说哪个价值大些，哪个价值小些；哪个价值好些，哪个价值坏些。它们都是无价之宝；如果某种东西是无价之宝，它与其他任何无价之宝相比，都无法说出哪个的价值是不可估量的。可有时，我们必须进行选择，为了要一样东西就必须舍弃另一样东西。这样就产生了喜好的顺序，就有了价值大小、好坏的区别。必须联系第三样东西才能对事物做出判断或估价。就第三样东西而言，它们是手段价值或工具价值。

我们可以想象一下，一个人在某一段时间里完全沉浸在与朋友们的交谈中；在某一段时间里对听交响乐着了迷；在某一段时间里享受美食；在某一段时间里热衷于读一本书；在某一段时间里迷上了赚钱，如此等等。每件事情被看作是一种欣赏力的实现时都有其内在价值。每件事情都在生活中占有特殊的位置。每件事情都有其自己的目的，是其他东西不可替代的。这里不存在比较价值的问题，因此也就没有评价的问题。每一件事情都有它特别的益处，这就是我们要说的。就每件事情本身而言它就是目的，它不可能成为实现另一件事情的手段。不过可能出现一种情形，即几件事情发生了竞争或冲突必须要对它们做出选择，在这种情况下就要进行比较。既然要做出选择，我们就要知道每个竞争者各自的要求是什么。对此应该说什么呢？这一选择能提供什么东西可与其他可能性进行比较？提出这些问题就意味着一种特殊的价值不再是目的本身，不再是一种内在价值。因为如果它是内在价值，那么它的要求将是不可比较且绝对必要的。现在的问题是，它作为实现其他事物的手段所处的地位，而且所要实现的其他事物就是那个情境中的无价之宝。假设一个人刚刚吃过饭，或者是如果他一般都吃得非常好，但听音乐的机会很少，他可能会更喜欢听音乐而不是吃饭。在这个特定情况下，音乐对他的贡献将会更大。假设他正在挨饿，或者是如果他暂时对音乐已经听够了，他自然就会把食物评判得更有价值。抽象地说或大体上说，离开必须做出选择的特定情境的需要，就不存在不同等级的或不同次序的价值。

关于教育价值我们可以得出一定的结论。我们不能在各个科目中建立一个价值等级。企图把各个科目按价值次序进行排列，从价值最小的科目排到具有最大价值的科目，这样做没有什么用处。就任何科目在经验中都起着独特的或者说是无可替代的作用而言，就任何科目都标志着生活所特有的丰富内容而言，每个科目的价值都是内在的，也是不可比较的。既然教育并非谋生手段，而与富有成效和本身就有意义的生活过程是一致的，教育所能提出的唯一的终极价值就是生活过程本身。这个生活过程并不是各种科目和活动的从属目的，各种科目和活动属于整个生活的组成部分。前面所讲的关于欣赏的观点，它的意思是，每个科目都有一个方面应该具有这种终极意义。一个科目在某处某时应该有一个就其本身而言值得欣赏的价值，这一点既适用于算术也适用于诗歌——一句话，它只是作为一种愉快的体验。如果不是这样，那么在某个时间和某个地点要把一个科目当作手段或工具时，就会碰到许多障碍。如果一个科目从来没有因其自身而被领会或欣赏过，那么它就无法作为实现其他目的的资源。

如果对各门科目的价值进行比较，也就是说，如果把这些科目看作达到它们自身之外的目的的手段，我们就必须要在运用这些科目的具体情境中去寻找控制其正确评价的手段。使一个学生理解数学的工具价值的方法，不是向他讲解在遥不可及的不确定的将来数学会带给他什么好处，而是让他发现想在自己喜欢做的事情上获得成功，这有赖于自己的数字运用能力。

还有一点就是，花费大量时间试图把不同的价值分配给不同的科目的尝试并不正确。比如说，科学可以具有任何价值，这要根据科学作为手段的具体情境而定。对一些人来说科学的价值可以是军事方面的，它可以是增强进攻或防御手段的工具；科学作为工程技术的工具可以有技术价值；科学可以有商业价值——作为成功经商的助手；在其他情况下，科学可以有慈善性质的价值——为解除人类的苦难服务；科学还可以有十分传统的价值——用科学来奠定一个人的社会地位并使其成为一个“有教养”的人。事实上科学会为所有的这些目的服务，试图把其中的一个目的作为科学的“真正”目的必然是武断的。在教育上我们可以确定的是，科学的教学应该使科学本身成为学生生活中的目的——科学之所以具有价值，是因为科学本身会对生活经验做出独一无二的内在贡献。科学首先必须具有“欣赏价值”。若举一个似乎与科学相反的例子，比如说诗歌的价值，上面的观点同样是适用的。现在，诗歌的主要价值可能是它对人们享受闲暇所做出的贡献。不过这可能是一种堕落状态，并非必然如此。在历史上，诗歌是与宗教、道德联系在一起的，它曾经是为洞察事物的神秘深邃的目的服务的。诗歌也具有伟大的爱国主义价值。对希腊人来说，《荷马史诗》是一部圣经，是一部道德教科书，是一部历史，同时又是希腊民族鼓舞人心的东西。在任何情况下都可以这样说，如果教育没有成功地使诗歌成为经营生活和过好闲暇生活的资源的话，这种教育就有问题——诗歌就不过是矫揉造作的诗歌。

上面的思考也适用于一个科目或一个科目的一个主题在激发动力方面的价值。负责制订教学计划和承担教学的人有理由认为，各个科目和其中所包括的主题既能提供直接的内容来丰富学生的生活，又能提供材料来做其他具有直接兴趣的事情。因为课程一直承载的是纯粹因袭的传统内容及主要由少数有影响力的人物所代表的学科，所以有必要对课程进行经常的检查、鉴定和修订，从而保证其目的的达成。此外，还经常存在一种可能，即课程代表的是成人的价值而不是儿童和青少年的价值；或者说代表的是 30 年前的学生而不是今天的学生的价值。因此，对课程还需要进一步的批判和考察。不过这些思考并不是说要使一个科目对学生具有激发动机的价值（不管是内在价值，还是工具价值），就是要使学生认识到这种价值或者说学生能够说出这个科目有什么用处。

第一，任何一个主题只要具有直接的吸引力，就没有必要问它有什么用处了。只有关于工具价值的问题才能问其有什么用处。有些事物的用处并不是对什么东西有用，而是它们本身就有用，其他任何看法都是可笑的。除非事物在某一点上有些内在用途，也就是说，它本身就有用，否则，我们就不能提出工具性用途的问题，即对某件事情有用处的问题。对一个饥饿的健康孩子来说，有食物就是处境良好；我们用不着让孩子意识到食物能达到解除饥饿的目的，因此提供给他吃东西的动机。与胃口联系起来的食物就是动机。心里特别渴望学习的学生对很多主题也存在着同样的情形。无论学生还是老师都不可能准确地预言这种学习将来会达到何种目的；只要学生能继续保持这种热切学习的态度，就用不着花力气具体指明这种学习会获得什么特别的本领。证明这种学习有用的事实就是学生能对它做出回应，学生的回应就是用处。学生对这种材料的回应表明这个内容在他的生活中发挥了作用。比如，抽象地讲拉丁文本身有价值并且可以作为一个学科，以此作为教授拉丁文的充足理由是没有说服力的。但如果坚持认为只有教师或学生能够明确指出拉丁文将来有什么确切的用处，拉丁文才有理由充分的价值，这种看法同样是荒谬可笑的。如果学生真正关心拉丁文的学习，这本身就证明拉丁文是有价值的。在这种情况下我们最应该问的是，因为学习时间有限，是否还有其他既具有内在价值同时又有更大工具价值的事物值得学习。

这就把我们引到了工具价值的问题上，即所学习的主题之所以有价值是因为主题之外存在的目的。如果一个孩子生病了没有胃口，食物摆在面前他也不想吃；或者说他的胃口反常，喜欢吃糖而不喜欢吃肉和蔬菜，在这种情况下就需要有意识地指出种种结果。他需要认识到吃某种东西的结果，以此证明某种东西有积极价值和某种东西有消极价值。或者是情况虽然属于正常状态，但一个人并没有采取什么行动，因为他没有了解要获得某种内在本领取决于积极关心他人所提出的事项。在这种情况下，很显然智慧的作用在于意识到两个方面的联系。一般来说，提出一个令人向往的主题，要么说它具有内在价值无须证明；要么把它看作实现某种有内在价值的事物的手段。因而，工具价值就具有作为达到目的的手段的内在价值。

还存有疑问的是，目前教育学对各门科目的价值问题的兴趣是否太过宽泛或太窄。有时候，有些科目的主题在学生生活中不再有任何直接或间接的价值，但人们似乎仍在为保存这些主题而竭尽全力地进行辩护。在另外一些时候，对无用材料的反应似乎比较极端，认为制定课程的人或者学生本人能够非常明确地指出科目或主题的未来的实际用处，否则这些内容就不应该教授，他们没有认识到这样一个事实，即生活就是它自己之所以存在的理由。因为能指出的确切的实际用处增加了生活本身的经验内容，所以才有存在的理由。

三、价值的分离与组织

我们当然可以对生活的各种各样的价值层面进行一般的分类。为了更加广泛地考察教育的各种目的（参见第 8 章第三节），使教育事业有充分的广泛性和灵活性，这样的分类有一定的益处。不过，把这些价值看作终极目的，而把对经验的具体满足看作从属目的，这是极大的错误。这些价值不过是对具体用处的或多或少的充分归纳。健康、财富、效能感、社交能力、实际效用、文化和幸福本身，它们只是总结大量事项的抽象术语。把上述这些东西看作具体主题和教育过程的评价标准，就是让具体事实从属于抽象术语，而抽象术语正是从具体事实衍生出来的，它们并不是真正意义上的评价标准。我们前面已经讲过，在具体的认识领悟中可以找出评价的标准，这种标准会形成品位和爱好习惯。然而，上面所列举的各种价值之所以重要，是因为我们把它们作为超越生活细节的观点去考察整个领域，并看清它们的构成细节是如何分配的以及各部分分配的比例是否适当。

任何一种价值的分类都只是暂时有效的。下面的思考也许会对我们有些帮助。我们可以这样说，学校工作应该贡献的那类经验的标志是：它在使用资源和处理面临的困难时很有执行能力（效能感）；具备社交能力，喜欢陪伴他人的；具备审美品位或至少能欣赏某些古典艺术珍品的能力；通过训练有素的理智方法或是对某些形式的科学研究感兴趣；体谅他人的权利和要求——负责。虽然考虑到的以上这些方面并不是价值的标准，但它们是考察、评判和更好地组织现行教学方法和学科内容的有用标准。

由于生活中的各种职业是彼此隔离的，教育的各种价值也存在着被分割的趋势，因此更需要这种一般性观点。有一种流行的观点认为，不同的学科代表着各种不同的分离的价值。因此必须把各个学科集合起来组成课程，这样就能关照到大量的各种独立的价值。下面的这段引文虽然没有用“价值”这个词语，但它包含了一种构建课程的思想，即认为课程存在着要去达到的许多各自独立的目的，各个学科可以根据各自要实现的目的进行评价：“可以通过许多学科来训练记忆力，但最好是用语言和历史来训练；可以通过高级的语言学习来训练人的品位，但最好是用英国文学来训练；可以通过所有高级的语言教学来训练想象力，但主要还是用希腊文和拉丁文诗歌来训练；可以通过实验室的科学工作来训练观察力，但有些观察力能从早期的拉丁文和希腊文的学习中获得；对于表达能力的训练，首先是用希腊文和拉丁文来写作，其次是用英语写作；对于抽象的推理能力的训练，几乎只能用数学来训练；对于具体的推理能力的训练，首先是用科学，然后是用几何学来训练；对于社会性推理能力的训练，首先是借助希腊和罗马的历史学家和雄辩家，其次是借助普通历史。所以，能够声称是最狭义的、最完整的教育包括：拉丁文、一门现代语、一些历史、一些英国文学和一门科学。”

上面所引用的这段话的表述在许多地方与我们的观点不一致，我们必须对此存疑并进行澄清。这段引文的用语显示出了作者所处的特定地区的传统。其中存在的毋庸置疑的假设是有许多“心理官能”需要加以训练，并且其主要兴趣在古代语言上；相对而言有些无视人们居住的地球和他们如影随形的身体。不过，如果允许对这些问题持保留态度（甚至是完全放弃），我们在当代教育哲学中就会发现许多问题：这种教育哲学表达的基本观点就是根据各种特殊的价值来划分许多各自分离的科目。甚至有时仅列举一个目的作为价值标准，比如说社会效能感或文化修养，人们常常会发现这些文字标题下面包括各种各样的并不连贯的因素。虽然总的趋势是允许一门科目可以包含比引文更多的价值，但是为每个科目罗列若干价值并且说明特定科目所拥有的每种价值的数量，这种尝试强调了教育价值的潜在分裂状况。

事实上，这种科目价值的设计大部分不过是在无意识中为大家所熟悉的课程做辩护而已。总的来说，一个人接受了现有课程的各种科目，然后把各种价值分配给它们，以此作为这些科目值得教授的充足理由。比如说数学，它具有训练的价值，让学生养成准确表述和严密推理的习惯；数学也具有实用价值，能使学生掌握商业和艺术中包含的计算技能；数学也有文化修养的价值，能拓展学生处理事物的最一般关系的想象力；数学就其无限性的概念及相关的概念而言，甚至还有宗教价值。但很显然的是，数学并非因为具有被称为价值的奇妙潜力而获得这些结果的；如果数学真的能获得这些结果它才具有这些价值，而不是有了这些价值它才获得这些结果。这些观点有助于教师开阔视野，即对数学主题的教学所能达到的种种可能结果会有更广阔的视野。但不幸的是，有一种倾向认为这个表述表明科目本身就具有这种潜能，而不管这些潜能是否发生实际作用，因此硬说这种表述是千真万确的。如果这些潜能没有起作用，教师不是去质疑所教授的科目有问题，而是责怪学生不用心和不顺从。

对于各种科目的上述态度不过是一个方面，它的反面是把经验或生活看作许多独立的兴趣拼凑起来的东西，这些兴趣既是同时并存的，又是相互牵制的。学习政治学的人非常熟悉政府权力理论中的牵制与平衡。政府履行几种各自独立的职能，比如说立法、行政、司法、管理等，如果每一种职能都会牵制着其他所有职能，那么就会创造一种理想的平衡机制，由此一切都会顺利进行。有一种哲学也可以称为经验的牵制和平衡的理论。生活中的兴趣多种多样，如果不加控制地任凭这些兴趣发展，它们就会互相侵扰。因此，理想的做法就是给每一种兴趣划一块专门的领地，直到最后把整个经验领域都包括为止，然后就高度关注把每种兴趣保持在其自己的范围之内。政治、商业、娱乐、艺术、科学、学术专业、有礼貌的交往和休闲就代表了这些兴趣。每种兴趣又可以分成许多分支，比如说经商可以分成体力工种、行政岗位、簿记、铁路运输、银行业、农业、贸易和商业等。其他的兴趣也可以分成许多分支。因此，理想的教育就是提供各种手段来满足这些独立的分门别类的兴趣。我们观察一下学校就很容易获得一种印象，即学校接受的是担负起满足成人生活本质观这种要求的任务。成人生活的每种兴趣都被认为是一种既定的制度，学校的课程中必须有某种东西与此相对应。因此，课程中必须有符合政治和爱国主义要求的公民课和历史课；必须有一些实用科目；必须有一些科学课；必须有一些艺术课（当然主要是文学课）；必须有一些娱乐设施设备；必须有一些道德教育课，如此等等。我们会发现，现在关于学校的大部分宣传鼓动，都是在大声疾呼和争议，从而使每种兴趣都得到应有的承认，并为每种兴趣在课程中争得一席之地；如果在现行的学校制度中行不通的话，就要想方设法创造一种新的学校教育来满足这种需要。在众多的教育激争中，“教育”本身却被遗忘了。

这样做所产生的显而易见的结果就是课程的科目繁多，学生负担过重并导致分心，而且狭隘的专门化科目对教育的本意会造成致命的打击。可这些不良后果通常会导致增加一些同样的东西来作为补救。当他们觉察到全部生活经验的要求不能得到满足时，并不会把这个缺陷归咎于现有的各科教学彼此不相关联并且范围狭窄。这种认识成了重构学校教学制度的基础。他们仍然引进其他科目来补救课程的不足，如果有必要还会开设另一种学校。至于那些认为科目太繁杂会引起学习表面化和学生分心的人，通常也只求助于数量标准，他们提出的补救办法就是删去很多被认为是一时流行的装饰性科目，主张初等教育回到读、写、算的“三基”老课程中去，高等教育回到古典文学和数学的老课程中去。

当然这种情况有其历史影响的解释。过去的各个历史时代有它们自己的特殊利益纷争。每一个伟大的时代好比地质学中的地层一样，都留下了文化的积淀。这些文化积淀以学科的形式进入到教育制度之中，成为不同类型的科目，成为不同类型的课程，成为不同类型的学校。随着19世纪的政治、科学和经济三方面利益的迅速变化，必须为新的价值提供新的准备。虽然比较古老的课程进行了反抗，但它们至少在美国不得不退出了垄断地位，不过它们并没有在内容和目的方面进行重构；它们只是减少了数量而已。代表新利益的新学科没有用来改造所有的教学方法和教学目的；它们已被加进了课程成了新的科目。这样导致的结果就是一个大杂烩的组合物，就是以学校计划构成法（技术）或时间表为主要部分的黏固剂。因此就产生了我们上面提到的价值体系和价值标准。

教育中的这种情形代表了社会生活中所做出的区分和分离。在分离的制度中，任何丰富而协调的经验中的各种兴趣都被撕扯得支离破碎并散落在这些分离制度中，而且有各自独立的目的和方法。比如说，商业就是商业，科学就是科学，艺术就是艺术，政治就是政治，社会交往就是社会交往，道德就是道德，娱乐就是娱乐等。每个科目各有其专门的目的和实施途径，并各有其独立的领域。每件事情只是在表面上偶然会对别的事情有所贡献。所有这些事情通过并列和相加的方式集中起来构成生活的全部。一个人从商业中期待的除了商业会提供金钱，用它来赚取更多的金钱，用来维持自己的家庭生活，用来购买书籍和画册，用来购买提供文化修养的音乐会门票，用来支付各种税款和慈善捐赠，用来购买其他有社会价值和伦理价值的东西之外，还有什么其他希望呢？如果有人期望经商本身是富有想象力的文化修养；经商不是通过其所提供的金钱而是直接由其富有生命力的原则来服务社会的，并且是社会组织作为一种事业来追求的，这种期望该是多么不合情理啊！对于从事艺术、科学、政治或宗教事业来说，也存在类似的误解。每件事情都变得专业化了，不仅表现在应用和对时间的要求方面，而且表现在目的和有生命力的精神方面。在不知不觉中，我们的学习科目和教育价值理论都显示出了这种兴趣的分裂现象。

因此，教育价值理论方面的争议之处便是经验的统一性或整体性问题。怎样才能使经验完全且多样而又不失去精神的统一性呢？怎样才能使经验在统一性中又不会狭隘和单调呢？从根本上讲，价值和价值标准的问题就是组织生活的各种兴趣的道德问题。从教育上讲，这个问题涉及学校、教育内容和教育方法的组织，并使经验广泛而丰富。我们怎样才能有开阔的视野而不会牺牲执行效能感呢？我们怎样才能确保兴趣的多样化而不会付出被孤立的代价呢？我们怎样才能使个人运用其理智而不会牺牲其理智呢？我们怎样才能使艺术、科学和政治在丰富的心灵中相互增强它们的作用，而不会牺牲其他事情来追求自己的目的呢？我们怎样才能使生活的兴趣和强化生活兴趣的科目去丰富人们的共同经验，而不会使人们互相分隔开来呢？我们将在以后各章讨论上面所提出的这些需要重构的问题。

总　　结

从根本上讲，在价值讨论中所包括的因素在前面讨论目的和兴趣时已经涵盖了。不过既然教育价值一般是结合课程中的各门科目的要求进行讨论的，在这里对目的和兴趣的讨论是从具体科目的立场重新进行的。“价值”（Value）这个术语有两种截然不同的意思。一方面，价值指珍视一个事物的态度，发现事物本身有价值或具有内在价值。价值就是全部经验或完整经验的代名词。在这个意义上进行评价就是进行欣赏。另一方面，评价指一种非常特别的理智行为——进行一种比较和判断——即进行估量。当我们缺乏充分的直接经验时就需要进行估量，同时就会出现一个问题，即在一个情境的各种可能性中选择哪一种可能性才能达到完全的实现或者是才能获得至关重要的经验。

无论如何，我们绝不能把课程中的许多学科分成欣赏性科目（即有内在价值的科目）和工具性科目（即在它们本身之外有价值或有目的的科目）。在任何科目中形成恰当的标准，取决于这个科目在实现经验的现实意义时所做出的贡献，取决于直接的欣赏。因为文学和美术代表最好的欣赏，所以它们具有特殊的价值——通过选择和集中从而深刻地领悟它们的意义。每个科目在它发展的某个阶段对与其有关的个人来说，应该具有审美的性质。

对各种不同的经验的内在价值做出及时的贡献，是决定许多科目的工具价值和派生价值的唯一标准。把各自隔离的价值分派给每个科目，同时把整个课程看作由各自独立的价值聚集而成的混合体，这种趋向是由于不同社会群体和阶级之间处于隔离状态造成的。因此，在一个民主主义的社会群体中，教育的任务在于与这种隔离现象做斗争，使各种利益能够相互支撑并相互影响。

第19章　劳动和闲暇

一、对立的起源

我们已在考虑的目的和价值的分离导致了目的和价值之间的对立。在教育史上出现的最为根深蒂固的对立也许就是，为有用劳动做准备的教育和为闲暇生活做准备的教育。正是“有用劳动”和“闲暇”这两个术语证实了我们提出过的一个观点，各种价值的分离与冲突并非孤立的现象，而是反映了社会生活内部的分裂。如果通过劳动自谋生计和高雅地享受闲暇这两种教育职能可以平等地分配给社会中的不同成员，那么就不会有人认为各种教育机构及其所包含的种种目标之间会有冲突了。教育怎样才能最为有效地为这两种职能做出贡献，要考虑到这个问题是不言而喻的。虽然我们可能会发现，一些教育材料主要是达成一种结果，而另一种教育材料则是达成另一种结果，但是必须要确保在条件允许的情况下，尽可能地使这两种结果相互涵盖。也就是说，比较直接地以享受闲暇为目标的教育应该尽可能间接地加强效能感和对劳动的热爱，而以效能感和热爱劳动为目标的教育应该培养情感和理智习惯来获得崇高的闲暇生活。

这些一般性看法是在教育哲学的历史发展过程中被充分证明了的。自由教育和职业技术教育的分离可以追溯到古希腊时代，在阶级划分的基础上明确地把社会阶级分成必须为谋生而劳动的阶级和不必为满足生活必需而劳动的阶级，并认为适合于后一阶级的自由教育在本质上是高于给予前一阶级的奴役性训练的。这种思想反映了这样一个事实，即一个阶级是自由的，而另一个阶级在社会地位上是被人奴役的。这个受奴役的阶级不仅要为维持自己的生计而劳动，而且要为上等阶级提供生活资料，从而使他们不必亲自从事生计性职业。受奴役的阶级从事的这种工作几乎要耗费他们的全部时间，并且从性质上讲是不需要运用智力的或者说是不会获得智力报酬的。

毋庸置疑，每个人都必须从事一定数量的劳动。人类必须生活，这就要求人们通过工作来提供生活的来源。即使我们坚持认为与谋生有关的兴趣只是物质性兴趣，因而在本质上低于与闲暇阶级相关的兴趣，即使我们承认有些事情非常引人入胜而且并不从属于物质利益，从而使它竭尽全力去占据属于较高理想利益的地位，但如果不存在社会阶级的划分这个事实，就不会使我们轻视培训人们从事有用职业的教育，反而会使我们格外地关注，这样人们就会受到充分的培训并且使他们保持原来的地位。教育要保持警惕从而使我们避免由于忽视而产生不良后果。只有当这些利益的区分与社会分成低贱阶级和高贵阶级相一致的时候，为有用工作做准备才会受到轻视并被看作不值得做的事情。这一事实使人们得出了这样的结论：严格意义上的体力劳动是与物质利益等同的，闲暇生活是与理想的利益等同的，这个结论本身就是社会的产物。

在两千多年前的社会条件下的教育构想产生了如此大的影响，对划分劳动阶级和闲暇阶级的含义给予了如此明确而且合乎逻辑的承认，这种思想值得特别关注。根据这种思想，在所有生灵存在的构想中，人是居于最高地位的。人与动植物有部分相同的构造和功能——比如说，营养的功能、新陈代谢的功能、运动或实践的功能。人所特有的作用在于人是理性的存在，人可以用理性来领悟宇宙的美妙。因此，人类的真正目的在于尽最大可能地发展这种人类独有的特点。观察的生活、反省的生活、沉思和推测的生活是作为目的本身而存在的，是真正的人的生活；而且通过理性进而去适当控制人类本性的低级要素——比如，欲望和冲动。这些低级要素包括贪婪、不服从、纵情等，它们的目的只是为了自身的满足，但是当这些欲望服从理性的支配时，它们就会奉行节制——遵循中庸之道，就会服务于令人满意的目的。

这里讲的是理论心理学发生的情况，亚里士多德曾对此做了非常翔实的说明。亚里士多德的这种说明在人们的阶级构成中得到了反映，因此也在社会的组织方面得到了反映。相对来说，只有在少数人中理性灵魂才能作为生活规则发挥作用。在广大民众中植物性灵魂和动物性灵魂则起着主导作用。他们的理智力量是如此软弱无力和变化无常，因此经常被肉体的欲望和情欲所征服。这种人本身并不是真正的目的，因为只有理性才构成最终的目的。他们就像植物、动物和有形工具一样，是实现别人目的的手段和工具，虽然他们与植物、动物和物质的工具不一样，但是他们在完成交给他们的任务时有足够的智力去履行自行决定的自由。因此，不仅从社会习惯方面讲，而且从性质上讲，有些人是奴隶——也就是说，是实现别人目的的手段①。很多手工业工人在某个重要方面的处境甚至比奴隶还要差。他们像奴隶一样为外在于自己的他人目的而服务；但是，既然他们不像家庭奴隶那样会享受与自由的高层阶级之间的亲密联系，他们就仍然处于较低的地位。而且，妇女、奴隶和工匠是同属于一个阶级的，他们都是自由或理性的生命用来实现生产和生殖目的而使用的活工具。

无论个人还是集体都存在着单纯的谋生与过有价值的生活之间的分歧。一个人为了过有价值的生活，首先必须得活着。个人是如此，集体社会也是如此。单纯为了谋生所花费的时间和精力减少了他们从事具有内在理性意义的活动的时间和精力；他们也不适合从事理性活动。作为别人的手段是不体面的，为人服务是受人奴役的。只有达到不经过努力和无须关注就能获得物质必需品的程度，真正的生活才有可能。因此，奴隶、工匠和妇女是被用来提供生存的手段，从而使具有充足智力的人

① 亚里士多德并不认为实际的奴隶阶级和自然的奴隶阶级是必然一致的。

可以过上闲暇生活并从事有内在价值的事情。

上述这两种职业模式——一种从事受人奴役的活动，一种从事自由活动（或“艺术”）——对应着两种教育：一种是低级的或机械的教育，另一种是自由的或理智的教育。一些人受到的是适合的实践训练，为的是培养做事的能力，培养利用机械工具来制造物质产品和提供个人服务的能力。这种训练只是让人养成机械的习惯和技能；这种训练通过反复的练习和辛苦的运用得以实施，而不是通过唤醒思维和培养思维能力来实施。自由教育的目的在于训练智力使其发挥正确的作用，即去获得知识。获得的这种知识与实际事务的关系越少，与制造或生产的关系越少，就越能充分地运用智力。因此，亚里士多德坚持划清低级教育与自由教育之间的界限，他甚至把我们现在所谓的纯美术、音乐、绘画和雕塑所涉及的实践与低级的技艺归为同一等级。它们都包括物质手段、辛勤地练习和外在的结果。比如说，亚里士多德在讨论音乐教育时提出过一个问题，即儿童练习乐器应达到什么水平。亚里士多德的回答是：儿童练习乐器的熟练程度可以达到能够欣赏音乐的水平。也就是说，可以达到能够理解和享受奴隶或专业人士所演奏的音乐的水平。如果儿童练习乐器的目的在于养成专业能力，那么音乐就从自由水平下降到了谋生水平。亚里士多德说，如果是这样的话，我们教授烹饪也是一样的。即使是与自由关涉的纯美术作品，也取决于一批被雇用的画师的存在，他们把获得机械的绘画技能居于发展自己的人格之上。活动的级别越高，就越属于纯粹的精神活动；它与物质东西或身体的关系越少就越是纯粹的精神活动，就越是独立的或自足的活动。

上面的最后几句话提醒我们，亚里士多德再一次对那些过理性生活的人进行了高级与低级的区分。因为各种目的与自由活动之间存在着区别，一个人的生活有时只是伴随着理性的，有时理性却成了生活的中介。也就是说，献身于所在社会的共同生活的自由公民，参与社会事务管理并赢得了个人的尊敬和荣誉，他们过着有理性伴随的生活。可是，一个思想家，一个献身于科学探究和哲学思考的人，可以说不仅仅是通过理性工作的，而是在理性中工作的。换句话说，即使处于公共关系中的公民活动，也仍然保存了某些实践的味道和外在的或仅属于工具性做法的色彩。这种影响表现在公民活动或公民的卓越表现需要他人的帮助；一个人不能独自进行公共生活。但根据亚里士多德的哲学观点，一切需要和一切愿望都包含一个物质因素；一切需要和欲望都含有缺乏、匮乏的意思，它们依靠自身之外的东西才得以完成。然而，一个人可以独自过上纯粹理智的生活，他也可能会从别人那里获得帮助，但这种帮助是偶然的而并非内在固有的。理性在获得认知中和在理论生活中得到了全面的体现；为获得认知而获得认知且不管任何运用，只有这种认知才是独立的、自足的。因此，只有把获得认知能力本身作为目的甚至连公民履行职责的实践也不考虑的教育，才是真正的自由教育。

二、目前的情况

如果亚里士多德提出的观念只是他个人的观点，那么这种观念不过是或多或少令人关注的历史奇闻。这种思想观念作为缺乏同情心或者特别聪明的天才人物卖弄学问的例子，可以把它搁置起来不用考虑。但亚里士多德只是毫不含糊地真心诚意地描述了他当时所处的社会生活而已，没有任何思想的模糊不清。无须说明的是，自亚里士多德时代以来，实际的社会情况已经发生了巨大的变化。虽然我们可以撇开这些变化，撇开法定农奴制的废除以及民主思想得到广泛传播，撇开科学和普通教育（包括书籍、报纸、旅行、社交以及学校）的推广，但社会群体仍然非常清楚地被分成有学问的阶级和没学问的阶级、闲暇阶级和劳动阶级，这就使亚里士多德的思想观点成了批判目前教育上文化修养与功利效用相分离的最具启发性的观点。在教育学讨论中所出现的需要智力和纯粹抽象的区分的背后，隐约呈现出了社会的区别，一部分人的追求就是获得最低限度的自我指导思想和审美欣赏能力；另一部分人则更加直接地从事理智的事务和控制他人的各种活动。

亚里士多德曾经说过："任何职业、艺术或学科，如果它不能使自由人的身体、心灵或理智很好地发挥和实践人的优秀才能，那么它们就应该被认为是机械呆板的。"当然亚里士多德是永远正确的。就像我们现在名义上所做的这样，如果我们坚持主张不仅少数人是自由的而且人人都是自由的，那么，亚里士多德这些话的力量几乎会无限地增大。因为，如果认为就其身心性质而言大量男性和所有女性都是不自由的，因此只能给他们适合的机械技能的训练，而不用考虑这种训练形成的能力对他们将来参与有价值的生活的影响，那么这种看法就既不是思想上的混乱，也不是道德上的虚伪。亚里士多德进一步说："所有为了金钱而从事的职业和有损身体健康状况的职业都是机械呆板的，因为这些职业剥夺了智力的闲适和尊严。"他的这番话也是永远正确的。说它永远正确还有一个条件，即如果有金钱报酬的职业在事实上剥夺了使用智力的条件，那么也就会剥夺使用智力的尊严。如果亚里士多德所表达的观点是错误的，那是因为他把社会习俗当作了自然的需要。不过，如果用不同的观点来看待精神与物质、心灵与身体、智力和社会服务的关系，那么只有当这种观点有助于在事实上消除旧的观念，即在实际生活和教育中已被消除时，才能说这种观点比亚里士多德的更好。

亚里士多德认为，只是有实践技能和积聚外在产品的能力，远不如有理解能力、共鸣式欣赏能力和自由运用观念的能力。他的这句话也是永远正确的。如果说有什么错误的话，那就是他认为这两个方面的彼此分离是必要的：他认为在有效生产有价值的物品和提供服务与自我指导思想之间、在意义重大的知识与实际的成就之间都存在着自然的分离状态。如果我们只是纠正他在理论上的误解而容忍他的思想观点之所以产生并得到支持的社会状况，是于事无补的。在从奴役制度转变为自由公民制度的过程中，如果这种变化最可贵的结果只是增强了人类生产工具的技术效能感，那么我们就是有所失而不是有所得。如果我们对那些直接利用自然的人仍然处于愚昧和不自由的状态感到心满意足，而让遥不可及的科学家们和工业巨头们独占控制自然的智力，由此我们把智力看作通过行动控制自然的力量，那么我们也只是有所失而不是有所得。只有当我们不承担下列责任——保持教育实践去训练多数人从事包含单纯生产技能的职业和训练少数人获得属于装点门面和文化修饰的知识时，我们才能真诚地批评把生活划分为彼此分隔的功能和把社会划分成彼此隔离的不同阶级。总之，超越希腊的生活哲学和教育哲学的能力，不是仅仅通过以所谓自由、理性和有价值等的理论符号的转换就能获得的，也不是通过改变对劳动尊严的情操并且认为为他人服务的生活比孤立的自足生活要优越就能获得的。这些理论的改变和情感的变化很重要，但是它们之所以重要就在于，它们被利用来发展真正的民主主义的社会，在这种社会中大家都参与有用的服务并且都享用有价值的闲暇。我们对教育的重构不只是文化概念的改变——或者心灵的解放——和社会服务概念的变化；教育重构之所以有必要，是因为要让教育对社会生活的变化产生充分而明显的影响。“大众”在政治上和经济上日益得到解放，这一点已经在教育中得到了显现；它已经引发了免费的公立小学教育制度的建立。学习是少数天生注定能管理社会事务的人的专利，这个观念已经被摧毁。不过这个革命依然尚未完成。这个观点依然广为流行：真正的文化修养或自由教育与工业事务至少没有任何直接的、共同的东西，适合大众的教育必须是一种有用的或实际的教育，但这种教育把有用的实际教育与培养欣赏能力和自由思想的教育看成是对立的。

作为一个结果，我们的实际教育制度成了一个前后不连贯的混合物。某些科目和方法被保存下来，因为人们假定这些科目和方法对特有的宽宏大量的自由品质是认同的，而所谓自由，它的主要内容就是对实践目的无用。这种情况主要见于高等教育，即能在大学教育和大学预科教育中见到。不过，这种现象已经渗透到了初等教育，也在根本上控制了初等教育的过程和目的。此外，对必须要自谋生计的和在现代社会的经济活动中扮演着越来越重要的角色的大众，教育已经做出了一定的让步。这些让步表现在专业学校及其课程上，如职业学校、工程技术学校、手工业训练和商业学校，表现在职业教育和职前教育的课程中；这种精神也在某些基础教育课程中得到了体现，如传统的读、写、算的3R教育。结果就形成了一种制度，“文化”科目和“实用”科目并存于一个缺乏有机联系的混合体之中，其中“文化”科目的主要目的不是为社会服务，“实用”科目则不注重解放想象力或思维能力。

在这种情况下，甚至在同一科目中也出现了奇妙的混合，在对实用做出让步的同时又保存了原来为闲暇做准备的特点。“实用”因素可以在科目内容的各种主题中找到，“自由”因素可以在教学方法中找到。混合的结果也许比单纯坚持两个原则中的任何一个原则所得的结果更令人难以满意。比如说，学校最开始的四五年安排的科目几乎全是阅读、拼写、写作和算术，这样安排的动机在于，准确地读、写、算的能力是进一步学习必不可少的能力。这些科目仅仅被看作手段：为了将来可以从事能获得利益报酬的职业，或者是为了以后能够继续学习，这要视学生是否继续留校学习而定。这种态度反映在为获得自动技能而对操练和实践的强调中。如果我们去看一看希腊的学校教育就会发现，从儿童早期开始，技能的获得会尽可能地列在从属于拥有审美的道德意义的文学内容的地位。所强调的东西是目前的内容，而不是为了获得供下一步使用的工具。然而，这些科目脱离了实际运用，并被降格为纯粹的符号工具，它代表了与实用脱离的自由训练思想的残余。完全采用实用主义观点也许能使教学把各种科目与直接需要这些科目立即发挥作用的情境结合起来。课程之中很难找到一个科目可以避免由于在两个相反的理想中采取折中办法所产生的恶果。自然科学是根据实用原则推荐课程的，但是这些课程是作为远离应用的特殊成就而被教授的。理论上的音乐和文学是根据它们的文化价值被引进课程的，但教学强调的重点是掌握专门的技能模式。

如果少用一些折中办法，并且少一些运用折中办法所造成的混乱，更细致地去分析文化和实用性各自具有的意义，我们就可能比较容易地构建一种课程，它应该既有用又是自由的。只有迷信行为才会使我们相信这两个方面是必然对立的，即一个科目有用就会不自由；一个科目因为无用所以就有文化修养的作用。我们一般会发现，以实利为目标的教学会牺牲想象力的发展、审美品位的提升和理智见识的深化——这些当然具有文化修养的价值——也在同样程度上限制了所学知识的用途。这并不是说所学的东西完全不可能利用，而是只能应用在受他人监督而进行的常规性活动上。狭隘的技能模式的运用范围不可能超越它本身；任何技能模式如果能加深知识和完善判断，就比较容易用到新的情境之中去并且可以受使用者个人的掌控。在古希腊人看来有些活动具有奴役性质，这并不完全是因为这些活动具有社会和经济的功效，而是因为它们是直接与谋生有关的活动。在古希腊时代，人们从事这些活动既不是为了表现受过训练的智力，也不是因为个人欣赏这些活动的意义。只要把务农和经商当成一种因袭陈规的职业，只要从事这些职业不是为了提高农业劳动者和机械工人的心智，他们就是不自由的，仅此而已。理智的和社会的背景现在已经改变了。在大多数与经济有关的职业中，工业中的许多要素过去不过是因袭陈规习俗，而现在都来自科学的探究。今天最主要的职业不仅代表而且依靠应用数学、物理和化学。人类世界受经济生产和消费影响力影响的范围在无限地扩大，地理上和政治上所考虑的范围也在无限地扩大。柏拉图贬抑为了实用目的而学习几何和算术，这很自然，因为事实上它们能发挥的实际作用很小，在性质上缺乏最具有实用价值的内容。但是随着几何和算术的社会用途的增加和扩充，它们的自由价值或“理智的”价值与它们的实用价值达到了同样的程度。

我们之所以不能全面认识和充分运用自由价值和实用价值的一致性，其主要原因依然是许多工作得以开展的情况。机器的发明延长了闲暇时间，甚至一个人在工作时也有可能享用闲暇。技能的掌握已经习以成性，这可以使大脑获得自由从而去进行高级的思维活动，这个观点已是常识。在工业中引进机械化的自动操作也存在着类似的情况。它们可以使人的大脑获得自由去思考其他的主题。但是，当我们把使用双手劳动的人所受的教育限制在几年的学校教育并且主要是为了获得运用基本符号的能力时，就会付出牺牲科学、文学和历史的学习的代价。我们没有让工人的心智做好利用受教育的机会的准备。更重要的是，大部分工人没有认识到他们所从事的职业的社会目标，并且对自己从事的职业也没有直接的个人兴趣。实际上他们得到的结果并不是他们的行动想要的结果，而只是他们的雇主想要的结果。他们为了工作而工作，不是为了自由地发挥聪明才智，只是为了获得工资而工作。正是由于这个事实，他们的行动变成了不自由的行动。任何教育如果只是为了传授技能，那么这种教育就既不自由也不道德。这种教育活动就是不自由的，因为人们不是自由参与这种活动的。

然而，教育要是记住了工作的大部分特征，现在就有机会把自由培养和社会服务的训练协调起来，把自由培养与有效且幸福地从事生产性职业的能力协调起来。这种教育本身将倾向于消除现存经济状况的种种不良表现。人们会主动关心控制着其活动的各种目的，在这个范围内即使行为的身体方面仍然一样，他们的活动也变成了自由的或自愿的，不再具有外部强加的奴役性质了。在所谓的政治方面，民主主义的社会组织能使人们有机会直接参与社会控制；在经济领域，控制还是外在强加的和独断专行的。内部精神活动与外部身体活动之间的分裂，传统的自由教育与功利教育之间的区别，就是这种割裂现象的反映。一种应该统一社会成员的性情的教育将会竭尽全力去统一社会本身。

总　　结

在上一章里讨论的关于教育价值的许多割裂现象中，也许最根本的割裂在于文化修养和实用性两者之间的分歧。虽然人们常会把这种区分看成内在的和绝对的，但它实际上是历史的和社会的。就有意识地形成这种区分来讲，它起源于古希腊；根据这种区分的事实，只有少数人能够过上真正的人的生活，他们是依靠别人的劳动成果来维持生活的。这个事实影响了探讨理智和欲望、理论和实践的关系的心理学理论。这个事实在人类永远被划分成两种人的政治理论中得到了体现：一种人能够过理性生活，因此他们有自己的目的；另一种人只能过欲望和劳动的生活，因此需要他人给他们提供目的。无论是从心理学上还是从政治学上进行区分，用教育的术语来表达就是，它们引起了自由教育和有用的实践训练之间的区分：一方面是自由教育，与致力于为获得知识而获得知识的自足闲暇生活有关系；另一方面是为了从事机械呆板的职业而进行的有用的实际训练，它们缺乏理智的和审美的内容。尽管目前的情况在理论上完全不同了，并且在事实上也有了很大变化，但是古老的历史情况中的各种因素依然存留着，这些因素足以维护教育的区分，加上许多折中妥协的做法，它们常常会降低教育措施的效能。民主主义社会的教育问题在于，消除教育上的二元论，构建一种学习课程，从而使每个人都能在思想的引导下自由实践，并使闲暇成为接受服务责任的报偿而不是豁免服务所处的状态。

第20章 知识性科目和实用性科目

一、经验与真知识的对立

就像谋生与闲暇是对立的一样，理论与实践、理智和执行、知识与活动也都是对立的概念。无疑，后面这几组对立与第一组的对立是在同样的社会条件下产生的；但与它们有关系的某些确定的教育问题，使得清楚地讨论一下知行关系和所谓的知行分离问题很有必要。

认为知识是从较高来源衍生出来的，而不是从实际活动中衍生出来的，并且认为知识具有较高的且更加精神化的价值，这种观点历史悠久。就有意识关注的历史来说，可以追溯到柏拉图和亚里士多德提出的经验和理性的概念。这两位思想家在很多方面的看法是不一致的，但是他们都认同经验是纯粹与实践有关的事情；因此都认同经验的目的是物质兴趣，经验的器官是身体。知识是为了知识本身而存在的，与实践无关，都可以在纯粹的非物质的心灵中找到知识的来源和知识的器官；知识与精神旨趣或理想旨趣有关。此外，经验总是包含缺乏、需要和欲望；经验永远不是自足的。而理性认识本身就是完全且全面的。因此，实践生活永远处于起伏波动的状态，而理智的知识关涉的是永恒真理。

这种经验与理性认识的尖锐对立与以下事实有关系，即雅典哲学开始于把批判风俗和传统作为知识和行为的标准。雅典哲学在寻找代替这些标准的东西时，找到了理性并将其作为信仰和活动的唯一恰当的指南。既然风俗、传统与经验是一致的，那么得出的结论就是：理性优越于经验。而且，如果经验不满足于它所处的从属地位，它就成了承认理性权威的大敌。既然风俗和传统信念对人是个束缚，那么理性争取合法的优越地位的斗争，就只有通过表明经验具有根深蒂固的不稳定和不充分的性质才能赢得胜利。

柏拉图提出哲学家应该是一国之王，对这一观点的最佳理解就是：管理人类事务应该具备理性智慧而不是靠风俗、欲望、冲动和情感。理性智慧确保统一性、秩序性和规律性，而风俗、欲望、冲动和情感所表达的意义则是复杂多样和不一致的，从一种情况到另一种情况会频繁地发生无理性的变化。

雅典哲学家之所以把经验等同于单凭风俗习惯所代表的令人无法满意的事务状况，其原因不难找到。商贸和旅行往来日益频繁、殖民地的开拓、移民和战争，这些都扩大了人们的知识视野。不同社会的风俗习惯和信仰彼此都是截然不同的。雅典国内的动乱成为家常便饭；城市财富似乎都交托给了派系纷争。人们知识视野的扩大与闲暇时间的增加刚好吻合，这使人们认识到了许多自然界的新事实并且激发了他们的好奇心和遐思。这种情形向人们提出了一个问题：在自然界和人类社会中是否存在永恒和普遍的东西。理性是理解普遍原理和本质的官能，而感官则是洞察变化的器官——感官的感觉是不稳定且多种多样的，而理性则是永久性的、始终如一的。感官发生作用的结果保存在记忆和想象之中，应用于通过习惯形成的技能之中，从而构成了经验。

最好的经验表现在各种各样的手工艺术之中——即和平和战争的艺术之中。补鞋匠、吹笛手和士兵，他们都要经过经验的训练才能获得技能。这就意味着在反复与事物接触后，身体器官特别是感觉器官产生的结果会得到保存和巩固，直到确保获得了预见能力和实践能力才会停止接触。这就是“经验主义的”这个术语的本质含义，它指的是不以洞察原理的远见卓识为基础所获得的知识和能力，它表达的是大量的各自分散开来的尝试的结果，它表达了现在的“尝试错误法”所传递的思想，特别强调尝试具有的或多或少的偶然特点。就其控制和管理能力而言，这种方法只是一种按部就班的常规方法。如果新旧情境是相似的，这种方法就行得通；如果新旧情境不同，就很可能会失败。即使在今天，如果说一个医生是经验主义者，就等于说他缺乏科学训练，并且他所进行的治疗工作只是通过他在过去的经验中偶然获得的方法来进行的。正是因为在“经验”中缺乏科学或理性，所以经验难以保持最佳状态。单凭经验行医的医生很容易蜕化为骗人的江湖术士。这种医生根本不知道他的知识来自哪里或要用到哪里，因此当他碰到超越常规的情况时就会作假——做出不合理的判断、靠碰运气和搪塞——以假象吓唬欺骗他人。而且他假定，因为他学会了一件事情，所以他就能知道许多其他事情，正如雅典历史告诉我们的那样，普通手艺工人以为他们已经学会了从事他们那个行业的专门事情，就具备了管理家务、教育和政治的能力。因此，经验总是徘徊在自我吹嘘、假冒哄骗、似真非真的边缘，与理性所掌握的现实存在着显著的区别。

哲学家们很快就从这种事态中归纳出了某种结论。感官是与嗜好相关联的，是与需要和欲望相关联的。它们不是抓住了现实事物，而是抓住了事物与我们的苦乐之间的关系，并且抓住了事物与满足身体需要和福利的关系。感官之所以重要，是为了肉体的生活，而肉体不过是享受高级生活的一个稳固的基础。所以说，经验具有明确的物质性质；它和与身体有关的物质事物有关。与此形成对照的是，理性或科学则抓住了非物质的、理想的和精神的东西。就经验而言，存在着某些具有道德危险性的东西，比如说，肉欲兴趣、性欲兴趣、物质兴趣与世俗兴趣这类词语所暗示的意义；而纯粹理性和纯粹精神则意味着在道德上有某些值得称颂的东西。而且，经验总是与这些东西有着根深蒂固的联系：变化中的东西，无法解释的变动不居的东西，以及形形色色的、变化多端的东西。经验材料本来就是变化多端和不值得信赖的。经验混乱无序，因为它是不稳定的。一个信赖经验的人不知道他要依靠什么，因为经验是变化的，一个人的经验与另一个人的经验是不同的，这一天的经验与另一天的经验也是不同的，更不用说一个国家的经验与另一个国家的经验了。经验与“许多”的联系和各种各样的特殊事项的联系会有同样的影响，也会在经验的训练中带来冲突。

只有单一的整齐划一的东西，才能保证一致性与和谐性。势不两立的斗争冲突产生于经验，在个体内部以及个人与个人之间存在着意见和行为的冲突。信念的标准问题不能在经验中得到解决，因为，正如各种各样的地方风俗所证明的那样，经验的本质就是要煽动各种类型的相反的信念。这样得出的逻辑结论就是，一个人的经验会使他在特定的时间和地点相信什么是真实的和有益处的，相信任何事物对特定的个人来说都是有益的和真实的。

最后，实践在经验范围之内是必要的。做事的出发点是需要，做事的目标在于引起变化。生产或制造东西就是要改变某种东西；消费东西也是要改变这种东西。因此，一切令人反感的变化及多样化的特征都与做事有关联，但认知则与认知对象一样永恒。认知就是在理智上或理论上把握一个东西，就是脱离变化多端、偶然机会和多样化的范围。真理没有缺乏，真理没有受到感官世界的扰动。真理涉及的是永恒的、普遍的东西。只有服从理性规律，经验世界才能在控制下变得稳定有序。

当然，如果说所有这些区分性特征一直有其充分的学术明确性，那是站不住脚的。但是，这些区别深刻地影响了人们后来的思想和对教育的看法。轻视自然科学而重视数学和逻辑学；轻视感官和感官观察；觉得知识是高等的、有价值的，因为在某种程度上知识处理的是理想的符号而不是具体的事物；如果特殊事物不是从普遍中推演出来的就会受到藐视；无视身体；把艺术和手艺贬低为理智的工具，所有这些都是以对经验和理性各自价值的估价而寻求庇护和支持的——或者说这对实用和理智而言也是一样的。中世纪哲学继续强化了这种传统。认识现实就意味着与最高的现实或上帝发生关联，并享受这种关联所带来的永恒幸福。冥想最高现实是一个人的行动所服从的终极目的。经验必须与平凡的、世俗的和现世的事务有关，这些事务在实践上的确很有必要，但是与超自然的知识对象相比就显得无关紧要了。当我们加上这个动机，再加上从古罗马教育和古希腊哲学传统的偏重文字的特征中所得到的力量，进而把它们与对那些明显区分贵族阶级和下层阶级的科目的偏爱结合起来时，我们就会轻而易举地理解，不仅在各派教育哲学而且在高等学校中坚定不移地偏爱“知识”科目而轻视“实用”科目所产生的巨大力量。

二、经验与知识的现代理论

我们在后面将会看到，实验作为获取知识的方法的发展，有可能而且必定会从根本上改变刚才所提出的观点。不过在讲这个问题之前，我们不得不注意一下 17 世纪和 18 世纪发展起来的经验理论和知识理论。总的来说，这个时期所提出的理论几乎是与关于经验与理性关系的古典理论完全相反的。在柏拉图看来，经验的意思就是习以为常，或者是把过去很多偶然尝试的最终结果保存下来。理性的意思就是改革、进步和增加控制的原理。致力于理性事业指的就是打破习俗限制并且了解事物的真相。对当代改革家来说，情况正好相反。所谓的理性、普遍原理、先验观念，它们要么是一些必须用经验和感官观察去填充的空白表格，只有通过经验和观察填充后才有意义和正当性；要么是一些固执己见的偏见和由权威强加的教条，在冠冕堂皇的名称下得以乔装打扮和受到庇护。因此，最大的需要就是打破培根所说的“期待的自然”和只是把人的意见强加给自然的概念的束缚，依靠经验去发现自然的本来面目。青睐经验就标志着对权威的突破，意味着会敞开胸怀接纳新的事物；意味着会热衷于发现和发明，而不是专注于排列和整理所接收到的观念，还会通过各种观念相互支持的关系来“证明”它们。这是以事物的真面目侵入心灵之中的，并且掀开了覆盖在事物身上的先入之见的帷幕。

经验的变化包括两个方面。第一，经验丧失了从柏拉图时代以来所产生的实践意义。经验的意思不再是做事方式和影响做事的方式，而变成了一个有理智意义和认知意义的名称。经验的意思是指理解应该经过推理沉淀和检验的材料。在现代哲学的经验论者及其反对者看来，经验只是被看成一种认知方式。唯一的问题就是，这种认知方式到底好到了怎样的程度。探讨的结果产生了甚至比古代哲学还要伟大的“理智主义”，如果“理智主义”这个词语是指对孤立状态的知识具有几乎是情有独钟的兴趣的话。实践与其说是从属于知识，还不如说它就是知识的余波或终端。教育的结果就只是确认学校可以排除主动性作业，只有为了纯粹的实用目的——通过操练获得某种习惯，学校才可以采用主动性作业。第二，把经验作为在实物和自然的基础上获得真理的手段，这种对经验的兴趣会导致把心灵看作纯粹是接受性的。他们认为心灵越是被动，实物就越能真正给心灵留下深刻的印象。可以这么说，心灵要是主动参与，它就会在获取知识的过程中毁坏真正的知识——反而达不到它自己的目的了。理想就是心灵表现出的最大限度的接受性。

既然实物对心灵产生的印象一般被称为感觉，经验主义就变成了感觉主义的教义——也就是说，把知识与对感觉印象的接受和联合看成同一件事情。约翰·洛克是最有影响的经验主义者。我们发现洛克是温和的感觉主义者，他承认存在某些心理官能，例如识别能力、区别能力、比较能力、抽象能力和归纳能力，等等。这些能力会把感觉材料加工成明确的条理清楚的形式，这些能力甚至能自行推演出新的观念，比如说有关道德和数学的基本概念（参见第 5 章第二节）。但一些继承洛克思想的人，特别是在 18 世纪末叶，法国把洛克的理论发展到了极致；他们把识别能力和判断能力看作特殊的感觉，它们是由其他感觉发挥联合作用形成的。洛克认为，就观点的内容而论，心灵就好像一张白纸或一块出生时什么也没有刻画的蜡板（白板论），但是心灵被赋予了接收加工材料的活动能力。他的法国承继者却抹杀了这些能力，认为这些能力也都是从所接收到的印象中获得的。

正如我们前面所讲过的那样，感觉主义观念产生于把教育作为社会改革方法的新兴趣（参见第7章第五节）。心灵在开始时越空无所有，就越能够通过施加正确影响把心灵培养成我们所希望的那样。所以，一位也许是最极端、最始终如一的感觉主义者爱尔维修（Helvétius）曾经宣称教育能做任何事情，即教育是万能的。在学校教学的范围内，我们发现经验主义在反对只重书本学习方面起着直接有益的作用。如果知识是来自自然界的实物给我们留下的种种印象，我们要是不利用打动我们心灵的实物就不可能获得知识。我们所用的词语和一切语言符号，如果不先呈现与其有联系的实物，那么我们除了会产生与实物形状和颜色有关的感觉之外，不会传递任何其他的东西——这些感觉肯定不是那种富有教育意义的知识。感觉主义是用来反对完全以传统和权威为根据的学说和意见的最方便的武器。对于所有这些学说和意见而言，感觉主义设置了一个检测：接受这些观念和信念的实物在何处呢？如果不能提供这些实物，那么观念会被解释为虚假联想和错误组合的结果。经验主义也坚持第一手的因素。实物的印象必须是给我留下的印象，必须是给我的心灵留下的印象。我们离开这个第一手的直接知识来源越远，谬误的来源就会越多，形成的观念就会越模糊不清。

然而，正如我们预期的那样，哲学在积极方面的作用是微弱的。当然，自然实物与第一手资料的价值并不取决于这个理论真理。即使关于实物和第一手资料是如何起作用的感觉理论非常错误，只要把实物与第一手资料引进学校，它们就仍然会发挥作用。在这个意义上讲感觉理论是无须受到任何指责的。不过对感觉主义作用的强调也会影响运用实物的方式，并且可能导致不能充分获得实物的益处。“直观教学”倾向于把感觉活动孤立起来，并把感觉活动作为目的本身。实物越被孤立起来，感觉的性质就越是孤立的，感觉印象作为知识单位也就越清楚。这个理论不仅使教学向着机械呆板的方向发展，教学被降格为一种感觉器官的体操（益处就像任何身体器官所做的体操一样，仅此而已），而且忽视了思维的作用。根据这个理论，感官观察无须与思维发生联系；事实上按照严格的理论，在感官观察之前，思维是不可能发生的，因为思维只是对所接受的感觉单位加以组合和拆分，它不进行任何判断。

事实上，根据上述理论，至少在婴儿期之后，纯粹以感觉为基础的教育计划在实践上从来没有被系统地尝试过。这个教育计划存在的显而易见的缺陷在于，它只是被用来灌输“理性的”知识（也就是说，通过符号传递的关于知识的定义、规则和分类及其应用模式），并作为一种手段让人对干巴巴的符号产生更大的“兴趣”。感觉主义经验论作为知识论的教育哲学至少存在着三个严重缺陷。

1. 这个理论的历史价值体现在它的批判性上。它是当前关于世界和政治制度的各种信念的溶解剂。感觉主义经验论这个理论是批判僵化教条的摧毁性工具。但教育的工作是建设性的而不是批判性的。教育并不承担消除和修正旧观念的任务，但是它必须从一开始就尽可能正确地把新经验塑造成理智的习惯。感觉主义极不适合这个建设性任务。心灵的领悟是对种种意义做出的反应（参见第 3 章第二节），而不是对直接物质刺激做出的反应。意义只是参照事物的背景关系才存在的，任何把知识等同于感觉印象的组合的计划都会排除事物的背景联系。到目前为止这个理论在教育上的应用，要么是夸大单纯的物质刺激的作用，要么是单纯堆积孤立的各种实物及其特性。

2. 虽然直接印象有作为第一手资料的优势，但是也存在着范围狭窄的缺点。儿童对家庭环境的自然氛围的直接认识，使他们对感官所不能企及的地球部分的观念有了现实性，并且会激发起他们的理智好奇心，这是一回事。如果把这种直接认识作为地理知识的最高和最终目标，那就会受到极大的限制。照此类推，豆子、鞋钉和筹码对了解数量关系可能是有用的辅助手段，但如果不把它们用作思维——理解意义的辅助手段——那么它们就会变成发展数学理解力的障碍。这些东西把儿童数学理解力的发展限制在了具体物质符号的低级水平上。正因如此，人类发明了特殊符号作为计算和数学推理的工具，因为使用手指作为数量符号会阻碍进步，所以个人必须从使用具体符号发展到使用抽象符号——也就是说，只有通过概念思维才能理解符号的意义。过度沉溺于对实物的感觉会阻碍概念思维的发展。

3. 感觉主义经验论是建立在完全错误的精神发展心理学基础上的。经验实际上是种种活动的问题，是本能冲动的活动与事物之间的相互作用。即使是一个婴儿的“经验”也并不是被动接受客体事物所留下的印象，而是摸拿、投掷、敲打、撕扯等活动对实物所产生的影响以及实物对活动方向所产生的后果影响。（参见第 11 章第一节）。从根本上讲（我们还会更详细地讨论），古代关于经验作为实践问题的观念，比当代通过感觉手段建立求知模式的观念要更具有真切性。忽视经验的根深蒂固的主动的变动因素是传统经验哲学的致命缺点。通过使用实物教学方法去了解实物特性并力图卓有成效是自然趋势。如果实物教学计划忽视甚至排除这种自然趋势，那么，就没有比这种教学计划更加无趣和机械呆板的了。

相应来说，很显然，即使近代经验主义所代表的经验哲学在理论上比在实践上得到了更为广泛的赞同，但它不能提供一个令人满意的学习过程哲学。它的教育影响限制在向比较陈旧的课程注入一个新因素，并且偶尔改变一下比较陈旧的科目和方法。经验哲学对直接观察事物及通过图画和图表描绘观察事物极为关注，这种做法降低了语言符号的重要性。但经验哲学自己的范围非常有限，所以需要通过感官知觉之外的有关事物的信息和比较直接诉诸思维的事物来进行补充。这就是说，它不会对知识性的、抽象的或“理性的”科目的范围造成伤害。

三、经验即实验

我们已经提示过，感觉主义经验论既不代表近代心理学所证实的正确经验观，也不代表近代科学方法所提出的知识观。关于前者，感觉主义经验论忽视了主动回应所具有的重要地位。主动回应会运用事物并通过发现运用后的结果来学到相关事物的知识。似乎只用5分钟时间不带偏见地去观察婴幼儿获取知识的方法，就足以推翻这种思想观点，即认为婴幼儿是被动接受孤立的声音、颜色和硬度等现成特性给他留下的印象的。因为我们可以看到，婴幼儿通过摸拿、伸手等活动对刺激做出反应，以便看到这种反应会产生什么结果；我们还可以看到，婴幼儿所学到的不是孤立的特性，而是对一个事物所采取的行为以及使一个行动得以进行的人和事物所发生的变化。换句话说，婴幼儿所学到的是种种关系。甚至像红色、高音等特性，也不得不在它们引起的活动及这些活动所造成的结果的基础上进行分辨和认可。我们通过主动实验去发现这些东西将会用来做些什么、能做些什么和不能做些什么，这样才知道什么东西是坚硬的、什么东西是柔软的。与此类似，儿童也是通过发现他人要求什么样的回应性活动以及对自己的活动会做出什么样的回应来了解他人的。事物在改变我们的活动过程中推动其中一些活动，并且抵制与制止其他一些活动对我们产生影响（不是在被动的心灵上留下特性印象），我们能对它们做的就是产生新的变化，推动与抵制这两方面的结合就构成经验。

科学方法使17世纪的知识世界发生了一次革命，也给我们带来了同样的教训。因为这些科学方法只不过是在严密控制的条件下进行的实验。对古希腊人来说，诸如鞋匠在皮革上打孔或者是使用蜡、针和线这种活动，就能提供一个足够的知识世界，这似乎很荒谬、可笑。在古希腊人看来，必须求助于来自经验之上的理性概念才能获得真正的知识，这几乎是不言而喻的公理。但是，实验方法的采用准确地表明了在控制条件下所进行的实验活动，正是获得和检验各种富有成效的自然观念的途径。换句话说，为了掌握自然科学从此可以依据的原理，只需要进行诸如将酸液倒在一块金属上的活动就可以获得知识了，而不是为了获得交易结果。感性知觉的确必不可少，但与古代科学相比，自然科学已不是特别依赖自然形式或习俗形式的感性知觉了。感性知觉已不再被看作它们本身在感觉伪装下包含着某种普遍性质的“形式”或“类型”，我们可以通过理性思维戳破这种伪装。相反，我们要做的第一件事就是改变和拓展感性知觉的资料：用望远镜和显微镜以及其他各种实验工具作用于特定的感觉对象。要用能激发新观念（如假设和理论）的方法来实现这个目的，甚至比古代科学需要更多的普遍概念（如数学概念）。但这些普遍概念本身不会再给我们提供知识，它们成为建立、进行和解释实验探究以及形成实验结果的工具。

由此产生的逻辑结果是一种新的经验哲学和知识哲学，这种哲学不再把经验与理性知识及解释对立起来看待。经验不再是仅仅总结过去用偶然方法所做的事情；经验是对所做事情的慎重控制，使我们自身发生的事情和我们对事物所做的事情尽可能富有启发意义，同时又是检验这些启示有效性的手段。当尝试或实验不再被冲动或习俗蒙蔽时，当实验受到目的的指引并且能够按照相应的措施和方法实行时，实验就变成合理的了——合乎理性了。当我们从事物中所承受的东西及我们亲自做事所带来的结果不再是偶然的情形，当这种结果转变为我们先前有目的地进行的活动的结果时，试验就变得有理性意义了——富有启发性和教育意义。经验主义和理性主义的对立就丧失了这种人类情境的支持，这种人类情境一度给这种对立赋予意义并提供了相对的证据。

这种变化对纯粹的实践性科目与纯粹的知识性科目之间的对立所产生的影响是不言而喻的。这两类科目的区别不是内在的，而是取决于各种条件的，取决于各种能够调整的条件。实践活动在知识方面可能是狭隘的、琐细的；只要实践活动是常规性的、在权威命令下进行的，并且只以某种外部结果为目的，那么这种实践活动将会是狭隘的、琐细的。但是，儿童期和青少年期作为学校教育的年龄段，正是有可能在不同精神下进行活动的时期。重复以前各章与思维和教育性学科内容有关的讨论是不妥当的，教育内容是从幼儿期的工作和游戏向有逻辑组织的内容演变的。然而，本章与前一章的讨论可以增加前面讨论过的那些结果的意义。

1. 经验本身主要由存在于人与其自然和社会环境之间所维持的各种主动关系构成。在一些情况下，活动的主动性体现在环境方面；人的努力会遭受某种阻挠。在另一些情况下，周围事物和人的行为使个人的主动趋向获得成功的结果，所以，最后这个人所承受的结果就是他自己竭力想要创造的结果。一个人碰到的事与他对此事做出的回应之间建立了种种联系，他对环境所做的事与环境对他产生的反应之间建立了种种联系，正是在这种程度上他的行为与他周围的事物获得了意义。他学会去理解自己、人与事物的世界。有目的的教育或学校教育应该创设这样一种环境，从而使这种相互作用获得许多意义，这些意义是如此重要，会反过来变成进一步学习的工具（参见第 11 章）。就像我们反复指出的那样，校外活动是在这样的条件下进行的，即没有经过深思熟虑的调整以促进理解和形成有效理智倾向的作用，虽然校外活动在其所能达到的范围内是重要的、真实的，但这些结果会受到各种情况的限制。学生的有些潜能没有得到发展和指导；其他潜能也只得到偶然的、异想天开的激励；还有些潜能被形成了呆板的技能习惯，但牺牲了各种目标、随机应变的主动性和发明创造能力。把学生从一个活动环境转移到死记硬背别人学问的环境，这不是学校要做的事，学校的任务就是把学生从相对来说是偶然的活动（它们与洞见和思想的关系是偶然的）环境转移到按学习指导进行选择的活动环境。稍微检视一下在教育中已被证明有效的改良方法就可以发现，它们都已经多多少少地有意识地掌握了一个事实，即“知识”科目与积极追求不是对立的，它代表实践追求的理智化。我们依然要更加坚定地把握住这个原理。

2. 社会生活内容中正在发生的各种变化有助于选择使学校的游戏和工作理智化的活动类型。当一个人把古希腊人和中世纪人所处的社会环境牢记在心时，他就会知道他们能够成功进行的实践活动大多属于按部就班的外在活动，甚至是奴役性质的活动，那么对教育家认为这些活动不适合培养智力从而抛弃这些活动，他就不会感到惊讶了。但在今天，甚至家政、农业、制造业、运输业和公关等职业都受到应用科学的鼓舞，情况就大不相同了。诚然，很多从事这些职业的人并没有意识到他们的个人活动所依靠的知识内容。这个事实只是给我们增加了一个理由，说明为什么学校教育应该利用这些职业使下一代获得现在普遍缺乏的理解力，从而使他们能够充满智慧而不是盲目地从事他们的职业。

3. 但是，实验科学的进步给传统的知行分立和纯粹的“知识”科目带来了最直接的打击。如果实验科学的进步能证明什么的话，那就是只有作为做的产物才会有所谓的真正知识和效果良好的理解。事实的分析和重组是绝对必要的，因为它们可以增进知识、增强解释能力和正确分类的能力，这种分析和重组不可能在纯精神上获得——不可能正好在头脑内部得到。人们如果想发现某种东西，就必须对事物做点什么事，他们必须改变各种条件。这是实验室方法上的一课，一切教育都必须学习这一课。实验室就是要发现各种条件，在这些条件下劳动不仅会产生外在的产品，还会产生理智的成效。如目前的很多事例那样，实验室的结果似乎只是获得了一些额外的专门技能模式，那是因为实验室仍然不过是一种孤立的资源，学生的年龄足够大时才能利用，这个时候学生才能充分得到实验的益处，甚至就是这个时候，实验还是被其他许多科目包围着，这些科目中的传统方法把理智和活动分离开来。

总 结

古希腊人因为他们的传统习俗和信仰越来越不能调节生活，所以被诱发去进行哲学的探讨。他们对传统习俗进行抨击，并去寻求生活和信仰的其他权威来源。既然他们希望为生活和信仰建立一个合理标准，而且把不尽如人意的习俗与经验同日而语，他们便把理性与经验截然对立起来了。理性越是被推崇，经验就越是被贬低。因为经验就是人们在特定变化的生活环境中所做的事情和遭遇到的事情，行动也就在哲学意义上受到了蔑视。这种影响在高等教育中联合其他诸多势力，对一切最少使用感官观察和身体活动的方法和课题非常推崇。现代社会是以反对这种观点开始的，诉诸经验去抨击所谓的纯粹理性概念，抨击的理由是：理性概念要么需要用具体经验的结果作为基础，要么只是偏见和制度化的阶级利益的表现，把自称的合理性作为庇护伞。不过，种种情况使得人们忽略了经验所固有的主动性和情感性的方面，而把经验看作纯粹的认知，并且把经验看作被动地接纳孤立的“感觉”。因而新理论所引起的教育改革，主要局限在改正过去在方法上过于偏重书本知识的缺点，教育改革没有实现持续的重构。

同时，心理学的发展、工业方法的进步和科学中实验方法的发展，使得经验的另一个概念成为明显可取而且可能的了。这个理论重申了古人的观念，即经验首先是实践的而不是认知的，是做事和承受做事结果的问题。不过，通过认识到可以在接受指导中做事，并且在做事中可以吸收思维所提出的一切并把其变为自己的内容，然后产生经过切实检验的知识，这样一来，古代的理论就得到了改造。于是，“经验”不再是经验性的，而变成实验性的了。理性不再是遥远的理想的官能，而是活动借以具有丰富意义的资源了。就教育而言，这种变化表现为前面各章所阐明的有关教学科目和教学方法的这样一个计划。

第 21 章　自然科目和社会科目：自然主义和人文主义

自然科学与文学科目在为课程中所处的地位而发生冲突，我们在前文已经间接提到过。解决的办法在本质上讲有点机械呆板和妥协的味道，即把整个领域划分为以自然为主题的科目和以人文为主题的科目。这种情况给我们提供了从外部调整教育价值观的另一个例子，并把注意力集中在了自然和人类事务相关联的哲学上。总的来说，教育上的这种划分可以在二元论哲学中找到它的影了。精神世界与物质世界被看作两个独立存在的领域，彼此有某种连接的接触点。根据这个观点，每个领域都有与自己相关联的独立的学科群，这是自然的；更为自然的是，自然科学科目的发展被怀疑是以唯物主义哲学对精神领域的占领为标志。任何教育理论要想周密地制订一个比现存的更加统一的教育计划，必定会面临人与自然的关系问题。

一、人文主义学科的历史背景

值得注意的是，古典希腊哲学并没有以现代形式提出这个问题。的确，苏格拉底似乎认为自然科学是不可能得到的，而且也是不重要的。要去认识的主要东西是人的本质和目的。一切具有深刻意义的东西——所有的道德成就和社会成就，都依赖于这种认识。但柏拉图认为，对人和社会的正确认识取决于对自然的本质特征的认识。《理想国》是柏拉图的主要著作，它既是关于道德的著作，也是关于社会组织的著作，同时又是关于形而上学和自然科学的著作。由于柏拉图接受了苏格拉底在道德原理上依靠理性知识所取得的良好成就，所以他不得不讨论知识的性质。既然他接受这个思想观点，即认识的最终目标在于发现人的善或人的目的，而不满足于苏格拉底认为的“我们所知道的一切就是我们的无知”，他便把有关人之善与对自然本身的善或目的联系起来讨论。企图脱离主宰性目的的知识去决定人的目的是不可能的，这个主宰性目的就是要给自然立法并把自然统一起来。因此，柏拉图把文学科目（在音乐的名下）排列在数学、物理、逻辑学和形而上学之后，这与他的哲学是完全一致的。但在另一方面，获得自然知识本身并不是目的，它是使心灵实现最高目的存在的必经阶段，这个最高目的是作为人类即集体和个人的行动准则的。用现代术语来说，自然主义科目必不可少，但它们是为了人文主义的理想目的而存在的。

要说有什么不同的话，那就是与柏拉图比起来，亚里士多德朝着自然主义科目方向走得更远。亚里士多德把公民关系置于纯粹的认知生活之下（参见第 19 章第一节）。人的最高目的不是人类俗事而是神圣之事——所谓神圣之事就是参与构成神圣生活的纯粹认知活动。纯粹认知处理的是普遍的必然事物，所以，纯粹认知会在最佳的自然中而不是在转瞬即逝的人的事物中找到比较合适的内容。如果依据两位哲学家在古希腊生活中所代表的东西，而不依据他们所说的细节，我们就可以概而言之，古希腊人对探究自然事实的兴趣浓厚，并在审美中享受着自然，极为深切地意识到了社会是根植于自然和服从于自然法则的，所以他们不会认为人与自然是彼此冲突的。然而，在古代生活的后期有两个因素引发了对文学科目和人文主义科目的宣扬。一个因素是文化变得越来越有回忆性和借鉴性了；另一个因素是罗马生活的政治倾向性和富有修辞学的特点。

古希腊人的文明是本土的，亚历山大人和罗马人的文明是从异域继承过来的。因此，亚历山大人和罗马人的文明总是回顾它所吸收的前人的文明记录，而不会直接向自然和社会寻找材料和灵感。我们最好还是引用哈奇（Hatch）的话来证明它们对教育理论和教育实践产生的影响。“一方面，希腊已经丧失了它的政治权力，另一方面，在希腊的灿烂文学中拥有不可剥夺的遗产……很自然希腊应该转向文字。也很自然要让文字的研究反映在演说中……希腊世界的民众倾向于把重点放在对过去世世代代的文学和有素养的演说习惯的熟悉上，从那个时候到现在通常都把这种事情称作教育……我们自己的教育就是直接从那里传承下来的。它开创了一种风尚，直到最近还在整个文明世界里广泛流行。我们研究文学而不是研究自然，因为希腊人就是这么做的，因为当罗马人和罗马的外地人决心教育他们的孩子时，他们雇用的是希腊教师，遵循的是希腊路径。”①

罗马人的所谓实践倾向走的是同一个方向。他们在求助于希腊人所记录下来的思想时，不仅走了一条获得文化发展的捷径，而且获取了与他们的行政管理才能相吻合的材料和方法，因为他们的实践天赋不是被引导去征服和控制自然，而是被引导去征服和控制人。

用前面所引用的哈奇先生的话来说，我们之所以学习文学而不学习自然，那是因为希腊人是这样做的，他们所教的罗马人也是这样做的。把间隔的无数个世纪联系起来的东西是什么呢？这个问题揭示了未开化的欧洲不过是在更大规模上和更深的程度上重复了罗马的情形而已。未开化的欧洲只有去学习模仿希腊罗马的文明；它借鉴了而不是发展了希腊罗马的文化，不仅在一般的思想观念和艺术表现方面，而且在法律模式方面，都模仿借鉴了异族的传统记录。由于这个时期的神学利益至上使得未开化的欧洲对传统的依赖加剧。由于教会求助的权威是用外文创作的文学作品，一切事情都集中到了把学习等同于语言训练，把学者语言而不是本国语言当作文学语言。

① 哈奇著《希腊观念和习俗对基督教教会的影响》（*The Influence of Greek Ideas and Vsages upon the Christian Church*），第 43—44 页。

直到认识到这种内容必须借助辩证法，我们才明白了这个事实的全部范围。自从学术复兴时期以来，经院主义（scholasticism）常常被人用作谴责的术语。但是，经院主义的意思不过是“学院”或“学院学者”所采用的方法。从本质上讲，这种经院方法不过是一种高度有效的系统化的教学方法和学习方法，适合传授权威性真理。如果所提供的学习材料是文献典籍而不是当今的自然和社会的话，那么所采用的方法必须与界说、陈述和解释所要接受的材料相匹配，而不是去进行探究、发现和发明。从根源上讲，所谓的经院主义不过是当教学内容是现成的而不是要求学生自己去发现的东西时，全神贯注和始终如一地制定和应用适合于这种教学的种种方法，只要学校仍然按照教科书进行教学，并且根据权威性典籍获得知识的原则，而不是根据发现和探究获得知识的原则，学校所用的这种方法就是经院主义性质的——充其量缺乏经院主义体系所具有的逻辑精确性而已。现在学校所用的这种方法和表述是比较松散的，除此之外，现在学校所用的方法与经院方法的唯一区别在于，地理、历史、植物学和天文学都已成为需要掌握的权威性典籍文献的一部分了。

结果，希腊的传统不再。在希腊传统中，人文主义兴趣被当作对自然的兴趣的出发点，而自然知识则是用来确立明显属于人性的目的的基础。人们的生活依靠权威而不是自然，而且自然知识成为被人怀疑的东西。对自然的探讨是危险的，因为它可能使人不再依赖已经包含生活规则的文献资料。再者，只有通过观察才能认识自然；观察是要借助于感官的，而感官是物质的东西，与纯属精神的心智是相对立的。此外，自然知识的用处纯粹是有形的、世俗的；它们与人的身体的暂时的舒适有关，而文学传统则关系着人的精神生活和永恒的幸福。

二、近代对自然的科学兴趣

15世纪的欧洲出现了学术复兴运动（又称文艺复兴运动）。这个运动的特点就是关注人的现实生活，因而对人与自然的关系也产生了新的兴趣。这个运动是自然主义的，就这一点而言，它反对当时居于控制地位的超自然主义，这个运动是对希腊异教文学的回归，回归产生的影响就是引起了思想上的变化，但是对这个影响的评价可能有些偏高。毫无疑问的是，这个变化主要是当代状况的产物。无疑当时有教养的人都充满了新观点，为了获得志趣相投者的支持和强化，他们热切地转向了希腊文学，对希腊思想的这种兴趣从很大程度上讲，不是为了文学而文学，而是为了这种文学所表达的精神。思想自由、对自然秩序和美的感受都是希腊人表达方式的生动写照，它们激发人们以类似的无拘无束的方式进行思考和观察。16世纪的科学史表明，渐露端倪的自然科学主要是把对希腊文学的兴趣作为出发点提供了借鉴。正如文德尔班[①]所说的那样，新的自然科学是人文主义的女儿。当时特别受青睐的观念是：人是处于微观世界中的，而宇宙则是处于宏观世界中的。

这个事实使我们重新提出了这样一个问题：自然与人后来又是怎样被分割开来的？语言、文学与自然科学之间又是怎样产生决裂的？对这个问题可以提出以下四条理由：

1. 旧传统在各种制度中的地位是根深蒂固的。政治、法律和外交作为权威文献的分支仍然必不可少，因为在物理学、化学（不包括生物学）的科学方法有很大进展之前，社会科学并未得到发展。历史学大体上也是这种情况。而且有效的语言教学所采用的方法已经得到了很好的发展；学术习俗的惰性又是支持这种方法的，正如从前对文学特别是希

① 文德尔班（Wilhelm Windelband，1848—1915），德国哲学家。——译者注

腊文学产生新的兴趣一样，开始的时候在经院式大学中并没有找到立足点，所以当新的学问想方设法挤进大学的时候就与旧学术携起手来，去减小实验科学的影响力。从事教学的人很少受过科学的训练；有科学能力的人则是在私人实验室或者推动研究的高等学院工作，但是这些学术机构并非教学机构。最后，轻视物质东西和轻视各种感官及双手的贵族传统仍然力量强大。

2. 新教革命大大增加了人们对神学进行讨论和争论的兴趣。争论双方都诉诸文学典籍，双方都不得不培养各自的人才，培养他们研究和解释其所依凭的文献资料的能力。对培养的人提出的要求是，他们要能以所选择的信仰作为保卫手段去反对对方，他们要能对所选择的信仰进行宣传并防止对方的侵犯。当时这种需求非常迫切，可以毫不夸张地说，在17世纪中叶，中学、大学的语言训练已经被复兴的神学兴趣所捕获，语言训练成了宗教教育和基督教教会争论的工具。因此，在今天的教育中发现的语言教育传统并不是直接来自文艺复兴运动的，而是来自对神学目的的顺应。

3. 自然科学本身的一些观点加剧了人与自然的对立。弗朗西斯·培根[①] 提出了一个自然主义兴趣与人文主义兴趣相结合的完美例子。科学采用的是观察法和实验法，应该抛弃“期望”自然的企图——把先入之见强加给自然——而要成为自然的谦卑解释者。如果人能理智地服从自然的话，就能学会在实践中掌控自然。“知识就是力量”这句格言的意思就是，人要通过科学控制自然并用自然力量来实现自己的目的。培根攻击旧学术和逻辑学，认为它们纯属争论性的，只是为了在辩论中获胜，而不是为了发现未知的东西。通过培根的新逻辑学所提出的新思维方法，一个广阔的发现时代即将出现，这些发现将会结出众多的发明

① 弗朗西斯·培根（Francis Bacon，1561—1626），英国文艺复兴时期最重要的散文作家和哲学家。——译者注

果实来为人类服务。人们必须抛弃他们毫无结果、永无休止的相互控制的努力，为了人类的利益而齐心协力地承担控制自然的任务。

大致来说，培根已经预言了接下来的前进方向，但他“预测”得过早了。他没有看到新的科学在很长一段时期将会为人类剥削的旧目的服务，却认为新科学会很快给人提供新目的。与此相反，新科学被一个阶级用作手段，以牺牲另一个阶级来达到扩张他们的旧目的的目的。他预见到了科学方法的革命将引发工业的革命，但这场革命经过几个世纪才产生了新思想。封建主义由于新科学的应用而灭亡了，因为新科学的应用把权力从土地贵族转移到了制造业中心。但是，取代封建主义的是资本主义，而不是社会性的人文主义。人们利用新科学来从事生产和商业贸易，似乎新科学并没有道德教训，只有为私利考虑的生产节约和利用储蓄的技术性功课。显然，物理科学的应用（它最为显而易见）强化了自称是人文主义者的主张，即认为科学的趋势就是实利主义的。这就给超越赚钱、存钱和花钱的显然属于人类的兴趣留下了空间；语言和文学则要求代表人类的道德利益和理想利益。

4. 自称建立在科学基础之上的越来越代表科学精义的哲学，从性质上讲要么是二元论的哲学，其（在表示人的特性的）心灵与构成自然的物质之间是截然二分的；要么是公开承认具有机械性质，把人类生活的符号特征变成了幻想。前一种情况下的哲学允许某种科目具有特殊的精神价值，既然人类倾向于把人的事务看作至少对他们自己来说是至关重要的，就间接加强了这些科目的优越地位。后一种情况下的哲学引起了一种反应，对物理科学的价值产生了怀疑，由此把物理科学看成了人类高级兴趣的敌人。

古希腊和中世纪的知识承认外在世界本质的多样性，并且认为各种自然过程都是有目的的，用专门术语来说就是自然目的论。新科学被解释为是为了否认真实客观存在中的一切现实特性。声音、色彩、目的、善恶都被认为是纯主观的——都只是在心灵中留下的印象而已。于是客观存在就被认为是只有数量的方面——比如说有如此多的质量运动，唯一的区别就在于在空间的一个点上聚集的质量比在另一个点上更大，并且在某些点的运动速度比在另一些点上更快。自然中缺乏质量的区别就会缺乏意义的多样化。强调自然的整齐划一性而不是多样性；这种理想就是发现一个数学公式后立刻就可以应用到整个宇宙；所有看来变化多端的现象都可由此引申出来，这就是所谓的机械哲学的含义。

这种机械哲学并不代表科学的真正意义。它把技术当作事物本身，把所用的器械和专门术语当作现实，把方法当作内容。科学把它的表述限定在我们能够预测和控制事件发生的条件方面，却忽略了事件的性质。因此，它具有机械性和数量的特点。虽然科学没有把事物性质纳入考虑的范围，却并未把它们排除在现实之外，也并未把它们归属于纯粹的精神领域；科学只是给我们提供了对目的有用处的手段而已。所以说，虽然从事实上讲科学的进步正在增强人控制自然的力量，使人把其珍爱的目的放在比过去任何时候都更坚实的基础上，并且几乎能够随心所欲地使自己的活动多种多样，不过，自称是确切阐述科学成就的哲学，却把世界降格为对空间物质进行的贫乏而单调的重新分配。所以，近代科学的直接后果可能增强物质与精神的二元论，从而把自然科目和人文科目建成两个互不关联的学科群。既然较好和较坏之间的差异与经验的性质有着密切联系，把经验的性质排除在真正的现实内容之外的任何科学哲学，都必然会遗漏对人类而言最有兴趣、最为重要的东西。

三、目前的教育问题

事实上，经验并不知道在人类事务与纯粹机械的物质世界之间存在着区分。人的家园是自然界；人要实现他的目的和目标就得依靠自然条件。离开这些自然条件，人的目的与目标就会变成空想和没有根据的幻想。从人类的经验观点来看，也就是从教育努力的观点来看，要在自然与人之间做出任何公正的区分，其实就是人在形成和实现我们的实践目标时必须考虑的各种条件，以及与这些实践目标本身之间的区分。这种哲学是由生物发展原理证明了的。按照生物发展原理，人与自然是融合在一起的，而不是从外部进入自然过程的陌生人。这种哲学受到了科学实验方法的强化。科学实验方法显示，知识增长的目的是为了指导如何利用物质的力量，这种指导要求根据社会用途来处理自然物。社会科学——如历史、经济学、政治学、社会学等科目——每前进一步，都表明了只有当我们应用自然科学所特有的搜集资料、形成假说并在行动中加以检验的方法时，只有在我们为了促进社会福利去利用物理和化学所确定的专门知识时，我们才能充满智慧地处理许多社会问题。处理诸如精神病、酗酒、贫穷、公共卫生、城市规划、自然资源的保存、建设性地运用政府机构以促进公共福利而不削弱个人主动性等错综复杂的问题的各种先进方法，都说明了许多重要的社会问题都是直接依靠自然科学的方法和成果得以解决的例子。

那么，教育应该从人文主义科目和自然主义科目之间密切的相互依存关系出发。教育不应该把研究自然的科学与记录人类事业的文学割裂开来，而应该让自然科学与历史、文学、经济学和政治学等各种人文学科相互影响。从教学法的角度讲，这样做要比下列做法简单多了：一方面，在科学的教学中把科学看作纯粹的专门知识和专门的物质操作方式；另一方面，在人文学科的教学中把科学作为各自独立的科目。这种做法在学生的经验中造成了人为的割裂。学生在校外会接触到许多自然事实和自然原则，它们都与各种各样的人类行动方式有关联（参见第 3 章第二节）。学生参与社会活动时，他们必须理解这些活动所用的材料和活动的过程。如果学生在学校时就断绝了这种密切联系，就会破坏其心智发展的连续性，使学生对所学的科目感到难以形容的不真实，这会剥夺他对学习科目产生兴趣的正常动机。

毫无疑问，教育应该为所有对科学研究具有特殊能力倾向的人提供机会，使他们立志把科学研究变成自己生活中的特殊职业。但在目前的情况下，学生通常只能在以下两种情况中做出抉择：要么一开始就学习已有的专门研究的成果，这种材料是与他的日常经验相脱节的；要么一开始就学习五花八门的自然研究，随心所欲地提供材料并且没有任何特殊的目的。专科性学院里已习惯于让学生学习与日常经验割裂的科学内容，其实这些内容仅适用于希望成为某个特定领域的专家的人学习。这种习惯又被带到了中学。中学生学习一些更为基础的相同的东西，把一些难点去掉了，并把内容降低到了假定中学生能接受的能力水平上。之所以采用这种方法，是由于沿袭传统的结果而不是有意识地坚持二元论哲学。但效果一样，似乎目的都在反复灌输一种思想，即研究自然的科学与人是没有任何关系的，反之亦然，研究人的科学与自然是没有任何关系的。对那些绝对不会成为科学专家的人进行科学教育，其教学效率之所以比较低，主要是由于它把科学与人隔离开来的缘故。教授科学时一开始就采用井井有条的教学内容，这种隔离现象当然不可避免。即使所有学生都有成为科学专家的苗头，这种方法是否最有效也还是令人怀疑的。如果认为多数学生学习科学只是因为它对他们心智习惯的影响——使他们更加机灵，更加开朗，更加倾向于暂时接受和检验所提出或暗示的观点——只是为了更好地理解他们的日常环境，这种看法肯定是轻率的。这样接受科学教育的学生往往会一知半解，所得到的知识太肤浅，根本算不上是科学知识，而且太专门，以至于无法应用到日常事务中去。

利用日常经验来确保科学材料和科学方法的先进性，同时把它们与熟悉的人类兴趣联系起来，今天这样做要比过去任何时候都容易。在当今的文明社会中，所有人的一般经验与工业中的工序和结果都有着紧密的联系。反之，这些工序和结果又是许多科学付诸实践的例子。比如，固定式蒸汽机、牵引式蒸汽机、汽油机、机动车、电报、电话和电动机等直接进入大多数人的生活中。从实践上讲，学生在童年时期就熟悉这些东西了。不仅他们的父母所从事的职业依靠科学的各种应用，而且家务、保健、街道景观都体现了科学的成就，并激发了人们对相关科学原理的兴趣。科学教育教学法的出发点显然不是教一些贴有科学标签的东西，而是利用各种司空见惯的职业和工具来指导观察和实验，使学生从熟悉的实践中去理解它们，并且获得一些关于基本原则的知识。

有一种意见认为，从具体化实例而不是在抽象的理论归纳中学习科学，这会有损科学的“纯洁性”，这是一种误解。事实上，任何科目只要在其最广泛的意义范围里去理解它，就会具有文化性。对各种意义的洞察取决于对事物的各种关系和背景的领悟。我们学习科学事实或科学法则时，如果关注科学事实与物质和技术的关系，也就会关注科学事实与人的联系，就能扩大科学事实的意义并赋予它日益增加的文化价值。科学事实直接应用于经济时，如果是通过经济，就是指科学事实有某种金钱价值，那么这种应用就是偶然的、第二位的，它只是科学事实的实际联系的一部分。重要的是，要从科学事实的社会联系——在生活中的作用——来把握科学事实。

此外，“人文主义”的根深蒂固的意思是指对人类兴趣充满着智慧感。社会兴趣最深刻的意义是与道德兴趣相一致的，对人而言社会兴趣必然是至高无上的。关于人的知识、关于人的过去的知识以及关于熟悉人的文献纪录的知识，它们可能与积累的关于物质的知识一样是专门的财产。人类通过不同的途径忙于各种事务，有的忙于赚钱，有的通过在实验室操作而获得熟练的技能，有的积累大量语言方面的东西或文学作品的年表。除非这种活动会做出反应去扩大生活的想象力，否则它与儿童忙碌的工作就处于同一水平。它只有活动形式而没有活动精神，这样的活动容易成为守财奴式的聚敛财富，聚敛之人为他所拥有的东西而感到骄傲，而不是为他在生活事务中所找到的意义而感到自豪。任何学习，只要能增加对生活价值的关心，只要能使人对社会幸福产生更强的敏感性，并且具有更大的能力去促进这种社会幸福，就是人本主义的学习。

古希腊的人文主义精神是本土的，而且很强烈。但这种人文精神的范围很狭隘。它认为在希腊文化圈之外的任何人都是不文明的和无足轻重的，只会是可能的敌人。尽管希腊思想家的社会观察和社会思想很犀利，但在他们的著作中没有一个词可以表明希腊文明不是自我封闭和自我满足的。显而易见，希腊文明的未来受到了被鄙视的边远外人的支配。在希腊社会内部，下列事实限制了强烈的社会精神，希腊的高级文化是建立在奴隶制度和经济农奴制基础上的——正如亚里士多德所声明的那样，这些阶级是国家生存所必需的，但仍然不是国家的真正组成部分。科学发展产生了工业革命，使不同的民族通过殖民化和商贸彼此之间有了密切的接触，尽管有些民族可能仍然是轻视其他民族的，但没有一个国家能够抱有幻想：认为自己的前途可以完全由自己来决定。工业革命废除了农奴制，产生了一个大致上有组织的工厂劳动者阶级，他们享有被认可的政治权利，并且会要求在工业管理中承担责任——这种要求得到很多富有者的同情性关注，因为他们通过破除阶级障碍已经与贫穷阶级建立了更加密切的联系。

这种事态可以这样来表述，古老的人文主义忽略了经济状况和工业条件，因而有其片面性。在这种情况下，文化不可避免地代表了直接控制社会的那个阶级的理智观和道德观。正如我们前面说过的（参见第19章末），这种文化传统是贵族化的，它强调阶级划分而不强调基本的共同利益。它以过去为标准，因为它的目的在于保存已经获得的文化，而不是广泛拓展文化范围。

工业以及与谋生有密切关系的事情受到重视后所产生的各种改变，常会被谴责为攻击过去衍生出来的文化，不过，广义的教育观会把工业活动看作一个媒介，使智力资源更容易为广大群众所接受，并使拥有优秀资源的人的文化更加牢固。总之，如果一方面考虑科学与工业发展的密切联系，另一方面又考虑文学和审美修养与贵族社会组织的密切联系，我们就会理解科学技术科目与高雅文学科目之间对立的原因了。如果社会要成为真正的民主主义社会，我们就需要克服摆在我们面前的教育分离现象。

总　　结

人与自然之间存在的哲学二元论体现在自然主义科目和人文主义科目的划分上，倾向于把人文主义科目降低到过去的文学记录层次上。这种二元论并不具有古希腊思想的特征（它与我们所讲过的其他二元论思想一样），它产生的部分原因是罗马文化和未开化的欧洲文化都不是本土的产物，而是直接或间接地从希腊那里借鉴来的。部分原因是当时的政治情况和宗教情况都强调依凭过去的权威知识，这种权威知识是通过文献传递下来的。

从一开始，近代科学的兴起就预示着恢复自然与人类的密切联系，因为近代科学把自然知识当作确保人类进步和幸福的手段。但是，比较直接的科学应用符合一个阶级的利益而不符合人类的共同利益；同时，已为人们所接受的科学原理的哲学表述有一种倾向，要么把科学划成纯粹物质性的，而把人划成精神性的、非物质性的，要么把心灵降格为主观幻想。在教育上，相对而言倾向于把科学看作各自独立的科目，它们由物质世界的专门知识构成，而把旧的文学科目保留下来作为特征鲜明的人文主义科目。前文关于知识演进以及在此基础上制订的课程计划的论述，都是用来克服科学科目和人文科目这种分离的，并承认自然科学在人类事务中应有的地位。

第22章　个人与世界

一、作为纯粹个人的心灵

前面我们已经探讨过工作与闲暇、知与行、人与自然之间的分裂所造成的各种影响。这些影响导致把教育内容分成互不相关的不同科目。这些影响也可以在彼此对立的不同哲学流派中找到，它们把身与心、理论知识与实践、身体机制与理想目的彼此对立起来。哲学的这种二元论的最终结果就是把个人心灵与世界进行截然的划分，又把每个人的心灵进行截然的区分。虽然这种哲学立场与教育过程的关系没有前三章所考虑的各种要点那样明显，但在教育上有几点考虑是与这种哲学立场一致的。比如说，假定在内容（与世界相对应）与方法（与心灵相对应）之间存在着对立；又比如说，有种倾向把兴趣看作某种纯粹个人的东西，并且与所学习的材料没有内在的联系。除了偶然会论述教育意义之外，本章要说明的是，心灵与世界对立的二元论哲学隐含着错误观念，即对知识与社会利益的关系、个性或自由与社会控制和权威的关系存在着错误认识。

把心灵等同于个人的自我，同时把个人的自我等同于私人的心理意识，这是新近才有的事情。在古希腊和中世纪时期，把个人看作神圣的智慧得以发挥作用的载体更为普遍。个人并不是真正的知者；知者是通过个人发生作用的理性。个人的干预会承担风险，并且只会损害真理。如果是个人而不是理性“知道”，那么，自负、谬误和成见就会代替真实的知识。在古希腊生活中，观察是敏锐的、敏捷的；思想几乎自由到了不负责任地随意推测的地步。相应地，这种理论结果就只能是缺乏实验方法而得出的结论。没有实验方法，个人就不能求知，也不能用别人的研究结果来检验自己的知识。缺乏接受他人检验的责任，人们的心灵就不可能有理智责任感；他们的研究结果之所以得到承认，那是因为这些结果在美学上的一致性和令人惬意的品质，或者是因为这些研究者有威信。在未开化的时代里，个人对真理的态度更为谦卑，重要的知识被认为是神启知识，个人心灵接受的知识只能是这种权威知识，除此之外别无他求。除了比较刻意表述的哲学方面之外，无论什么地方，只要是通过习俗来传递信念，那么任何人都不会把心灵与个人的自我等同看待。

在中世纪时，宗教个人主义盛行。人生最关切的事情就是拯救个人的灵魂。在中世纪后期，这种潜在的个人主义在唯名论哲学中找到了确切系统的表述。唯名论哲学认为知识结构是个人通过自己的种种行动和心理状态在个人内部形成的。16 世纪之后，随着经济个人主义与政治个人主义的兴起，加上新教的发展，强调个人有权利和义务为自己获取知识的时机已经成熟。这就导致了这个观点的产生，即知识完全是通过个人的亲身经验而获得的。作为一种结果，心灵作为知识的来源和拥有者就被认为是完全属于个人的了。因此，我们发现很多教育方面的改革家，比如说蒙田（Mantaigne）、培根和洛克，从此猛烈抨击一切凭道听途说获得的学问，并断言即使某种信念碰巧是正确的，如果不是在个人经验中产生的并且未通过个人经验的检验，那么这种信念就不会构成知识。在一切生活领域中对权威的反应，以及在不利形势下为争取行动自由和探索自由进行的激烈斗争，导致了对个人的观察和心灵是孤立的观念的强调，并且把心灵与要认识的世界分离开来。

心灵的这种孤立状态在广为人知的认识论——知识论这一哲学分支的巨大发展中得到了反映。把心灵等同于自我，又把自我建立在某种独立的和自足的东西基础之上，从而在认知心灵与外在世界之间造成了一条鸿沟，因此人们开始怀疑认知的可行性和真实性。假定有一个主体（即知者）和一个客体（即被知的东西）是彼此完全分割开来的，就有必要构设一个理论来解释它们是怎样互相联系的，从而就有可能产生有效的知识。这个问题与另一个连在一起的问题，即世界作用于心灵的可能性与心灵作用于世界的可能性问题，成为当时哲学思考的当务之急。当时出现了各种理论，有的理论认为，我们不能认识世界的真相而只能认识世界给心灵留下的印象；有的理论认为，不存在超越于个人心灵之外的世界；有的理论认为，知识只是心灵本身的不同状态的某种联合。我们并未直接关心这些理论的真实性，可是这些绝处逢生式的解决办法却被广泛接受，这个事实证明了把心灵置于世界的种种现实之上的程度。“意识”一词越来越多地被用作心灵的同义词，假设存在着一个内在的意识状态和意识过程，它们与自然和社会没有任何关系，那么这个内心世界就会比其他任何东西更加真实，并且更加直接地为人们所知晓，这也是同一个事实的证据。总之，实践的个人主义，或是为了在行动中有更大思想自由的斗争，就转化成了哲学上的主观主义。

二、具有重构能力的个人心灵

显而易见，这种哲学动向误解了实践运动的意义，它并非实践运动的再现，而是误入歧途了。人们实际上并不做这样愚蠢的事情，即力图从人与自然的联系及人与人的联系中脱离出来。他们要努力在自然和社会中获得更大的自由。他们想要拥有更大的力量，以在自然和社会中发动变革；他们想要有更大的运动规模以及由此带来的更大自由，因为在运动中蕴含着各种观察和观念。他们想要的不是与世界隔离，而是与世界有更密切的联系。他们想要直接而不是通过传统来形成他们的世界信念。他们想要与他们的同伴进行更紧密的联合，这样才能更有效地相互影响，并为了实现目标来联合各自的行动。

他们感觉到许多被作为知识传递的信念，其实仅仅是过去所积累的见解而已，其中很多是荒谬可笑的，其正确部分作为权威知识被接受时并没有被理解过。人们必须自己去观察，然后形成自己的理论并且亲自检验这些理论。这种方法是唯一可选择来代替把教条当作真理强加于人的方法，而强迫人们把教条当作真理接受就是使心灵在形式上默认真理。这就是有时候用所谓的归纳性实验认知方法代替演绎性认知方法的意思。从某种意义上说，人们总是采用归纳法来处理他们当前所关心的事情。比如说，建筑业、农业、制造业等必须建立在对自然界的各种实物展开活动时所进行的观察基础上，在某种程度上关于这些事情的观念必须通过活动结果来进行检验。但就是这类事情也还是过于依赖习俗，会盲目地而不是有理解地遵循习俗。这种观察实验法也局限在“实践性”问题上，而且在实践与理论知识或真理之间仍然存在着显著的区别（参见第 20 章）。自由城市的兴起，旅游、探险和商业的发展，商品生产的新方法以及做生意的新方法的演变，要求人们必须运用自己的各种资源。科学改革家，如伽利略、笛卡尔和他们的后继者们，用类似的方法确认了关于自然的真相。求知者对于发现新知的兴趣，代替了把所接受的信念进行系统化并加以“证明”的兴趣。

对这些运动进行正确的哲学解释，的确可以加强个人获得知识并亲自检验各种信念的权力和责任，不用介意这些知识和信念已被什么权威证明过了。但这并不会使个人脱离世界，因此也不会把个人分隔开来——在理论上讲不会使个人彼此孤立。人们可以觉察到这种分隔和连续性的破坏，事先就否定了他所做出的努力成功的可能性。事实上，每个人都是在社会环境中成长的，而且必须一直在社会环境中成长。他的许多回应变得明智或者有意义了，这纯粹是因为他以所接受的意义和价值观，作为开展生活和行动的媒介（参见第 3 章第二节）。通过社会交往和参与体现信念的种种活动，他逐渐获得了自己的心智。如果把心智观念纯粹作为孤立的自我占有物，它与真理的意思就背道而驰了。自我是根据关于事物的知识在生活中具体化的程度来成就心灵的；自我并不是与世隔绝的，自我能够重新构建知识。

然而，客观的、非个人的知识与主观的、个人的思维之间存在着有效的区别。从某种意义上说，知识就是我们视为理所当然的东西。知识是已经解决的、经过处理的、已被确认的处于掌控之中的东西。我们完全知道的东西就不需要加以思考了。用通俗的话说，这种知识是千真万确、胸有成竹的东西。而且这并不只是意味着一种确定感。它所指的意思并不是一种情感，而是一种实践态度，是一种没有保留或没有模棱两可的心甘情愿（准备就绪）。当然，我们可能会犯错误，被认为是知识——事实和真理——的东西，在一定的时间内也许并不是知识。不过，一切假设毫无疑问的东西、我们与人和自然的交往中被视为理所当然的东西，在一定的时间内会被称为知识。正如我们所知道的那样，思维与此是相反的，思维始于怀疑或不确定。思维表示一种探究、寻找和搜寻的态度，而不是掌握和占有的态度。通过思维的批判过程，真正的知识得到了修正和拓展，我们对事物状态的各种信念得到了重塑。

过去的几个世纪显然就是一个典型的修正信念和重塑信念的时期。人们并未真的扔掉所有传承的与各种现实相关的种种信念，只是想在他们个人独一无二的感觉和观念基础上开始新的尝试而已。如果他们希望抛弃一切已传承下来的信念，他们根本就做不到；如果抛弃了这些传承下来的信念，唯一的结果只能导致普遍愚蠢的行为。人们从已被认可为知识的东西出发，批判性地考察这种知识所依赖的基础；他们注意到了例外情况；他们运用新的技术设备去揭示与原来深信不疑的东西不一致的论据；他们运用想象力去设想一个与其祖先所信赖的完全不同的世界。这项工作是逐个完成的，是一项零敲碎打的事务，一次解决一个问题。但是所有的修正加起来的最终结果，就等于对关于世界的许多原有观念进行了一场革命。所发生的事情就是重塑先前的种种理智习惯，比起摆脱一切联系来说，这种重塑产生的效果更大、更突出。

这种状况揭示出个人与自我在知识中所起作用的含义，即已被接受的各种信念的重新定向或重构。每个新观点和每个不同于目前的信念所认可的事物观念，必须来源于个人。毫无疑问，新观念会不断萌发，但受习俗统治的社会并不鼓励新观念的发展。相反，社会倾向于压制新观念，这是因为它们偏离了目前的观念。在这种社会里，一个人对事物的看法与其他人不一样，他会被怀疑；对他而言，要是坚持己见的话，一般会有严重的后果。甚至当社会对各种信念的审查制度不是非常严格时，当新观念需要被充分阐释时，社会环境也有可能不能提供阐释所必需的条件；或者不能给持有新观念的人任何物质上的支持和奖励。因而这种新观念就只能是幻想、空中楼阁或没有目标的推测。近代科学革命中涉及的自由观察和自由想象，并非轻而易举就能得到保证；必须要奋力争取；很多人曾为争取理智独立承受着苦痛。但总的来说，近代欧洲社会先是默许个人背离习俗规定的行为反应，随后至少在一些领域刻意鼓励个人做出这种离经叛道的行为反应。新行业里的发现、研究和探究，最后要么成了社会风尚，要么在某种程度上变成了可以容忍的东西。

然而，正如我们已经注意到的那样，许多知识哲学理论并不满足于把个人心智作为重塑信念所依凭的枢纽，以此来维持个人与自然世界和人类同伴世界的连续性。这些知识论把个人的心智看作单独的实体，每个人的心智都是完整的，并且是与自然隔离开来的，所以也是与他人隔离开来的。因而一种合理合法的理智个人主义，就是对过去种种信念的批判性修正态度，是为了取得进步必不可少的态度，也可以明确地表述为道德的和社会的个人主义。当心智活动从习俗性信念开始并且努力去有效实现信念的改造，从而赢得普遍的信念时，个人和社会之间的对立就不存在了。个人在观察、想象、判断和发明中所体现出的理智变量就是社会进步的动力，正如遵从习惯是社会保守的动力一样。但当我们把知识看作起源并作用于个人自身时，就忽略和否定了一个人的精神生活同他人的精神生活之间的纽带。

当个性化精神活动的社会性被否定时，要找到把个人与他人联合起来的联系就会成为一个问题。人们通过有意识地把不同生活中心划分开来，从而建立起道德个人主义。道德个人主义根源于这样一种观点，即每个人的意识是完全属于私人的，就好比一个自我封闭的大陆，本质上与其他人的观念、欲望和目的是无关的。不过当人们采取行动时，他们却是在一个共同的公共世界中进行的。有意识的心智是孤立且独立的，这种理论会引起这样一个问题：假设我们的情感、观念和欲望是彼此没有联系的，那么怎样才能根据社会利益或公众利益来控制它们所引发的各种行为呢？假定有一种自私自利的意识存在，那么怎样才能做出关心他人的行为呢？

从这个前提出发的道德哲学已经提出了四种典型方法来解决这个问题。

1. 一种方法代表的是较古老的处于权威地位的残留做法，这种让步和妥协在事情发展过程中是绝对不可避免的。个人所具有的离经叛道的人格特点依然处于人们的怀疑之中；从原则上讲，这些特点都是脱离了外部权威指导的个人内在的扰乱行为、反叛行为和腐败行为的证据。事实上与原则上存在区别，理智个人主义在某些专门领域是得到容忍的——比如数学、物理学和天文学等科目以及由它们所产生的各种专门发明。但是，把类似的方法用来解决道德、社会、法律和政治等方面的问题，却遭到了否定。在这些问题上，教条依然是至高无上的。某些永恒真理是通过启示、直觉或我们祖先的智慧而得以知晓的，它们给个人的观察和思索设置了不可逾越的种种限制。社会所承受的种种邪恶都被归咎为一些受人误导的个人要僭越这些界限。在物质科学和道德科学之间存在着生命科学，生命科学这个领地只是在既成事实的压力下才勉强给予探究的自由。过去的历史已经证明，通过信任在探究过程中所树立起的责任心，人类善的可能性得到了扩充并且更有保障了，“权威”理论划出了一块神圣的真理领域，使其免于受到信念变化的侵袭。教育的重点也许不是放在永恒真理上，而是放在权威的书本及教师上，个人的意见是不受鼓励的。

2. 另一种方法有时被称为理性主义或抽象理智主义。这种哲学认为存在着一种形式逻辑官能，可以把传统和历史以及一切具体学科内容区分开来。这种理性官能被赋予了直接影响行为的力量。既然这种官能所要解决的全部是普遍的、非个人的各种形式，那么当不同的人根据逻辑结果行动时，他们的活动在外表上就会保持连续的一致性。这种哲学无疑有其可以服务的地方，在人们对只注重其身后的传统和阶级利益的学说进行否定的毁灭性批判的各种学说中，它是一个强有力的因素；它使人们习惯于自由讨论，并习惯于信念必须服从理性标准的思想。这种哲学使人们习惯于依靠辩论、讨论和说服去打破偏见、迷信和消除暴力，使人的讲解明确清晰和井然有序。这种哲学对于摧毁旧的谬说有很大的影响，而对于在人们之间建立新纽带就没有那么大的影响了。这种哲学把理性看成脱离学科内容的、本身就很完善的东西，因此它具有形式化的空洞性质；它对历史的组织机构和制度抱持敌对态度；它无视习惯、本能和情感等作为操作因素在生活中产生的影响，这使得它在揭示特殊目标和方法方面显得无能为力。不管单纯的逻辑学在安排和批评现有学科内容方面何等重要，它本身并不能创造出新的学科内容来。在教育中，与此相关的就是信任一般的现成规则和原理来确保意见一致，而不用去注意学生的思想是否真的彼此一致。

3. 当理性主义哲学正在法国发展之际，为了确保各种从孤立的意识流中产生的行动在外表上的整齐划一，英国的思想则诉诸明智的个人利己主义。法律的安排，尤其是刑法管理和政府的规章制度，诸如此类的办法，目的是为了防止从尊重私人感觉出发的行动对他人的感情产生妨碍。教育就是向个人灌输一种思想，即不妨碍他人和在某种程度上积极尊重他人的利益，是确保获得自身幸福所必需的，而主要强调的则是以贸易作为协调个人行为与他人行为的手段。在商业行为中，每个目标都是为了满足自己的欲望，只有为他人提供某种商品或服务时，他才能获得自己的利益。因而，在实现增强自己的令人愉悦的意识状态的目标时，他也是在对别人的意识做贡献。这种观点无疑表达并推动了对意识生活价值的深刻认识，并且认识到各种制度上的安排最终是要通过它们对增强和扩大意识经验的范围所做出的贡献来进行评判。这种观点也会为工作、工业和机械设施助一臂之力，使它们摆脱在有闲阶级控制的社会中所遭受到的蔑视。这种哲学以两种方式促进了更加广泛、更为民主的社会关系，却受到了它的基本前提的狭隘性的影响，这个前提认为：每个人的行动只会顾及他自己的快乐和痛苦，所谓的慷慨大方、怜悯同情的行为只不过是获得和保证一个人自己的安逸舒适的间接途径而已。换句话说，任何哲学如果把精神生活看作一种自我封闭的东西，而不试图去重新指导和重新适应共同事业，这种哲学观所固有的种种后果就会显露出来。这种哲学把人们的团结一致看作算计外在利益的事。这种哲学被卡莱尔（Carlyle）的蔑视性断言说中了，他认为这种哲学是无政府主义加警察的教条主义，只承认人们的“现金交易关系”。相应地，它在教育上最显而易见的体现就是，使用愉快的奖赏和痛苦的惩罚。

4. 典型的德国哲学遵循的是另一条道路。德国哲学从本质上讲是从笛卡尔及法国继承者的理性主义哲学开始的。不过，当法国思想发展整体的理性观念来反对个人的神圣心灵这个宗教概念的时候，德国的哲学思想（比如黑格尔的思想）对这两个概念进行了综合。理性是绝对的，自然是实体化的理性，历史是理性在人身上的逐步展开。只有当一个人把自然与社会制度中的理性内容吸收到自己身上的时候，他才是有理性的。因为，绝对理性不是纯粹形式化的空洞无物，与理性主义的理性不一样；绝对理性的绝对必须把一切内容包括在自身之内。因此，真正的问题不是控制个人自由，从而实现一定程度的社会秩序和协调一致，而是根据作为客观理性的国家组织中所发现的普遍规律去发展个人的信念，从而获得个人自由。虽然这种哲学通常被称为绝对唯心主义或客观唯心主义，但至少为了教育的目的把它称为制度唯心主义比较合适（参见第 5 章第二节）。这种哲学通过把历史上的各种制度看作内在的绝对心智的化身，从而把历史制度观念化了。毫无疑问，这种哲学对拯救 19 世纪初已经陷入独立个人主义的英国和法国哲学产生了强有力的影响。绝对唯心主义足以使国家组织更加具有建设性地关心公共事务问题，它很少听天由命，依赖个人的逻辑信念，也很少让个人的利己主义起作用。它把智力用于影响处理各种事物的行为；它强调为了国家的利益需要由国家来组织教育。它鼓励和推动对一切自然现象和历史现象的专门细节进行自由探究。但在一切终极的道德问题上，绝对唯心主义倾向于恢复权威原则，它比前面提到过的任何哲学派别都更有助于提高组织的效能感，但是它并不会为了这个组织的自由修正实验提供前期准备。政治的民主主义相信，个人是有权参与改变社会的基本组织的，绝对唯心主义哲学对这样的政治民主主义却是陌生的。

三、教育上的相应表现

我们无须详细考虑各派哲学的缺点在教育上的相应表现是什么，只需要对以下情况进行解释就足够了：一般来说，学校是纯粹个人主义学习方法与社会行动之间，以及自由与社会控制之间这类虚构的对立表现得最为鲜明的机构。这种对立体现在社会气氛和学习动机的缺乏上，也体现在学校管理造成的教学方法与管理方法的分离上；学校很少有机会关照学生的个别差异。当学习处于包含沟通交流的主动行为的一个阶段时，在学习过程中就存在着社会控制。当学习过程缺乏社会因素时，学习就变成了把所提供的材料储存到纯粹的个人意识之中，而没有内在理由说明为什么学习应该给理智倾向和情感倾向提供一个更为社会化的方向。

在学校中，对自由的支持者和反对者都存在着一种倾向，要么把自由等同于缺乏社会指导，要么把自由等同于纯粹的不加约束的身体运动。不过，要求自由的实质就是需要一定的条件，使个人能够对一个集体的利益做出特殊的贡献，并且使他在参与集体活动时，会把社会指导看成自己的精神态度问题，而不只是看成他的行动受到了权威的控制。因为通常的所谓训练和管理一定只与行为的外在方面有关，通过反应把类似的意义附加在了自由之上。但是当我们觉察到每个观念在行动中表现出的心灵品质时，自由和社会控制之间的对立就会消失。自由在本质上意味着思维（个体思维）在学习中所起的作用，它是指理智上的开创性、观察的独立性、发明时有远见、结果的预见性以及适应结果的灵活性。

但是，因为这些是属于行为的精神方面的，所以我们所需要的个性——或自由要发挥作用——就不能同自由开展身体运动的机会相脱离。强迫身体保持安静也许不利于认清问题，不利于进行必需的观察来界定问题，也不利于进行实验检验所提出的思想观念。关于教育中的“自我活动”的重要性已经讲了很多，但是，这个概念过于频繁地局限在了仅仅是某种内部的东西——某种排除了感觉器官和运动器官的自由运用的东西上面。有些人处于从符号中学习的阶段，或者在进行比较仔细地考虑的活动之前，就对问题或观念的含义阐述得一清二楚了，这种人可能很少需要看得见的外部活动。但是自我活动的整个过程需要一个考察和实验的机会，去检验一个人对事物的看法，并发现可以用材料和仪器来做些什么事情。这种自我活动与严格限制身体的活动是不相容的。

个人活动在有些时候被理解为学生自己去行动或学生独自完成一件事情。为了使学生做事时不去注意别人在干什么，就要求学生处于安静和注意力高度集中的状态。儿童和成人一样需要有一定数量的单独活动的机会。但这种单独活动的时间、地点和数量都是枝节问题，并不是原则问题。和他人共同活动与个人单独活动之间并不存在根本的对立。相反，个人的某些能力只有在和他人协作的情况下才会表现出来。如果说为了让儿童的个性得到自由的发展，就必须令其单独活动并且不要参与集体活动，这种观念是根据空间距离来衡量个性，并且把个性看成了物质性的东西。

教育重视个性的因素有双重含义。第一，人是精神个体，有自己的目的和问题，并且能自己进行思考。“为一个人的自我而思考”这个短语有些啰嗦，一个人只有为自我而思考才算是在思考。对于种种暗示，只有通过学生自己的观察、自己的反思、自己的构想和自己的检验，他已知的东西才能得到丰富和证实。思维与消化食物一样，都是一个人自己的事情。第二，个人观点、对东西的喜好和攻击方式，人与人之间都存在着差异。当这些个别差异是为了所谓的一致利益而受到压制，并且企图使学校中的学习和问答都按单一模式进行时，就会不可避免地造成学生思想上的混乱和刻意的矫揉造作。学生的独创性会逐渐被摧毁，学生对自己精神活动品质的信心会受到损害，学生会被反复提醒要温顺地服从别人的意见，否则就会异想天开。这种情况所造成的损害比过去整个社会都是受习俗性信念统治的危害还要大。因为学校里的学习方法与校外通行的学习方法之间存在的差别更加悬殊。当每个个体被允许运用他处理材料的特殊方法并因此而受到鼓励时，科学发现的系统就开始进步了，没有人会否认这种情况。如果反对者说学校里的学生还没有这种独创性，因此必须把他们限制在准确把握和再现见多识广之人已知的东西，那么可以从两个方面回应这个问题：（1）我们关注的是态度上的独创性，它相当于一个人根据自己的个性做出的不受外界强迫的回应，而不是指以产品来衡量的独创性。没有人会期望青少年能做出原创性的发现，能与自然及人文科学中所包括的事实和原理正好吻合。但从学生的观点来看，他们期望在学习发生的条件下能有真正的发现，这种期望并非没有道理。虽然年幼的学生不会有高年级学生心目中的那种新发现，但在真正的学习发生时，他们就会有自己心目中的新发现。（2）在正常熟悉别人已知的学科内容的过程中，甚至年幼学生也会以意想不到的方式做出反应。这些年幼学生对待某个主题的方式，以及其中的事物吸引他们注意力的方式会很特别，令人耳目一新，他们表现的有些方面甚至连最有经验的教师都无法完全预料到。所有这些往往会被人当作毫不相关的东西而抹杀掉。千方百计强迫学生按照成人想出的方式去演练学习的内容材料，这样做的结果就是学生个性中的独创性没有得到利用并且也没有受到指引，而这种独创性本身就是人与人之间的区分性特征。因此，教学对教师来说不再是一个教育性过程。这种教师最多只会去改进其现有的教学技巧；他不会去获取新的观点；他体验不到任何理智的伙伴关系（教学相长的互动关系）。因此，教与学就变成一套传统、机械的东西，教与学的双方在精神上都感觉疲惫不堪。

随着学生成熟程度的逐渐提高，当他们对设计的新主题的背景更为熟悉时，多少有些随意的物质实验范围就会缩小，学生的活动就会限定在某些专门的范围内。在别人的眼中，这个学生的身体可能完全处于静止状态，因为他的精力都限制在神经系统，以及与眼睛和发声器官相关的机能上。但由于这种态度是训练有素的人思想上高度集中的表现，不必作为学生学习的榜样，学生还必须寻找自己的理智出路。甚至对成人来说，这种态度也并不包含精神力量的全部内容。这种态度标志着一个中间时期，这段时期可能会因为需要掌握的科目内容不断增加而延长。不过，这段时期总是介于两段时间之间，一段是较早的较为一般的明显的身体活动时期，另一段是后来学以致用的时期。

无论怎样，当教育认识到在获取知识的过程中需要身心联合时，我们就用不着去坚持显而易见的外在自由了。我们只要识别出教和学中所包含的思维自由就足够了，通过这种思维自由，一个人已经知道的和所信奉的东西就可以得到拓展和提升。为了确保有利于有效思维的情境，如果我们把关注点放在能满足它的条件上，那么思维自由也就自然得到了关照。一个人有个问题而且这个问题对他而言是个真正的问题，那么这个问题就会激发起他的好奇心，使其急切地寻求有助于解决问题的知识，与此同时他又能对满足这个兴趣的实践手段得心应手，那么他就是理智自由的了。他所拥有的主动性和富有想象力的远见都将发挥作用，并且会控制他的冲动和习惯。他自己的目的就能指导他的行动。否则，他表面的注意、他的温顺、他的一切记诵和复述都将带有理智奴性的意味。在一个不希望许多人有其自己的目的和观念，而只是服从少数有权势之人的命令的社会里，这种理智奴性是需要的，但这种理智奴性不适合一个旨在实现民主主义的社会。

总　结

真正的个人主义是放松作为信念标准的习俗和传统左右思想的权威钳制的产物。除了偶发情况外，比如在古希腊思想发展的顶峰时期就是这种情况，其实比较而言，真正的个人主义是近代的事情。并非因为个别差异不是经常存在的，而是因为一个被保守习俗所支配的社会压制了个别差异，或者说至少是并不利用个别差异和促进个别差异。但由于种种原因，新的个人主义在哲学上被解释为不是指发展修正和改造过去所接受的信念的力量，而是指一种主张，它认为每个个体的心灵是独立于其他一切事物的自我完整体，在哲学的理论层面，新的个人主义产生了认识论问题，即个人与世界的认知关系的可能性问题。在哲学的实践方面，新的个人主义产生了纯粹个人意识为共同利益或社会利益而行动的可能性问题——社会指导的问题。虽然解决这些问题的各派哲学没有对教育产生直接的影响，但是在学习和管理之间、个性自由与他人控制之间频繁出现的割裂现象中，他们所提出的基本假设是有所体现的。就自由而言，应该牢记在心的重要问题是，自由指的是一种精神态度，而不是指行动不受外部约束，但如果在探索、实验和应用等过程中的行动没有相当的灵活性，这种心灵品质就不可能得到发展。一个建立在习俗基础上的社会，只在与习俗一致的限度内会运用个别差异，每个阶级内部的主要理想是具有一致性的。一个进步的社会会把个别差异视为珍宝，因为它会在个别差异中找到自己的发展手段。因此，一个民主主义的社会必须与这种理想保持一致，在各种教育措施中，要考虑到理智自由及各种不同的才能和兴趣所起的作用。

第 23 章　教育与职业

一、职业的含义

当今时代，各派哲学理论的冲突集中表现在对各种职业因素在教育中所处的恰当地位与作用的相关讨论之中。如果直白地表述为由于基本的哲学概念存在着巨大分歧，所以才产生了与这个争议相关的主要问题，也许会引起这样的质疑：阐述哲学观念所运用的生僻的一般性术语，似乎与职业教育的实践和具体细节之间存在着不可逾越的鸿沟。但是，通过对这些理智思想的前提进行回顾就会发现，在教育中存在着种种对立现象，如劳动与闲暇的对立、理论与实践的对立、身与心的对立、精神世界与物质世界的对立，这些对立最终表现为职业教育与文化教育的对立。就惯例而言，人们通常会把自由教育和闲暇、纯属沉思的知识、不用主动运用身体器官的精神活动等概念联系在一起。最近，文化也倾向于与纯属个人修养、某种意识状态和态度的培养联系起来，而与社会指导和社会服务产生了疏离。文化教育在逃避了社会指导的同时，变成了社会服务的一种必需品。

这些哲学二元论与职业教育的全部主题如此深刻地纠缠在了一起。为了避免给人造成这样的印象，即以职业为中心的教育是唯利是图的，甚至是狭隘的实用性质的，就有必要更为充分地解释职业的含义。一种职业意味着它纯粹就是种种生活活动所遵循的方向，因为完成这些活动所产生的结果会让个人感受到深刻的意义，同时也会让其同伴感受到活动的益处。职业生涯的对立面既不是闲暇，也不是文化修养。就个人方面而言，职业生涯的对立面是漫无目的、反复无常和没有成功经验的积累；就社会性方面而言，职业生涯的对立面是没有根据地炫耀自己和过着依赖他人的寄生生活。职业是一个表示持续性的具体术语，它既包括任何一种艺术能力、专门科学能力、良好的公民素养，也包括专业性的职业和事务性的职业，更不必说机械劳动或从事有金钱报酬的工作了。

我们不仅要避免把职业概念局限在直接生产有形物品的职业，而且要避免产生这样的认识，即认为职业的分配是相互排斥的，并且每个人只能从事一种职业。这种界限分明的专业主义是根本不可能的；没有什么事情比企图教育个人只着眼于单一的活动更为荒谬可笑的了。首先，每个人必须要承担各种职责，他必须机智有效地履行职责；其次，任何职业如果与其他的各种爱好脱节，就会丧失其意义从而变成按部就班的机械忙碌。（1）没有哪个人除了是个艺术家之外就再无其他身份了。要是他处于这种状况，那么他就是一个没有得到很好发展的人，就像一个怪物。在他一生的一段时期里，他必须是某个家庭中的一员；他必须有朋友和伙伴；他必须要么自己养活自己，要么让别人养活自己，因此他得有谋生之道。他是某个政治组织团体的成员，还有其他身份。我们自然会把他所有使命中最为突显的一项称为他的职业，而不会把他与别人共有的使命称为他的职业。不过，当我们考虑教育的职业方面时，不应该受名称的字面意义的限制，这样做会忽略甚至否认他职业以外投入的其他事情。（2）把当艺术家作为一个人的职业，只是他进行的众多职业活动中特别专门的方面而已，因此他在艺术活动中的效能感，从人文意义上讲，是由艺术活动与其他许多事情的联系决定的。如果一个艺术家的艺术才能不只是取得技术上的成就，他就必须要有经验，他就必须懂得生活。他不可能在他的艺术范围之内找到艺术活动题材；这种题材必须是他在其他关系中所承受的痛苦和所享受的快乐的表达——这取决于他对某件事情保持高度的警觉性和富有同情的兴趣。对于一个艺术家来说是这样的，对于其他任何专门的职业来说也是这样的。根据一般的习惯原则——毫无疑问存在一种倾向——每种区别明显的职业都会变得过于强调其专门化的方面，并全身心地投入到这个专门化方面。这就意味着强调技能或技术方法会以牺牲所包含的意义为代价。因此，教育的任务与其说是要助长这种倾向，还不如说是要预防这种倾向，从而使科学探究者不只是科学家，教师不只是教书匠，牧师不只是穿着牧师服装的人，等等。

二、各种职业目标在教育中的地位

需要牢记于心的是，职业包括的内容是多种多样且互相联系的，一种特殊的职业设计建立在广阔的背景基础之上。在此，我们将考虑为了具有显著个人特点的活动而进行的教育。

1. 职业是唯一能把个人的特殊才能与其社会服务协调起来的事情。一个人获得幸福的关键就是找出适合他做的事情，并且确保有机会去做。天下最为可悲的事情莫过于一个人不能发现他一生真正该做的事业是什么，或者是没有发现他已随波逐流或为环境所迫，从事着与自己的志趣不合的职业。合适的职业仅仅意味着一个人的能力倾向得到了适当的运用，工作时产生的摩擦最少而得到的满足最大。对其他社会成员而言，这种恰当的行动当然意味着他们获得了这个人所能提供的最好服务。比如说，人们一般会相信，即使从纯经济的观点来看，奴隶劳动最终也是一种浪费——因为缺乏足够的刺激物去指引奴隶的精力，结果就造成了浪费。而且，既然奴隶被限制在了某些固定的职业上，那么他们的许多才能肯定未能用到社会中，所以说这是绝对的损失。奴隶制度只是在某种明显的程度上说明了一个人在工作中找不到自我时所发生的一切。当职业受到轻视并且对本质上人人相同的文化修养还保持着传统的理想时，他就不可能在工作中完全实现自我。柏拉图曾经提出的教育哲学的基本原理（参见第 7 章第三节）认为，教育的任务在于发现每个人的特长，并且训练他尽量去发展自己的优秀模式，因为这种发展也会确保以最和谐的方式满足社会的需要。柏拉图的错误不在于他提出的定性原理，而在于他对社会所需要的职业范围所持的狭隘看法，即他没有清楚地认识到每个不同的个体所具有的无限多样的潜能。

2. 职业就是持续不断地从事有目的的活动。因此，通过各种职业所进行的教育结合有利于学习的因素要比其他任何方法都多。职业能激发人的本能和习惯并使其发挥作用；职业是被动接受性的仇敌。职业不但有目标，而且要达成结果。因而职业要求人有思想；它要求保持稳定的目的观，从而使职业活动不至于成为循规蹈矩的或任意散漫的行为。既然活动必须是一种从一个阶段到另一个阶段的前进运动，那么在每一个阶段都需要观察和灵敏性来克服障碍、发现行动方法，并重新调整执行的方式。总之，如果从事职业的目的在于活动的实现而不只是为了获得外在产品，那么这种职业就能满足本书前几章（参见第 8、10、12 章）在讨论目的、兴趣和思维时所提出的要求了。

一种职业也有必要成为信息和观念的组织原则；也有必要成为增长知识和发展智力的组织原则。职业给我们提供了一个轴心，大量不同的细节都是围绕着它运转起来的；它使各种经验、事实和信息的细目井然有序。律师、医生、某一化学分支学科的实验室研究工作者、父母、关注本地的公民，各有一种持续起作用的激励物，从而使其关注和联系任何与他的事业相关的东西。他会在不知不觉中从自己的职业动机出发，搜集一切相关的资料，并且把它们保存起来。职业就像磁铁一样吸引着资料，又像胶水一样保存资料。这样组织起来的知识是富有生命活力的，因为它与需要联系起来了；它在行动中得到表现，又在行动中得到重新调整，永远都不会停滞不前。如果为了纯粹的抽象目的而有意识地对事实进行分类、选择和整理，那么无论在可靠性上还是在效果上，都肯定比不上在职业需要的压力下所组织的知识。比较而言，前一种知识是刻板的、表面的和冷冰冰的。

3. 通过各种职业进行的训练是为职业进行的唯一充分的训练。本书前面曾提出过一个原理（参见第6章），认为教育性过程就是它自己的目的，并且为将来的责任所进行的唯一充分的准备就是，把最直接的现有生活的全部力量运用到教育的职业方面去。在任何时候，一切人类占优势的职业都会是生活，即智力的增长和道德的发展。儿童和青少年，相对来说是没有经济压力的，这个事实是明摆着的。事先决定一个将来的职业，并让教育严格地为这个职业做准备，这种做法会损害受教育者现在发展的种种可能性，因而会削弱其对将来的适当职业做出的充分准备。在此再把前面多次表述过的原理讲一讲，这种训练可能培养按部就班的机器般的技能（就是培养这种技能也没有把握，因为它使人感到枯燥无味、讨厌恶心和漫不经心），将把从事真正对智能有益的职业所必需的敏捷的观察、连贯的思考和灵活的计划等特质都荒废掉。在一个专制性管理的社会里，常常会把阻止自由与责任感的发展作为有意识的目标；少数人制订计划并发号施令，其余的人只是服从指挥并且被故意限制在狭隘规定的努力渠道上。虽然这种制度可以在很大程度上巩固一个阶级的权势和利益，但它限制被统治阶级的发展是显而易见的，同时也冻结和限制了统治阶级通过经验学习的机会，这种制度以这两种方式妨碍了整个社会生活（参见第19章末）。

唯一可供选择的办法就是，让一切早期的职业预备都变成间接的而不是直接的；按照学生目前的需要和兴趣，教学生从事积极的工作。只有用这种方式，教育者和受教育者才能真正发现个人的能力倾向，并且为今后生活中应该选择何种专门职业提供启示。而且，只要成长在继续，能力和能力倾向的发现就是一个持续不断的过程。有人认为，成人之后从事哪项工作会在某个特定的日子被发现，之后就可以终生不变，这是一个既传统又武断的看法。比如说，一个人发现自己对与工程有关的事物既有理智兴趣又有社会兴趣，并且决定把工程师当作自己的职业。他这样做最多不过是勾勒出了一个进一步发展的方向的轮廓。这是一种用来指导将来活动方向的草图。这样发现的专业在某种意义上就如同哥伦布踏上美洲海岸时说自己发现了美洲一样。未来对无限的更加详细、更为广泛的事物的探险依然还要进行。如果教育者认为职业指导可以让人对职业做出确定无疑的、不可改变的、完完全全的抉择，那么教育及所选择的职业都很可能流于机械呆板，会阻碍进一步的发展；在这个范围内所选择的职业将会使有关的人永远处于从属地位，发挥别人的聪明才智，而那些发号施令的人所从事的职业则允许他们更加灵活地发挥作用并重新进行调整。虽然平常使用的语言不能把重新调整的灵活状态证实为对一个未来新职业的选择，事实上却是如此。如果说即使是成人也还要密切关注他们没有被职业压倒，并且没有变得僵化，那么教育者当然必须格外注意，年轻人的职业准备就是使他们能够持续不断地重组各种目标和方法。

三、目前的机遇和危险

过去，教育在名义上不是职业教育，但在事实上是职业性的。

1. 大众的教育具有明显的实利性质。这种教育与其称为教育，还不如称为当学徒或学艺更恰当，也可以叫作从经验中学习。学校致力于进行 3R 教育，教人能读、能写和能算，这是各种劳动都需要的共同要素。在他人指导下参加某种特别行业的工作是校外方面的教育。这两个方面的教育是相互补充的；学校中进行的狭隘的形式化工作，其实和学徒学艺没什么不同。

2. 在很大程度上，统治阶级的教育从实质上讲也是职业性的——只是碰巧他们的统治追求和享受事宜不被叫作职业而已。因为只有包含体力劳动的事情才被称为职业，这种工作只是为了养家糊口，或者是为了得到相应的金钱报酬，或者是向特殊人群提供个人的服务。比如说，长期以来，内科医生和外科医生的职业几乎与仆役或理发师的职业一起被列入同一等级，一部分原因是这些职业都是与身体有关的，另一部分原因是这些职业都是为了获得报酬而给一些确定的人提供服务。但如果我们透过文字去看其本质的话，指导社会关心的事务，无论是政治上的还是经济上的社会事务，无论是在战时还是在平常时期，都与其他职业一样，也是一种职业。过去的高等院校的教育基本上都是为这种政治和经济事务做准备的。而且，自我炫耀、个人的修饰打扮、具有特权的社会交际和娱乐应酬以及金钱的开支，都已成为明确的不同职业了。高等学习机构在不知不觉中已被用来为准备这些职业做贡献。即使现在，所谓的高等教育也还是专门为了某个阶级（人数比过去少得多）能有效从事这些职业在进行着主要的准备。

在其他方面，尤其是在最为高级的工作中，大多数都是为了从事教学工作和专门研究的职业而接受教育的。由于一种特别的迷信行为，只要为成为自由职业者、从教者、文学工作者和领导人物做准备的教育，都被认为是非职业性的，甚至被认为具有特殊的文化修养性质。那种间接使人适应著书立说事业的文学训练，无论是著书、撰写新闻评论，还是写期刊文章，特别容易产生这种迷信行为：很多教师或作家撰写文章为文化修养和人道主义教育进行辩护，反对专门化的实用教育的侵蚀，他们称自己所接受的教育为自由教育，但没有认识到这种教育主要是为了训练他们自己的特定职业素养。不过，他们已经习惯于把自己所从事的职业看作具有文化修养的性质，而忽视了其他职业也具有文化修养的可能性。这些区别的根源毫无疑问来自一种传统，即当一个人所从事的工作是对特定的雇主负责而不是对终极雇主即社会负责时，他从事的工作才被认为是职业。

然而，目前有意识地重视职业教育——要把先前默认的职业含义清楚而慎重地显现出来，存在着几个明显的理由。

第一，在民主主义社会中，无论是体力劳动、各种商务性职业还是对社会所做的明确服务，都日益受到人们的尊重。从理论上讲，现在无论男女都希望能做些事情来回报自己所获得的支持——社会为其提供的理智支持和经济支持。劳动受人推崇，服务也是受人赞赏的道德理想。虽然仍旧有人非常羡慕和忌妒能过自由闲散、外表光鲜的生活的人，但具有良好道德情感的人谴责这种生活。现在，一个人运用时间和才能来承担社会责任，会比过去受到更为普遍的认同。

第二，在过去的一个半世纪里，与工业相关的各种职业已经赢得了极其重要的地位。制造业和商业不再是属于家庭和地方性质的偶然事业，而是变成了世界范围的事业。越来越多的人把自己最优秀的才能用在这些事业上。制造商、银行家和工业界的巨头作为社会事务的领头人，实际上已经取代了世袭的地方贵族。社会要调节的这个问题显然是工业上的问题，与劳资关系有关。引人注目的工业进程的社会重要性已大大增强，不可避免地把学校教育与工业生活相关的问题摆在了我们面前。要是没有向从不同社会状况下继承下来的教育提出挑战，没有对教育提出很多新问题，那么如此大的社会调整是不可能发生的。

第三，我们已经反复提到过这样一个事实：从本质上讲，现在的工业已不再是沿袭下来的经验性的粗加工程序了。现在的工业技巧是工艺技术性的，也就是说，它们是根据数学、物理学、化学和细菌学等领域的发现而制造的机械。经济的革命提出了许多有待解决的问题，并且运用机械产生了对智力的极大尊重，从而对科学产生了激励作用。工业也由于科学的发展而获得了双倍的利益。作为一种结果，各种工业性职业无论是在理智内容还是在文化修养的可能性上，都胜过以往太多了。这就需要一种教育，能使工人了解他们所从事的职业的科学基础和社会基础，并且了解这些职业的意义。要是没有这种教育的话，工人就会不可避免地降低到成为其所操作机器的附属品的地位，所以，现在对这种教育的需要就变得非常迫切。在旧的社会制度下，一个行业的所有工人所拥有的知识与所持的观点大体是一致的。他们个人的知识和天赋至少会在一个狭小的范围内得到发展，因为它已经适应机器了，而不是使工具来适应他自己的目的。尽管工业的智力可能性已成倍地增长，但对大众而言，工业中的教育性资源往往不及为本地市场进行手工生产的时代。因此，实现内在于工作中的种种智力可能性这个任务就被交回给学校了。

第四，科学方面对知识的追求已更具实验性质，更少依靠文学传统，更少与推理辩证法和符号联系在一起。结果，工业性职业所提供的学科内容不但比过去包含更多的科学内容，而且让学生有更多的机会去熟悉知识得以产生的方法。当然，工厂中的普通工人受到的直接经济压力太大，没有机会像实验室里的工人那样去获得知识。但在学校里，学生有意识关心的事情主要是增长见识，在这种条件下，可以让学生去接触各种机器和工业生产的过程。工厂车间与具备上述条件的实验室之间的分离主要是传统习惯使然。实验室的优点在于允许对问题所揭示的任何理智兴趣探究到底；工厂车间的优点在于重视科学原理的社会意义，能把许多学生更为活跃的兴趣激发出来。

第五，总的来说，学习心理学特别是儿童心理学的发展，与工业在生活上日益增长的重要性是并驾齐驱的。因为现代心理学特别强调原始的未经学习的本能性探究、实验和尝试的重要性。现代心理学揭示了学习并非现成的被称为心智的工作，心智本身就是对原始潜能的组织，让原始潜能进入到各种活动中并产生意义。我们在前面已说过（参见第15章第三节），工作对年龄较大的学生就如同游戏对年幼的学生一样，工作有助于种种原始本能活动的教育性发展。而且，从游戏过渡到工作应该是渐进的，不涉及态度的激烈改变，是在工作中融入游戏要素，为了提高控制能力需要进行持续不断的重组。

读者可以看出，上面的五点实际上是在复述本书前一部分的主要论点。无论从实践上还是从哲学上来说，解决目前教育状况的关键都在于逐步重构学校的教育材料和教学方法，从而能够运用以社会性职业为典型的各种形式的工作，并阐明它的智力内容和道德内容。这种重构工作必须降低纯粹的文学式方法——包括教科书——和辩证方法的地位，使它们成为前后连贯的、累积性的智力发展必不可少的辅助工具。

我们的讨论已经强调了一个事实，即只是试图根据各种工业和专业的现有做法，去给学生做技术上的准备，教育的重组是不可能完成的；只是在学校中复制现有的工业状况，教育的重组更不可能完成。问题不在于使学校成为制造业和商业的附属机构，而在于利用工业的各种因素使学校生活更富有生机和现实意义，并与校外的经验有更加密切的联系。这个问题并不容易解决。现实存在的一个根深蒂固的危险是，教育将会永远沿袭为了少数几个人的古老传统。现有的工业制度是有缺陷的：还未转型，还未合法化，还未社会化。在默认我们现有工业制度的这些缺陷的基础上，多少还是会有效地适应新近的经济状况。具体而言就是存在着一种危险，即在理论上和实践上都把职业教育解释为商业教育：作为确保在将来的具体职业中所需要的技术效能感的手段。

这样一来，教育将变成原封不动地永远延续社会现有工业秩序的工具，而不是作为转变这种工业秩序的手段而发挥作用。对我们所希望的转变给予正式的解释并不困难。这种转变标志着这样一种社会的出现，在这种社会中，人人都应该从事一种职业，从而使别人的生活变得更有价值，并且更能看清楚把人们联结在一起的纽带——它们会打破人与人之间的隔阂。这种转变意味着一种事态，在这种事态中每个人对其工作的兴趣不是勉为其难，而是深谋远虑，即每个人的工作都是与自己的能力倾向和志趣相投的。不言而喻的是，我们现在离这样的社会状况还很远；从字面和定量的意义上讲，我们也许永远达不到这种状况。但从原则上讲，我们已经完成的社会性质的变革是与这个方向吻合的。要达到这样的社会状况，现在所拥有的丰富资源是过去任何时候都不及的。如果我们真的具有实现这种社会的强大的意志力，那么在前进的道路上就不会存在不可逾越的障碍。

这种社会转型能否实现取决于我们是否采用了可以实现这种转型的

教育方法，其他事情倒是次要的。因为这种变化从本质上讲是精神气质性质的改变，是一种教育性变革。这并非意味着我们可以脱离工业状况和政治状况的变革而用直接的教学和规劝改变性格和心灵。这种看法与我们关于性格和心灵就是参与社会事务的回应态度这一基本思想相矛盾，但它意味着我们可以在学校设计一个我们想要实现的那种社会的方案，并根据此方案来塑造青少年的心灵，循序渐进地改变成人社会中的更重大、更难以控制的各种特征。

从情感上讲，下面的说法似乎有些苛刻：我们发现现有社会制度的最大缺陷不是贫穷，也不是贫穷所遗留下来的苦难，而是事实上许多人所从事的职业不是他们喜欢的，他们从事这些职业只不过是为了获得金钱报酬而已。因为这些职业常常令人反感，会消磨人的意志，会让人玩忽职守和逃避责任。他们既不专心工作，又不安心工作。而有些人不但物质条件比较优越，而且专断地、过度地控制着许多人的活动，他们与平等的普通社会交往是隔绝的。娇纵和显摆的生活让他们欢欣鼓舞；他们企图借助炫耀权力、较多的财富与享受来给人留下印象，从而弥补他们与别人的隔阂。

狭隘意义的职业教育计划极有可能永远延续和固化这种分工。这种计划是建立在社会宿命论的教条基础上的——认为有些人应该在与现在相同的经济条件下，继续当挣薪水的雇佣劳动者，这种计划的目的只是为了让他们接受所谓的商科教育，也就是说，使他们有更强的技术效能感。技术的熟练度往往严重缺乏，而他们确实是需要熟练技术的——不仅为了价廉物美，而且为了在工作中找到更大的幸福，因为没有一个人在乎他做不到的事情。但是，有的熟练只限于眼前的工作，有的能力会扩大到洞察工作的社会意义；有的是执行他人计划的效能感，有的是拟订自己计划的效能感。这两者之间存在着很大的差异。目前，无论雇主阶级还是被雇佣阶级都在理智上和情感上受到了限制。被雇佣阶级关心的不外是他们的职业，通过这个职业可以获得金钱报酬；雇主阶级的观点也可能局限在利润和权力上面。雇主阶级感兴趣的事情一般牵涉更大的理智创造性和更为广泛的情况调查，因为雇主阶级关心大量的不同因素的方向和组合，而对工资的兴趣则仅仅限于某些直接的肌肉运动。但只要他们的工作没有考虑到社会意义，他们的智力就仍然局限在技术的、非人本的、非自由的方法上。当他们的动机只是为了谋求私利或个人权力时，这种限制就会不可避免。事实上，具有直接的社会同情心和人道主义倾向等优点的人，往往是在经济上处于弱势的人，他们并没有体验过强势地、无情地控制他人事务的感受。

任何从现有工业制度出发的职业教育计划，都很有可能表现并延续这个制度的阶级划分和缺陷，并因而成为实现社会宿命论的封建教条的工具。那些处于心想事成地位的人会要求一种自由的、有文化品位的职业，并且要求该职业能培养其子弟的指挥能力。把教育制度割裂开来，使处于经济弱势地位的青年主要接受特殊的工商预备教育，就是把学校视为一种机构，把过去的劳动与闲暇的划分、文化修养与社会服务的划分、身与心的划分、领导阶级与被领导阶级的划分转移到所谓的民主主义的社会中来。这种职业教育不可避免地忽视了所用材料与加工过程中涉及的科学和人类历史的联系。把这些东西纳入狭隘的工商教育中不过是浪费时间；关注它们也是不切“实际”的。这些东西应留给那些有闲暇可以支配的人——这种闲暇是由于具有优越的经济资源才获得的。这些东西甚至会对统治阶级的利益造成危害，因为它们会让那些在别人指挥下工作的人对现状产生不满或“超越身份”的雄心壮志。不过，承认一种职业的全部的理智意义和社会意义的教育，会包括与目前状况的历史背景有关的教学；包括科学的训练，培养人处理生产原材料与生产机制的智慧和能动性；包括对经济学、公民学和政治学的学习，使未来的工人能够接触到当代的各种问题以及所提出的改良社会的各种方法。总之，这种教育将培养未来的工人对不断变化的情况的适应能力，从而使其不会盲目地听天由命。这种理想不仅要与现在的各种教育传统带来的惰性做斗争，而且要与那些居于工业机构控制地位的人的反对做斗争，这些人会认识到这样的教育制度一旦普及开来，将会威胁到他们利用别人来达到自己目的的能力。

不过，正是这个事实预示着一个更加平等、更加开明的社会秩序，因为它足以证明社会的重组是要依靠教育重构的，也会鼓舞那些坚信职业教育的改善，有助于形成更好的社会秩序的人们。这种职业教育并不是使年轻人屈从于现有制度的要求和标准，而是要利用科学的和社会的因素去发展他们的胆识，培养他们的实践智慧和管理能力。

总　　结

职业就是指任何形式的持续不断的活动，这种活动既能够为别人提供服务，又能够利用个人的各种能力去达成种种结果。职业跟教育的关系问题把前面所讨论的各种问题集中到了一个焦点上，如：思维与身体活动的关系；个人有意识的发展与共同生活的关系；理论修养与有确切结果的实践行为的关系；谋生与有意义地享用闲暇的关系。一般来说，人们之所以不肯承认教育的职业性方面（小学教育中实利性质的读、写、算的“3R”教育除外），是因为教育保存了过去的贵族理想。但现在有一种所谓的职业教育的发展动向，就是为了适应现有的工业制度。这种动向会继续把传统的自由教育或文化修养给予少数有经济能力享用的人；而把受人控制的职业预备教育给予广大群众，职业预备教育是为了各种特殊职业而进行的狭隘的工艺教育。当然，这种计划显示的只是古老的社会阶级划分的永存未亡，与之匹配的是理智与道德的二元论。但在目前的社会条件下，这种计划已经没有继续存在下去的理由了。因为现在的工业生活非常依赖科学，并且会密切影响各种形式的社会交往，所以我们就有机会运用工业生活来发展青少年的心智和性格。而且，在教育上对工业生活的正确运用将会影响人的理智和兴趣，再把立法和行政联系起来，就足以改变现有工商业制度造成的社会弊端。在教育上对工业生活的正确运用，将使日益深厚的社会同情心富有建设性，而不会让其成为盲目的慈善情绪。在教育上对工业生活的正确运用，将使那些从事工业职业的人有参与社会管理的愿望和能力，有变为主宰工业命运的主人翁精神，同时还将使他们了解机器生产和分配制度所特有的技术及机械特征的意义。以上这些都是为那些经济机会较少的人而讲的。对于社会中享有特权的那部分人来说，把工业生活正确地运用到教育上，能够增强他们对工人的同情心，从而使他们产生一种心理倾向，即从有益的活动中去发现文化修养的因素，并由此提高他们的社会责任感。换句话说，现在的职业教育问题之所以占据着至关重要的地位，就是因为它要全神贯注地去解决两个基本问题：是离开人类利用自然的活动最能锻炼人的智力，还是在人类利用自然的活动范围之内最能锻炼人的智力？是在利己条件下最能获得个人的文化修养，还是在社会条件下最能获得？本章对这一点没有进行过详细的讨论，因为这个结论不过是对本书第 15—22 章内容的总结罢了。

第24章　教育哲学

一、批判性回顾

虽然我们正在讨论教育哲学问题，但还没有给出哲学的定义，也还没有明确考虑过教育哲学的本质。我们现在要简明扼要地说明前面讨论中所隐含的逻辑顺序，以便来讨论这个问题，目的在于提出讨论中所涉及的哲学问题。接下来我们将用更为明确的哲学术语，来对教育实践操作中各种教育理想所包含的知识论和道德论进行一个简要的讨论。

本书前面各章按逻辑顺序可以分成三个部分。

1. 开始的几章认为教育即社会的需要并具有社会职能。这几章的主旨是勾勒出教育的一般特征，即教育就是社会群体赖以维持其持续生存的过程。教育就是通过传递过程使经验意义得以更新的过程。这种传递过程，部分是成人和青少年之间在日常相伴关系或交往过程中偶然发生的，部分是通过深思熟虑的制度保障从而有效实现社会的延续。这个过程包括未成熟个体及其所在生活群体的控制与成长。

这种讨论只是形式上的，还没有明确探讨到社会群体所关心的特质，即没有考虑社会通过教育使社会自身得以永久存在的这类特质。接下来就把这种一般性讨论，具体应用到有目的地追求进步的社会群体身上。这种社会群体的目的在于使群体成员具有更为多样的、相互参与的兴趣，以此与另一种只是旨在保存已有习俗的社会群体区别开来。这种社会具有民主主义的特质，因为它们允许群体成员有更大的自由，并且意识到需要确保每个人的有意识的社会化兴趣，而并非主要依靠上等阶级控制下的习惯势力来发挥作用。我们以适合民主主义社会发展的教育为明确标准进行更加详细深入的分析。

2. 这种建立在民主主义标准基础上的教育分析，包括对经验持续不断的重构或重塑的理想，这种重构或重塑的性质一方面是为了增加经验的广为人知的意义或社会内容，另一方面是为了增加个人能力，从而成为指导这种重塑的监护人（参见第6—7章）。然后把这种区分用到教育上来，分别概述学科内容和教学方法的性质。这种区分也解释了内容与方法的统一性，因为以此为根据的学习方法正是有意识、有指导地重组学科内容经验的运动。从这个观点来看，学习方法和学习内容的主要原则形成了（参见第13—14章）。

3. 这个阶段的讨论，除了为了通过强有力的对比来说明原则时偶尔采取的批判态度外，都是把民主主义的标准及其在当前社会生活中的应用视为理所当然的事情。在接下来的各章（第18—23章）中，我们考虑了当前在实现民主主义的标准中存在的各种限制。这种限制是从这种观念中产生出来的，即经验是由许多彼此分隔开来的不同领域或兴趣构成的，每个领域都有其独立的价值、材料和方法，但每个领域是互相牵制的，如果每个领域都受到其他领域的适当约束，就会在教育中形成一种“制衡力量”。那么，我们来进一步分析造成这种分离的各种假设。在实践方面，这些分离现象的原因在于社会被划分成了或多或少截然不同的阶级和集团——换句话说，充分而灵活的社会互动和交往受到了阻碍。用理智的表述方式来说，这种社会连续性的断裂现象就是各种各样的二元论或对立——比如，劳动与闲暇的对立、实践活动与智力活动的对立、人与自然的对立、个性与社会性的对立、文化修养与职业的对立。在这些讨论中我们发现，这里所争论的一切问题在各种古典哲学体系中都有相应的表述方式；它们涉及了哲学上的主要问题——比如，心灵（或精神）与物质的问题，身体与心灵的问题，心灵与世界的问题，个人与他人的关系问题，等等。我们透过这种二分发现了一个基本假设，即把活动从心灵中脱离出来，活动包含物质环境、身体器官、各种物质工具及各种自然物体。因此，有一种哲学承认心灵的起源、地位和作用是存在于控制环境的活动之中的。这样一来，我们兜了一大圈又回到本书第一部分提出的思想观念上，比如说，人类的冲动和本能与自然的力量有着生物学上的连续性；心灵成长取决于参与具有共同目的的共处活动；自然环境的影响是通过在社会环境中运用它们而产生的；为了社会的不断进步运用具有个别差异性的愿望和思维的必要性；教学方法与学科内容的内在统一性；目的与手段的内在连贯性；认可心灵就是觉察和检验行为意义的思维。这些思想观念与把智力看作经验材料通过行动而进行的有目的重组的哲学是完全一致的；它们与上面所提到的每一种二元论哲学都是不一致的。

二、哲学的本质

我们进一步的任务就是把隐含在这些探讨中的哲学观念揭示出来，并进行清楚的阐述。虽然我们还未给哲学下过定义，可事实上我们已经根据哲学所要解决的问题描述过了；我们已经指出了这些问题都来源于社会生活中的各种冲突和难题。它们就是这样一些问题，比如，精神与物质的关系、身体与灵魂的关系、人性与物性的关系、个人与社会的关系、理论与实践或知与行的关系。阐述这些问题的各种哲学体系记载着当代社会实践中的主要面貌和难题。这些哲学体系清楚地意识到了人们已经在思考的问题，即凭借他们的现有经验品质对自然和自身以及包含自然和自身的事实进行了思考。

在这里正如我们所期望的那样，一般来说，哲学被解释为在内容和方法方面所包含的某种总体性、普遍性和终极性。就内容而言，哲学试图去理解——也就是说，把有关世界和生活的千变万化的具体情况搜集起来，构成一个无所不包的单一整体，这个整体要么是一个统一体，要么就像二元论哲学体系那样，把很多细节归纳成少量的终极原理。哲学家和接受哲学家结论的人会努力尽可能地获得一个统一的、前后一贯的、完整的经验观。这个方面的意思在“哲学”（philosophy）——爱智慧这个词语中得到了表达。无论何时，只要哲学被严肃对待，它总是被假定为它是某种能影响人生方向的智慧。这个事实就是见证：所有古代的哲学流派几乎都是在表达各种各样的有组织的生活方式，那些承认各派哲学信条的人就是在信守某些特定的行为模式。欧洲中世纪时的哲学与罗马教会神学的密切联系，哲学与宗教利益的频繁交涉，在民族危急时刻哲学与政治斗争的联系，这些都是见证。

哲学与人生观之间的这种直接而密切的联系，把哲学和科学明显地区别开来了。特殊的科学事实和科学规律对行为的影响有据可查。这些事实和规律揭示了应该做和不应该做的事情，并提供了执行手段。如果科学指的不只是对所发现的关于世界的特殊事实的汇报，还指对世界的一般态度——与要做的特殊事情区别开来——科学就融合到哲学中去了。因为根本倾向代表的不是对这件事或那件事的态度，甚至代表的也不是对所知事物的总和的态度，而代表的是对控制行为进行各种考虑的态度。

因此，哲学不能只是从内容方面来进行界定。由于这个缘故，诸如普遍性、总体性和终极性这些概念的定义，从它们所隐含的对世界的倾向方面进行解释最容易。从任何字面的和数量的意义上讲，这些术语都不适用于知识的内容材料，因为它们并不存在完整性和终极性的问题。经验是一个不断前进和变化的过程，经验的本质是禁止这种完整性和终极性的。从不太严格的意义上讲，这些术语可以用到科学上，却不能用到哲学上。因为很显然，如果我们要发现世界的种种事实，就必须求助于数学、物理学、化学、生物学、人类学、历史学，等等，而不是求助于哲学。关于世界的各种概括，哪些普遍原理是可以站得住脚的，这其中又有哪些是科学要回答的问题。不过，当我们问科学上的种种发现要求我们对世界采取何种永久性行动倾向时，就是在提出哲学问题了。

从这个观点来看，所谓“总体性”的意思并不是指数量的累加不可能。“总体性”的意思是指根据所发生的诸多事件，所做出的回应方式的一致性。一致性也并非指字面上的认同；因为既然同一件事情不能发生两次，一种反应遵循严格的重复也就含有某种适应不良的味道。总体性的意思就是连续性——把从前的行动习惯继续下去并加以必要的调整，使其富有活力并不断增长。总体性并不是指已有一个现成的完整的行动计划，而是指大量的不同行动保持着一种协调和平衡，从而使各个行动的意义能够相互借鉴。无论何人，只要他对新观念持开放心态且具有敏感性，并能全神贯注、尽职尽责地把这些新观念联系起来，他就是个有哲学气质的人。哲学具有颇受欢迎的意义，就是在困难和失败面前能够镇静自若和坚持忍耐；甚至哲学被认为是一种毫无怨言地忍受痛苦的能力。这个意义与其说是哲学的一般属性，不如说是对斯多葛派哲学影响的歌颂。不过，只要这个意义能揭示哲学的总体性，哲学就是从令人不悦的体验的变迁中学习或吸取意义的能力，并能把所学到的东西体现在继续学习上，因而它在任何计划中都会被证明是正当的。类似的解释也可用到哲学的普遍性和终极性上。从字面上讲，它们却是荒唐可笑的要求；它们的意思是指精神错乱。然而，所谓的终极性并不是指经验终结并枯竭了，而是指深入到事物更深层的意义——深入到表层以下去发现事物的联系，并且一直深究。同样，从普遍的意义上讲，哲学反对孤立地对待事物；它试图把行动放在其背景中——这个背景构成了行动的意义。

把哲学和思维联系起来有助于区别哲学和知识。知识，尤其是有根据的知识就是科学；知识所代表的对象就是已经根据理性确定下来并加以整理和处理的东西。而思维却是展望未来的。思维是由未解决的事情引发的，思维的目标在于克服干扰。哲学就是思考已知事物对我们提出的要求——已知事物所要求的回应态度。哲学是关于可能是什么的观念，而不是有关已成事实的记录。因此，与一切思维一样，哲学是假设性的，它提供的是要去做的事情——要去尝试的事情。哲学的价值不在于提供解决办法（这只能在行动中获得），而在于界定种种困难并提供解决困难的方法。哲学几乎可以描述为一种已经意识到它自己的思维——它已经归纳概括出了它在经验中的地位、作用和价值。

更为具体地说，之所以要求“总体”态度，是因为在人生的许多互相冲突的兴趣中需要进行行动的整合。如果兴趣还是表面的以至于它们会变来变去，如果兴趣还没有充分组织起来，以至于并未达到彼此冲突的地步，那么就看不到哲学的需要。不过，当我们说科学兴趣和宗教兴趣发生冲突时；或者是当经济兴趣和科学兴趣或审美兴趣发生冲突时；或者是当对秩序的保守性关切与争取自由的进步性兴趣发生对抗时；或者是当制度主义和个性彼此抵触时，在这些时候，我们就会产生一种冲动，要去发现某种比较综合的观点，来弥合分歧并恢复经验的一致性和连续性。对于上面的这些冲突，个人通常可以自行解决；各种目标的冲突范围有限，个人自己就能做出大致上的调整。这种朴素的哲学是真实的，并且常常是合适的。不过，它们不能形成哲学体系。当不同行为的理念有不同要求，进而影响到整个社会，并且需要做出普遍的调整时，哲学体系就产生了。

以上这些哲学特性可以用来解释通常用于反对哲学的几件事情，比如说，个人推测在哲学中所起的作用，各哲学派别之间的争论的多样性，哲学似乎总是重复研究相同的问题，这些问题只是表述不同而已。毫无疑问，这些问题多多少少能体现历史上各派哲学的特点。但这些问题对哲学的反对没有对人性的反对那么强烈；甚至可以说它们是对形成人性的世界的反对。如果生活中存在着许多真正不确定的事情，那么各派哲学必须要反映这种不确定性。如果对产生困难的原因有不同的诊断，并且有不同的解决困难的建议，换言之，如果兴趣的冲突或多或少是体现在不同的人群中的，那么就必定会产生背道而驰的、处于对抗状态的哲学派别。就已经发生的事情而言，只要有需要用来达成一致并获得确定性的足够证据，事情本身就确定无疑了。不过，在一个复杂的情境中怎样做才算是明智之举，正因为事情本身还是不确定的，所以就不可避免地需要进行讨论。人们并不会期望养尊处优的统治阶级的人生哲学，会与为生存而艰难挣扎的人的人生哲学一模一样。如果占有者和被剥夺者的根本世界观是一模一样的，那么这种观念要么不够真诚，要么就是缺乏严肃性。一个致力于工业性事业并积极从事商贸的社会，与一个具有高度的审美文化并且很少把自然力转变为机械力的国家，他们的生活需要观和生活可能性不可能是一样的。一个具有一定的历史连续性的社会群体，与经受过令人震惊的突然中断历史的社会群体，他们面对危机的反应方式也会截然不同。即使处理同样的资料，他们对资料的评价也会有所不同。不同类型的生活方式会产生不同类型的经验，这些经验既会妨碍相同资料的自动出现，也会导致不同的价值构架。至于哲学上的许多类似问题往往成了表面问题，而不是事实问题，这是由于人们用当今的复杂术语对过去的讨论进行转译造成的。不过在某些基本的方面，同样的生活困境时不时地会重复出现，只有这些变化归因于社会关系的变动，包括科学的发展。

哲学问题之所以产生，是因为在社会实践中存在着许多广泛传播和被感觉到的困难，由于哲学家成了一个特殊阶层，他们运用的专门术语与直接表述困难的日常词汇是不同的。不过在一种哲学体系有影响力的地方，经常可以发现它与一些社会改进项目所呼吁的利益冲突相关联。在这一点上，哲学与教育的密切联系是显而易见的。事实上，教育为我们提供了优越地位，以便使哲学讨论深入到人生意义中去，这与讨论哲学的专门意义是有区别的。研究哲学“本身”的学者往往存在着一种危险，即把哲学完全看作是机智的或严格的理智练习——即哲学家们所说的、只与他们有关的东西。但当我们从相应的心理倾向出发去探讨哲学问题时，或者从这些哲学问题在教育实践中所引起的分歧出发来探讨哲学问题时，就会比较容易地看出哲学问题所体现的生活情境。如果一种哲学理论对教育的努力毫无影响，那么这种理论就一定是矫揉造作的。这种教育观使我们能够做到：哲学问题在哪里萌芽、生根和开花，我们就在哪里研究它们；哲学问题在哪里安家立足，我们就在哪里研究它们；对哲学问题的认可或拒绝在哪里产生了实际影响，我们就在哪里研究它们。

如果我们愿意把教育看作是通过自然和人类去塑造基本的理智倾向和情感倾向的过程，哲学甚至可以界定为教育的一般理论。除非哲学依然是符号式的——或者是字面上的——或者是为了少数人的情感放纵，或者纯粹是武断的教条，否则哲学对过去经验的审查和它的价值计划就一定会影响人的行为。公开的鼓动、宣传、立法和行政实施，对产生哲学上所希望的性格倾向变化虽然会有效果，但这些方法必须是教育性的才行，换言之，它们必须能改变人们的思想态度和道德态度。这些方法做出了妥协，最多可以用于习惯基本定型了的成人，而青少年教育则有更为合适、更为自由的实践领域。此外，除非对学校教育在当代生活中的地位进行哲学工作所提供的那种广泛的同情性考察，使教育目的和教育方法富有生机和活力，否则，学校教育工作通常会变成循规蹈矩的经验主义事务。

实证科学总是隐含着社会想要实现的种种实践目的。离开这些目的，无论社会要把科学发明用于医治疾病，还是用于传播疾病；无论社会要把科学用来增加维持生活的资料，还是用来制造军火以消灭生命，它们都会变成无关紧要的事情。如果社会对这些事情中的一件感兴趣，而对另一件不感兴趣，那么科学就会指出达到这种目的的方法。哲学因此要完成双重任务：一方面要根据科学现状来批判现有的种种目的，指出哪些价值观念由于人们掌握了新资料已经过时，哪些价值观念因为没有实现方法只是感情用事；另一方面要解释专门的科学成果与未来的社会努力的关系。这两方面的任务若想有任何的成就，不在教育上相应地指出什么是应该做的和什么是不应该做的，那是绝无可能的。因为哲学理论没有能满足人们一切愿望的阿拉丁神灯[①]，所以不可能通过召唤，使理智构建的种种价值立刻显现。在机械艺术方面，科学成了管理事物以便利用它们的能量，去实现所认可的种种目标的方法。通过教育性艺术，哲学可以产生按照严肃认真、考虑周到的生活概念去利用人力的方法。教育就是使哲学分歧变得具体并且受到检验的实验室。

欧洲哲学（在雅典人中）起源于教育问题带来的直接压力，这一点对我们富有启发性。早期哲学史是古希腊人在小亚细亚和意大利所形成的，就它所研究的主题范围来看，与其说是今天所理解的哲学词义，不如说主要是一科学史。它的内容是自然，推究事物是怎样制造的，又是怎样变化的。后来，广为人知的智者作为巡游教师才开始把自然哲学家研究的结果和方法应用到人的行为上来。

当这些智者们即欧洲第一批专业教育家把德行、政治艺术、城市和家政管理教授给青年的时候，哲学才开始研究个人与宇宙的关系、个人与某个复杂阶级或某一群体的关系；研究人与自然的关系、传统和反省的关系以及认知与行为的关系。他们会问：德行，任何一个行业都会赞许的美德，能够学会吗？什么是学习？学习与知识有关，那么，什么是知识呢？知识是怎样获得的？是通过感官获得的，还是通过在某种工作中当学徒获得的，抑或是通过受过初步逻辑训练的理性来获得的？既然学习就是即将知道，它就包含从无知到明智、从缺乏到充足和从缺失到完善的转变，用古希腊人的表达方法，就是从无生命到有生命的转变。这种转变是如何发生的？变化、形成和发展真有可能吗？如有可能，是怎样产生的？假设这些问题都得到了回答，那么，教学与德行、知识与德行的关系又是怎样的呢？

---

① 此灯可使持有者心想事成。比喻能满足人的一切愿望的东西。——译者注

最后的这个问题又引起了要去揭示理性与行动的关系、理论与实践的关系的问题，因为德行显然是寓于行动中的。认知即理性活动是不是人类最崇高的属性？那么作为结果，纯粹的理智活动本身是不是一切卓越性中的至高者？而与纯粹的理智活动相比，公民生活中的睦邻友好的美德是不是居于次要的地位？或者从另一个方面说，自我吹嘘的理性知识是否只是空洞无物的装腔作势，会败坏道德和破坏社会生活中团结人们的社会纽带？是不是因为通过服从社会实践传统的习惯做法，而赢得的生活才是唯一道德的生活，所以它才是唯一真正的生活？新的教育制度是不是在与良好公民的品行作对，因为它树立了与社会已有传统相对立的标准？

经历过两三代人的时间，这些问题脱离了它们原来的实践与教育的关系，人们只是讨论这些问题本身；换句话说就是，把这些问题作为一个独立的研究分支，即哲学的问题来看待。不过，欧洲的哲学思潮作为教育过程理论兴起，这一事实足以证明哲学与教育有密切的关系。“教育哲学”并非把现成观念从外面应用到起源与目的根本不相干的实践体系中去：就当代社会生活的种种困难而言，教育哲学不过是明确表述培养正确的思想习惯和道德习惯的问题。那么，我们能给哲学下的最深刻的定义就是，哲学就是最广义的教育理论。

因此，哲学、教育和社会理想与方法的重构是携手并进的。如果现在特别需要教育的重构，如果这一需要迫切要求重新考虑传统哲学体系的基本思想，这是因为随着科学的进步、工业革命和民主主义的发展，社会生活发生了彻底的变化。这种实际变化必然要求做出相应的教育变革，这就必然会使人发问：这些社会变革隐含着什么样的观念和理想？它们会要求从古老的、不一样的文化中继承下来的观念和理想做出什么样的修正？我们已经在本书的许多章节中讨论了这些问题，因为它们影响到了心灵与身体、理论与实践、人与自然、个人与社会等的关系。在本书的最后两章中，我们将对前面的讨论做一个总结，先就知识哲学的角度谈，然后就道德哲学的角度谈。

总　　结

本章在回顾了前面各章的讨论并揭示了其中所包含的哲学问题之后，把哲学界定为广义的教育理论。哲学被表述为思维的一种形式，哲学和所有的思维一样，起源于经验内容中不确定的东西，其目的是找出困惑的点并提出消除困惑的各种假设，进而在行动中加以检验。哲学思维有其特殊性，就是它所要应对的种种不确定性，出现在广泛的社会情形与社会目的之中，存在于各种组织利益与制度要求的冲突之中。因为要使各种对立倾向能够和谐地进行重新调适，唯一的方法就是改变情绪和理智的倾向，所以哲学同时是明确表述人生的各种兴趣，并提出更有效地实现各种人生兴趣的协调的观点与方法。既然教育是一个使需要的改造得以完成的过程，而不是让想做的事情永远处于假设状态，那么我们就有理由提出，哲学就是深思熟虑地指导实践的教育理论。

第25章 知识论

一、连续性与二元论

在前面的章节中我们已对几种知识论（又称认识论）进行了批判。尽管这些知识论千差万别，但它们在一个基本方面达成了一致，这与我们积极倡导的理论形成了对比。我们提倡的知识论是以连续性为假设的；我们批判的这几种知识论隐含着某种基本的分裂、隔离或对立，用专门术语讲就是二元论。这种分裂起源于在一个群体内划分出界限森严的社会群体和社会阶级：比如，富人与穷人、男人与女人、贵族与平民、统治者与被统治者。这些障碍意味着他们之间不会有自由畅通的交往。这种交往的缺乏就等于是建立起各种不同的生活经验类型，每类生活经验的内容、目标和价值标准都是彼此隔离的。如果哲学是对生活经验的真实写照的话，那么每类生活经验的社会条件一定会在二元论哲学中得到表述。当哲学超越二元论时——许多哲学在形式上就是这样做的——它就只能通过逃入某种先验领域，去求助于某种高于在经验中找到的任何东西的东西。这些知识论名义上是否认二元论的，但事实上在恢复二元论，因为它们是以分裂为结局的：把世界分为只是作为表面现象的现实事物与不可企及的真实本质。

只要这种割裂持续下去并且再加入其他的割裂因素——每种割裂因素都会在教育制度中留下痕迹，作为整体的教育计划就成了各种不同目的和程序过程的沉淀物。这种结果使得前面所描述过的各种割裂因素和价值观保持一种制衡态势（参见第18章）。现在的讨论只是从哲学术语上对涉及知识论的各种对立概念进行的阐述。

第一，存在着经验认识与高级理性认识的对立。经验认识与日常事务相关，是为没有专门的理智追求的平庸之辈的目的服务的，经验认识会把他们的愿望带入到某种工作联系中，并直接与环境发生关系。这种经验认识即使不被轻视，也会受到贬抑，会被看成纯粹的缺乏文化意义的实用主义的东西。理性知识则被当作在终极的理智方式上触及了现实性的某种东西；理性知识是为了知识而追求知识的，是以纯粹的理论洞见作为终极目标的，不会因为在行为中得到了应用而降低它的价值。就社会而言，这种区分与工人阶级为谋生所运用的智力和学者阶级不关心谋生手段所运用的智力的区分是一致的。

从哲学上讲，这种差别转化成了个别与一般的区别。经验是或多或少孤立的个别认识的集合体，每一个个别认识必须单独进行。理性处理的是普世道理、通用原则和规律，它们都是处于变化不定的具体细节之上的东西。在教育处方中，一方面，学生得学习许多不同名目的专门知识，每种知识都是各自为政的；另一方面，学生又得熟悉一定数量的规律和一般关系。比如说，通常教授的地理学科，可以用来阐明前者；超过初级算术级别的数学，可以用来阐明后者。就实践目的而言，它们代表着两个独立的世界。

第二，另一种对立是通过“学问”（learning）这个词的两种意思揭示出来的。一方面，学问就是已知东西的总和，是通过书籍和有学问的人传递下来的。它是外部的东西，就像一个人把货物储存在仓库一样，知识是认知的积累。真理已在某个地方存在着。因而，学习就是个人对储存的知识进行提取的过程。另一方面，学问意味着个人学习时所做的某种事情，它是主动的、自我导向的事务。二元论在这里的体现就是，知识是作为某种外在的或称之为客观的东西；认知是作为某种纯粹内在、主观和精神的东西。也就是说，一方面存在着现成的大量知识，另一方面现成的心灵又具有认知能力——只要心灵愿意，它就能发挥这种认识作用，但奇怪的是心灵往往讨厌这样做。这种割裂体现在教育上就是学科内容与教学方法的分离。就社会性而言，这种区分体现在依靠权威的生活和个人自由提升的生活两个方面。

第三，还有一种二元对立即认识过程中的主动性与被动性的对立。纯粹的经验性和物质性的东西通常是通过接收到的印象来获得认知的。不管怎样，物质性的东西是通过感觉器官印刻在心灵中，或是传达到意识之中的。与此相反的是，理性知识和精神性事物的知识是通过心灵内部引发的活动产生的，如果这种心灵活动远离感觉器官和外部事物的玷污，就会进行得更好。感官训练、实物教学与实验室练习，与书籍中包括的纯粹观念（准确地说，就是思想）——通过一些精神能量的神奇发挥而获得，这两者的区分就是在教育中的准确表达。就社会性而言，它反映了两类人的划分：一类人直接受事物的控制，另一类人可以自由地让自己陶冶其中。

第四，当前还有一种对立，可以说是存在于理智与情感之间的对立。情感纯属个人性的东西，它与理解事实和真理时使用到的纯属智力方面的工作没有任何关系——也许个别的理智好奇心除外。理智是一道纯粹的光亮；情感却是一种让人烦躁不安的热。心灵向外寻求真理，情感向内考虑个人的得与失。

为了诱使有头脑的人（就像他的衣服上有个口袋一样）把心思用到要被认识的真理上去，于是在教育中对学生的兴趣采取了制度性的贬抑，在教育实践中认为有必要对多数学生采取外在的没有关联的奖惩措施。于是，我们看到专业的教育者们公开反对教育诉诸兴趣的做法，他们自豪地鼓吹要依赖考试、评分、升留级、奖品和历史悠久的奖惩手段。这种损害教师幽默感的情境所产生的影响，还没有受到应有的关注。

所有这些分离现象通过下列表现达到了顶峰：知与行、理论与实践、心灵作为行动精神和目的与身体作为行动器官和手段。我们不会去赘述曾经说过的二元论的起源问题，即社会分成了依靠体力劳动来维持生计的阶级，以及免于经济压力从而致力于艺术表达和社会指导的阶级。也没有必要再去重复讲述由于这种二元分离而造成的各种教育弊端。我们会满足于总结使这种思想难以立足的因素，并用连续性观念来代替它们。

1. 生理学和与其密切相关的心理学的进展，已经显示出精神活动与神经系统的关联性。人们往往在认知联系这一点上止步；过去的心灵与肉体的二元论已被大脑和身体的其余部分的二元论取代。但事实上神经系统作为一种功能机制，能使所有的身体活动协同起来。神经系统不是游离于身体活动之外的，它作为从运动反应器官而来的认知器官，是使各个器官发生互动反应的器官。从本质上讲，大脑是进行有效的相互调节的器官，对来自外界环境的刺激及做出的直接反应进行调节。要注意的是，这种调节是相互的；大脑不仅能使有机体的活动通过感觉刺激做出反应的方式，对环境中的对象产生影响，而且这个反应将会决定下一个刺激是什么。比如说，一个木工在做一块木板或一个雕刻匠在刻他的盘子——或者是在任何连续性的活动的情况下，虽然他的每一个动作反应会根据动作器官的指示做出相应的调整，但这个动作反应会形成下一个感官刺激。对这个阐述进行概括：大脑的机制就是经常对活动进行重组，从而维持活动的连续性。换句话说，在将来的活动中要求对已做事情的结果进行调整。木工工作的连续性与同一动作的机械重复是有显著差别的，与毫无积累效果的随意活动也有显著差别。使一种活动具有连续性、相继性或集中性的是，每一个早先的动作都是为后来的动作铺平道路，而这些动作又会考虑或回顾已经达到的结果——一切责任的基础。懂得认知与神经系统的关联、神经系统与不断满足新条件的调整活动的关联的人，懂得这些关联事实的全部含义的人，没有谁会怀疑认知与重组活动的密切关系，因为认知不是脱离一切活动、完全依靠自己的东西。

2. 生物学的发展以进化论的发现证明了这个观点的正确性。由于进化论的哲学意义准确强调的是有机体的形状从比较简单到比较复杂再到人类水平的连续性。有机体的形状的发展起源于有机体为了适应环境做出的明显的结构改变，以及称之为心灵的最低限度的结构的改变。当活动变得越复杂时，空间和时间方面的因素需要协调的更多了，智力发挥的作用就越来越显著，因为智力要预测和规划更加广阔的未来。它对认知论的影响就是代替了这个思想观点，即认为认知不过是世界旁观者或世界观察者的活动，这种认知活动是伴随着某种本身就完整的认知观念进行的。有机体发展观意味着生物是世界的一部分，是与世界同兴衰、共存亡的。有机体只有在理智上把自己与周围的事物等量齐观时，才能使自己在变化不居的依赖状态中安然无恙，并且对正在发生的事情的未来结果有一个预测，以便相应地规划自己的活动。如果一个有生命体验的人直接参与所属世界的各种活动，那么知识就是一种参与模式，它的影响有多大，价值就有多大。知识不可能是一个毫不关心的旁观者的无凭无据的观点。

3. 实验方法发展成为获取知识和验证知识是知识而不只是意见的方法——既是发现又是检验的方法——是依然能引发知识理论转型的巨大力量。实验方法包括两个方面：一方面，实验方法意味着如果我们的活动确实没有在事物中产生某种物理变化，而且这种变化与我们所持的观念一致并得到了证实，那么我们就无权把任何东西叫作知识。没有这些明确的变化，我们的信念就只能是种种假设、暗示和猜想，它们只是暂时被接受来用作实验尝试的各种标示而已。另一方面，思维的实验方法意味着思维是有效的；正因为思维对未来结果的预测是根据当前情况的全面观察得出的，所以它是有效的。换句话说，实验不等于盲目的反应。这种多余的活动——就已经观察到的和预见到的东西而言是多余的——的确是我们所有行为中的不可避免的因素，不过，如果活动的结果未被注意到，并且未被用于对将来类似情形的预测和规划，那么这种活动就不是实验。实验的意义越是被我们领悟到了，我们就越能优先运用智力，尝试用某种方式去处理我们面临的各种物质资源和障碍。我们所谓的魔术，其实就是未开化之人用于许多事物的实验方法；不过对未开化的人来说尝试就是去碰运气，而不是去检测他的想法。与此相反的是，科学的实验方法就是对观念的试验；因此，即使尝试在实践中并未成功——或并未立即成功，这种尝试依然是理智的、富有成效的，因为如果我们的努力是严肃认真并且深思熟虑的，我们就会从失败中学到东西。

实验方法作为一种科学资源是新的，但作为系统化的获取知识的手段，它与生活作为实践手段一样古老。因此，人们还未认识到实验方法的全貌就并不奇怪。绝大部分时候，实验方法的意义体现在它能解决属于某些专门的纯粹物质方面的问题。无疑要花很长时间才能使人们真正认识到，实验方法对社会问题和道德问题中观念的形成与检验同样意义非凡。但人们还是想获得教条和权威确定的信念的支持，从而免于思考的烦扰及通过思想指引自己活动的责任。人们往往把自己的思考局限在考虑到底接受对立教条体系中的哪一条。因此，正如约翰·斯图亚特·密尔（John Stuart Mill）[①] 所说的那样，学校更适合培养信徒而不是探究者。不过，实验方法影响中的每次进展，确实有助于宣布过去学校奉行的通过文字、辩论和权威方法形成信念的方法是不合法的，实验方法的进展确实会把它们的威信转移到主动关心人和事物的方法上来，并受拓展事物的时空范围的目标的指导。知识论迟早必须来自获取知识最成功的实践，到那时，知识论将会用于改进不太成功的方法。

① 约翰·斯图亚特·密尔（1806—1873），英国著名的哲学家和经济学家，《论自由》（*On Liberty*）是他的代表作。——译者注

二、知识方法论的派别

存在着各种不同的哲学体系，它们中包含的知识方法论也特点各异。这些认知方法的名称分别是：经院主义、感觉主义、理性主义、唯心主义、唯实论、经验主义、先验主义、实用主义，等等。其中许多我们在前文讨论一些教育问题时已进行过批判了。在此我们关心的是，它们与已经被证明是最为有效的获取知识的方法存在什么样的分歧，因为对这些分歧的考虑有助于更为清晰地显示知识在经验中所处的真正地位。简而言之，知识的作用就是使一个经验能够自由地用于其他经验之中。“自由地”（freely）这个词标志着知识原则与知识习惯之间存在的差异。习惯意味着一个人通过一个经验所做出的改变，这种改变形成了一种在将来的类似行动中更为容易、更加有效的倾向。因此，习惯也有一种作用，即能使一个经验用于后来的经验。在某些限制内习惯会成功地发挥这种作用。但是，离开了知识的习惯就无法考虑情况的变化和新情况的出现。预见未来的变化不属于习惯要做的事情的范围，因为习惯假定新旧情形是基本相似的。因此，习惯常常会把人引入歧途，或者说就像一个技工一样，他要成功完成任务，完全是习惯性地依靠机器的，一旦机器出现了意想不到的故障，他就束手无策了。但一个对这台机器了如指掌的人就会知道他到底在做什么事情，在什么情况下某种习惯会起作用，并且能够做出改变来重新适应新的情况。

换句话说，知识就是对于决定一个事物用于某种情境时对其各个方面的联系的洞察。举一个极端的例子，未开化的人对一颗像火焰一样的彗星的反应，会与对威胁他们生命安全的事件的习惯性反应一模一样。他们习惯通过尖厉的叫声、敲锣打鼓和挥刀舞枪等方式来吓唬野兽或他们的敌人，所以他们也会用同样的方式来吓跑彗星。对我们而言，这种方式真是荒唐极了——荒唐到我们没有注意到未开化的人只是依靠了具有局限性的习惯方式。我们之所以不会做出类似的举动，唯一的原因在于我们不会把彗星看成一个孤立的、与其他事物没有关联的事物，我们会通过彗星与其他事物的关联来理解它。可以说，我们是把彗星放在天文学系统中，对彗星的种种联系而不只是当前发生的事件做出反应。因此，我们对彗星的态度要自由得多，我们可以从所提供的彗星的种种联系中的任何一个角度去了解它，我们可以使用任何一种我们认为适合有联系的事物的理智习惯。因此，我们可以间接而不是直接地了解一个新事件——通过发明创造、别出心裁和足智多谋。理想的完备知识就代表这样一个相互联系的网络——任何过去的经验都能提供一点益处，以解决新经验中提出的问题。总之，尽管离开知识的习惯只能给我们提供一个单一的固定不变的解决方法，但知识意味着可以从更为广泛的习惯范围中做出选择。

这种过去经验对后来经验的比较一般的、更加自由的运用，可以从两个方面进行区分（参见第 6 章第三节）。（1）可以看得见的一个方面是控制能力增强了。我们不能直接应对的事情可以进行间接的处理；我们也可以对不想要的结果设置障碍进行干预；对不能征服的情形我们甚至可以回避。无论如何，真正的知识都具有实践价值，与种种有效率的习惯是密切相关的。（2）真正的知识也能增强与经验密切相关的意义，即体验到的意义。对一种情境做出手足无措的或机械呆板的反应，就只能意识到一点点意义；我们在精神上就会毫无收获。不过，知识在何处决定新经验时会起作用，我们就能在何处获得精神回报，即使我们在实践上没有获得所需要的控制能力，但由于我们不是单纯在体力上做出反应而是体验到了意义，我们也就心满意足了。

虽然知识内容是已经发生的东西，是被当作完成了的因而是确定了的千真万确的东西，但知识关联着未来或者说知识是具有前瞻性的，因为知识会为还在进行的事情或已经完成的事情，提供理解或赋予其意义的手段。一个医生的知识就是他通过自己的了解和他人已确定和记录下来的知识所发现的东西。不过，这之所以对他而言是知识，是因为它提供各种资源，使其可以解释他所面临的未知事物，并用相关联的暗示性现象来充实显然只是部分的事实，从而预测它们的未来可能怎样并拟订相应的治疗计划。当知识没有用于赋予盲目的、令人困惑的事物以意义时，它就完全处于意识之外，或者说成了审美沉思的对象。观察一下我们所拥有的知识，它既有对称美又有秩序美，我们就会获得情感的满足，而且这种情感满足是合情合理的。但这种沉思态度是审美的而不是理智的。它从观看一幅完整的图画所得到的那类喜悦，与从观看一道组合完美的风景所得到的喜悦是一样的。虽然主题完全不一样，但如果它们的组织结构同样和谐，那么它们让人获得的满足感就毫无差别。事实上，如果它们完全是杜撰出来的幻想游戏，也是没什么差别的。对世界的适用性并不是指对已成为过去的东西的适用性——就事情的性质而言是毫无问题的；它是指对仍在进行中的事情适用，对还未确定的事情适用，对我们涉入其中的变化不定的情境适用。事实上，我们非常容易忽略这个特征，把过去东西的陈述和还未触及的事物的陈述当作知识，因为我们假定过去和未来是具有连续性的。我们不可能持有这样的观念，即一个世界里的过去的知识无助于预见这个世界的未来，无助于为这个世界的未来赋予意义。我们之所以忽视了这个具有前瞻性的关联，正是因为它具有如此不可补救的含蓄性。

然而，我们已提及的许多哲学派别的知识方法论，都把这种忽视转变成了实质上的否认。他们把知识看成了某种本身就完成了的东西，而不管知识对于处理即将发生的事情有何用处。正是这种忽略拖累了他们，并使他们成了正确知识观所谴责的教育方法的提倡者。因为只要回顾一下学校里是怎样对待获取知识的方法的，就会了解它与学生处于发展中的经验之间的富有成效的联系是何等的缺乏——绝大部分人似乎相信碰巧储存在书本中的刚好合适的学科内容构成了知识。不管所掌握的东西对于那些发现它并在自己的经验中发挥其作用的人而言是多么的真实，对于学生而言，都没有什么东西能让它变成知识。除非这种内容会在学生个人的生活中卓有成效，否则它就像关于火星或某个奇怪国家的事情一样，对学生来说没有任何用处。

经院式方法之所以得到发展，与当时的社会状况是相关联的。经院式方法是对凭借权威所接纳的材料进行系统化并予以理性仲裁的方法。这种内容的意义非常丰富，因此对它进行解释并使其变成体系的工作就充满生机和活力。在目前的情况下，对多数人来说，经院式方法就是一种与任何特殊内容没有特别关系的获知方式。这种获知方式包括进行区分、下定义、分类等，它们都是为了任务本身而开展工作的，而在经验中却没有什么目标。思维被看作具有自己形式的纯粹的心理活动，这种观点运用到任何材料上就像一个图章可以盖在任何可塑性材料上一样，这种思维观是所谓的形式逻辑的基础，从本质上讲就是广义的经院式方法。教育上的形式训练说自然就成了经院式方法的对应物。

两种形成强烈对照的知识方法论，一种叫感觉主义，一种叫理性主义，它们分别对应于强调个别性和普遍性——感觉主义只是强调事实，理性主义只是强调关系。在真正的知识中，个别性和普遍性是共同发挥作用的。只要一种情形是混淆不清的，就必须对其进行澄清；就必须把这个情形分解成不同的细节，并尽可能地把每个细节解说清楚。明确提出的各种事实和性质就构成了要解决的问题的要素，它们是通过我们的感觉器官得以详细说明的。就这个问题的提出而言，这些事实和性质完全可以称作是个别性的，因为它们是支离破碎的。既然我们的任务是发现它们的联系，并对它们进行重新组合，这个时候对我们而言它们就是部分的。它们还需要被赋予意义，因而就其现状而言，它们还缺乏需要赋予的这个意义。对于有待了解的任何事物，它的意义依然有待挖掘，提供意义本身就具有个别性。但对于已经了解的东西，如果把它进行改造从而适用于在理智上掌握新的个别性，那么这种事物就发挥了普遍性的作用。把毫无联系的事物关联起来的这种作用就构成了普遍性。任何事实，如果我们能用它来给新经验中的因素赋予意义，这个事实就具有普遍性。“理性”正是以先前经验内容来认识新经验内容的意义的能力。一个有理性的人会习惯于用开放的眼光看待事件，对引起其感官注意的事件，他不会孤立地去看待它，而是会把它放在人类共同经验的联系中进行观察。

没有通过感觉器官的主动反应而区分出来的个别性，就不会有认知材料，也不会有智力的增长。不把这些个别性放在从过去的广泛经验中提炼出来的意义背景中——不用理性或思维——个别性就只是激动或兴奋。感觉主义学派和理性主义学派所犯的错误是一样的，二者都没有看到，感觉刺激和思维的作用是与把旧经验用到新经验的经验重构密切相关的，只有这样才能保持生活的连续性或一致性。

前面部分提出的知识方法论可以称之为实用主义认识论。它的本质特征就是在有目的地改变环境的活动中，保持认知的连续性。实用主义认识论赞同在严格的意义上，知识是构成我们的理智资源的某种东西，是使我们的行动变得明智的所有习惯中的东西。为了能使环境适应我们的需要，并让我们的种种目标和愿望适应我们所生活的环境，只有已经组织到我们的性格和性情中的那些东西才是真正的知识。知识不只是我们现在意识到的某种东西，而且包括我们有意识地用来理解正在发生的事情的各种心理倾向。知识作为一种行动，通过构想我们自己与我们生活的世界的联系，调动我们的一些心理倾向来清楚地提出并解决一个个疑难困惑。

总　结

社会性划分如果妨碍自由而充分的交往，会导致不同阶级成员的智力和认知都变得片面化。有些人的经验与远离其宏大目标的功利密切相关，这种人就是实践的经验主义者；那些沉溺于冥想种种意义领域，但并不积极地参与创造这些意义的人，就是实践的理性主义者；那些直接接触事物并且不得不使自己的活动适应这些事物的人，事实上就是现实主义者；那些把事物的意义孤立起来，并把其归入到与事物隔离的宗教世界或所谓的精神世界的人，事实上就是唯心主义者；那些关心社会进步的人，努力去改变已被接受的信仰，强调认知中的个人因素；那些把主要精力用于抗拒变化和保存公认真理的人，强调普遍不变性，如此等等。各种哲学体系中的相互对立的知识理论，为这些隔断的经验片段提供了显著的特点表述——片面性，因为交往障碍使得一个人的经验得不到其他处境不同的人的经验的丰富和补充。

与此类似，既然民主主义为了保持社会连续性，在原则上是主张自由交换的，那么它就必须发展一种知识论，通过在一种知识中发现的方法，使一个经验能够给另一个经验提供指导和意义。生理学、生物学和实验科学逻辑的最新进展，提供了拟定和表述这种知识理论所需要的理智工具。在教育上的相应表现就是，把在学校里获取知识与以共同生活为媒介采取的种种活动或职业活动联系起来。

第26章　道德论

一、内部和外部

既然道德观涉及行为，那么在心灵和活动之间形成的任何二元论本身一定会在道德论中得到反映。既然道德哲学理论中的许多关于分离现象的表述，会用于对道德训练的方法进行辩护并使其理想化，那么有必要对道德论进行简洁的批判性讨论。品格培养是学校教学和训练的一个综合目标，这是教育理论中老生常谈的话题了。因此非常重要的是，我们应该警惕会阻碍这个品格培养目标实现的观念，即智力和品格的关系的观念，同时需要密切注意为了成功实现这个目标必须要提供的种种条件。

我们碰到的第一个障碍就是，当前流行的道德观念把活动过程划分成了两个对立的因素，它们通常被分别叫作内部因素和外部因素，或者是精神因素和身体因素。这种划分是我们已经频繁关注的精神世界与物质世界、灵魂与肉体、目的与手段等二元论的终极表达。在道德方面，非常鲜明地把道德划分为行为动机与行为结果、品格与行为。行为动机和品格是纯粹“内部的”东西，是完全存在于意识之中的，而结果和行为则被看作心灵之外的东西；行为只与实现动机的动作有关系，结果则与所发生事情的结果有关。不同学派要么认为道德观与心灵的内部状态具有一致性，要么认为道德观与外部行动、结果具有一致性，这两种情况是彼此分离、互不相关的。

有目的的行动是深思熟虑过的；它包括有意识地预见结局和在思想

上对正面和反面的权衡考虑。有目的的行动还包括对目的渴望或向往的意识状态。对一个目标进行深思熟虑的选择和对确定的期望倾向进行深谋远虑的选择，都是需要花时间的。在这段时间内，所有的外显行动会暂时搁置起来。一个还没有下定决心的人是不知道应该做什么的，因此他会尽可能地推迟采取明确的行动。将他所处的情境和一个考虑跳越水沟的人所处的情境进行对比，如果他确定自己能够或者不能够跳过这条水沟，就会发生某个方向的明确行动。但如果他还在考虑并有些怀疑，他就会犹豫不决。在纯粹外显的行动路线处于悬而未决的时候，他的活动就局限在有机体内部力量的重新分配，以便准备好确切的行动进程。他目测水沟的距离；他让自己处于紧张状态，从而感觉一下自己所能支配的力量；他四处寻找跳越水沟的其他办法，思考跳越水沟的重要性。所有这一切意味着意识的全神贯注；意味着他把关注点转向自己的态度、力量、愿望等。

很显然，无论如何，有意识的认知过程中加入了个人因素是整个活动向前发展的一部分。并非首先有一个纯粹的心理过程，接下来突然就产生了一个根本不同的身体行动。事实上存在着一个持续性行为，从不太确定的、分隔开来的、迟疑不决的状态向一个比较外显的、确定下来的或完整的状态发展。这个活动在开始主要是由有机体内部的某种紧张状态及对其进行的调节构成的；当它们被协调成为统一态度时，整个有机体就会采取某个明确的行动了。当然，我们可以把这个持续性活动的比较明确的意识方面区分出来，作为精神的状态或心理的状态，但在这里我们只是把精神的或心理的状态，理解为活动的还未决定的处于形成过程中的状态，这种状态一旦完成就会提供外显的力量来改变环境。

我们有意识的思维、观察、愿望和厌恶很重要，因为它们代表初期的尚未成熟的活动。稍晚一些时候，它们就会引出具体的、看得见的行动来完成它们的使命。这些未成熟的、处于萌芽状态的有机体所进行的重新调整非常重要，因为它们是我们能够摆脱陈规陋习和盲目冲动的支配的唯一出路。重新做出的这些调整是发展过程中具有崭新意义的活动。因此，正常来说，每当我们的本能和已经形成的习惯受到新情况的阻碍时，个人的意识就会增强。所以，在采取明确的没有退路的活动路线之前，我们得重新依靠自己来重塑我们的态度。如果我们不想只凭武力强行通过，那么我们就必须改变机体的各种力量，使其能够适应我们所处境况的具体特点。在采取外显行动之前所进行的有意识的深思熟虑和期望，就是在不确定情境中进行活动时，所隐含的个人做出的有条理、有组织的重新调整。

然而，在持续性活动中，心灵的作用并不会一直保持。想要获得某种不同的东西，对事物的既定状态的厌恶感是由于成功活动受到阻碍而形成的，这种期望和厌恶感会激发想象力。事物不同状态的图景并不会一直发挥作用来帮助人们进行机敏的观察和回顾，从而找到继续前进的办法。训练有素的人除外，一般人的想象会倾向于天马行空。他们并不会根据实践的可行性所具备的条件，对想象的对象进行核查，而是允许它们自行发展下去以求得眼前的情感满足。当我们发现成功地展现自己的力量受到了令人不悦的自然环境和社会环境的妨碍时，最容易的办法就是建造一座空中楼阁来让其代替实际成就，因为实际成就涉及思维的殚精竭虑。因此，在外显行动中我们会默许在心中建立一个想象的世界。思维和行为之间的这种分裂反映在这样的理论中，即把心灵和行为、结果做截然的划分，心灵是内部的，行为与结果仅仅是外部的。

这种划分可能不只是某个个体的经验的偶然现象。有的社会情境可能会习惯于让有清晰反省能力的阶级回到他们自己的思想观念和愿望中去，而没有提供手段从而把这些观念和期望用来改造环境。在这种情况下，人们一般会向陌生的充满敌意的环境复仇，培养对这种环境的蔑视感，并会给它起一个坏名字。他们在自己的内心深处、在自己的想象和期望中寻找庇护和安慰，他们对其大加赞美，并认为它们比受到蔑视的外部世界更加真实和理想。这种情况曾在历史上多次重复出现过。在基督教时代的最初几个世纪中，颇有影响力的斯多葛派道德体系、修道院的和一般人所接受的基督教道德体系以及当时其他宗教运动的道德体系，就是在这种状况的影响下形成的。表达广泛流行的理想的行为越是受到抑制，内心所拥有和培养的理想就越会被看作具有自足性——作为道德本质，而认为活动所属的外部世界是与道德毫无关系的。一切事情都在于要有正确的动机，或许这个动机并不是世界运行的推动力。在18世纪后期和19世纪早期，德国重复发生了同样的情况，这种情况使康德派坚持认为善良意志是唯一的道德善，这个善良意志是某种自身完成的东西，与行动和世界上发生的变化或引起的后果没有关系。后来，这个善良意志又引起了现存制度的理想化，即认为这些制度本身就是理性的体现。

这种纯粹的“良好意愿”的内在道德律是具有善良品性的，不管出现什么情况都会自然而然地引发一种行为反应。这种反应就是众所周知的享乐主义或是功利主义。这实际上就是说，在道德方面的重要问题不在于一个人自己的内心意识到自己是什么样的人，而在于他做了什么事情——产生了什么后果并让自己在实际上发生了什么变化。他们抨击内在道德律，认为内在道德律是感情用事的，是武断的、教条式的、主观的——他们认为这种内在道德律让人把与自身利益吻合的教条高贵化并庇护起来，或者是把想象中所发生的奇思怪想称为直觉或理想良知。只有结果和行为才是重要的，它们会提供唯一的道德标准。

平常的道德，因而也是学校教室里的道德，很可能是这两种观点做出的不连贯妥协的产物。一方面，某些感受状态受到重视；一个人必须要有良好的意愿，如果他的意图良好，如果他的情感意识属于正确的类型，他就会免于对行为的全部结果承担责任。但在另一方面，因为有某些事情必须要做，以给别人提供方便并满足他们的要求，同时也给一般社会秩序提供便利并满足其要求，所以不管一个人是否有兴趣去做这些事情，是否有做这些事情的智慧，他都会被坚决地要求去做这些事情。

他必须照章行事；他必须埋头苦干；他必须服从；他必须养成有用的习惯；他必须学会自我控制——所有这些箴言只是被理解为对目前确实做到了的事情的强调，而没有顾及做这种事情时所抱持的精神和态度，所以也没有顾及对其他不太明显的事情的影响。

我多么希望前文的讨论已经充分阐明了避免这两种弊病的方法。一个人无论老幼，如果不能在吸引他的兴趣并要求他反思的情况下，循序渐进地进行积累性的工作，就会发生这两种弊病中的一种或两种。因为只有在这种循序渐进的积累性工作的事例中，才有可能说愿望和思维的倾向应该成为公开的明显行为中的有机因素。假定有一个体现学生自己兴趣的连续活动，在那里将会获得明确的结果，无论是陈规陋习还是遵从他人的指令，抑或是反复无常的临时凑合，都没有用武之地，就会不可避免地产生有意识的目的、愿望和深思熟虑的思考。它们之所以是不可避免的，是因为它们是作为有具体结果的活动的精神和品质的，而不是因为它们会形成一个孤立的内心意识的领域。

二、职责和兴趣的对立

在道德讨论中，可能没有一种对立比按“原则”行动和按“兴趣”行动之间的对立更常发生的了。根据原则行动就是根据超越一切个人考虑的一般规律采取的无私行动。根据兴趣行动，正如有人所说的那样，就是站在个人利益的立场上采取的自私行动。这是用目前处于变化中的权宜之计来代替对坚定不移的道德法则的忠诚。这种对立的思想基础就是错误的兴趣观念，前面已经批判过了（参见第10章）。不过，现在要就这个问题的一些道德方面进行思考。

关于这个问题的线索，我们可以从以下事实中找到。争论中对“兴趣”方面持赞成态度的人，习惯于用“自我兴趣”这个术语。前提条件是，如果对一个对象或观念没有兴趣就不会有动力。他们得出的结论是，当一个人声称他是根据原则或责任感行动的时候，他之所以确实这样做，是为了自己的某种利益。这个前提是有说服力的，但结论是错的。对立的另一方争辩说，既然人能够慷慨大方地采取忘我的行为，甚至采取自我牺牲的行为，那么他就能够做不感兴趣的事情。在这里，前提也是没有问题的，但结论依然是错误的。两方面的错误都在于对兴趣和自我的关系抱持了错误的观念。

这两个方面都假定自我是一个固定量，因而有一个独立的数量。作为一种结果，就形成了一个为自我兴趣而行动和没有兴趣而行动之间的严峻的两难困境。如果自我是行动之前的某种固定的东西，那么根据兴趣行动的意思就是企图为自己获取更多的东西——不管获取的是名誉还是别人的赞许，是控制别人的权力还是金钱，抑或是享乐。这种观点所引起的行为反应就是见利忘义地贬低人性，结果就会认为有高尚行为的人根本就没有兴趣。然而，要做出不偏不倚的判断似乎非常清楚，一个人必须对他所做的事情感兴趣，否则他就不会去做。在一次瘟疫中，一个医生不顾自己的生命危险继续为病人服务，他必须对他采取的有效专业行为感兴趣——他在这方面的兴趣超过了他对自己生命安全的关注。不过，要是说这种兴趣不过是一种面具，掩盖了他对持续进行医生习以为常的服务所获得的其他某种东西——如金钱、名誉或美德的兴趣，或者说这种兴趣只是进一步达到自私目的的手段，都是歪曲了事实。当我们承认自我并不是某种现成的东西，而是某种通过行动选择持续形成的东西时，整个情况就一清二楚了。一个人不顾生命危险兴致勃勃地坚持他的工作，就意味着他可以在那个工作中找到自我；如果最后他放弃了这项危险工作并且选择了个人的安全和幸福，就意味着他喜欢那种自我。错误在于把兴趣与自我分离开来，并且假定自我是目的，即对事物和行为本身感兴趣，兴趣只是实现目的的手段。事实上自我和兴趣是同一个事实的两个名称；主动对一件事感兴趣的类型和数量，会揭示并衡量存在的自我的性质。对兴趣就是自我对某一对象的积极认可这一点牢记在心，那么所谓的两难困境就会不攻自破了。

比如说无私，它既不是对所做的事情缺乏兴趣（那将意味着像机器一样的漠不关心），也不是忘我——它的意思就是缺乏气概和特点。如果在这个特殊的理论争论之外的地方使用“无私”这个术语，就是指让一个人习惯性地产生兴趣的目标和对象。如果在心里考察引发使用这个词语的兴趣类型，我们就会发现这种兴趣类型有两个密切关联的特征。（1）慷慨大方的自我有意识地把它自己等同于自我活动所包含的全部关系，而且并没有在自我和排除异己或漠不关心的种种考虑之间做出截然的划分。（2）慷慨大方的自我重新调整并扩充其过去的自我观念，并会吸收可以看得到的新结果。当一个医生开始行医时，他也许没有考虑过瘟疫的事情；他可能并没有有意识地认同自己会在这种情况下行医。但如果他有一个正常发展的自我或积极的自我，当他发现他的职业会涉及这种危险时，他就会愿意把这些危险作为他的整个行医活动的组成部分。一个更为博大的自我意味着它包含各种关系而不是否定各种关系，这种自我与一个为了获得以前没有预料到的联系而拓展自己的自我是一致的。

重新调整所面临的危机——可能很大也可能很小——“原则”和“兴趣”之间可能暂时会产生冲突。习惯的本质表现就是，我们在习惯性活动中会觉得悠闲自在。对习惯进行重新调整的本质表现会涉及令人不悦的努力——一个人使自己刻意去坚持某种东西。换言之，人们存在一种倾向，把自我与对事情感兴趣或是与一个人习以为常的事情等同起来；当没有预料到的事情发生了，并要一个人改变他不愿意改变的习惯时，他就会产生厌恶或被激怒并置之不理。既然之前一个人完成他的职责时，无须面对这种令人不愉快的情况，那现在为什么不可以照过去那样去做呢？他要是对这种诱惑俯首称臣，就意味着他的自我思想会变得狭隘和孤立——会把自我看作完全是自身的东西。任何习惯，不管它过去如何有效，一旦养成，在任何时候都会带来这种诱惑。在这种紧要时刻，根据原则行动并不是根据某种抽象原则或大致的职责行动；不是见机行动，而是根据行动进程的原则行动。比如说，医生的行为原则就是他的充满生机活力的目标和精神——对病人的关照。原则并非用来证实活动的东西，因为原则只不过是活动持续性的别名而已。如果活动结果证明原则是不受欢迎的，那么根据原则行动就是增加其弊端。一个以根据原则行动而感到自豪的人，很可能是坚持按自己的方式行事的人，他不会从经验中学习到更好的方法。他幻想着某种抽象原则可以用来证实他的行动进程，但不会认识到他的原则还需要得到证实。

不管怎样，假定学校条件能够提供令人向往的作业，学生就会对这个作业的全部感兴趣——也就是说，在持续的发展过程中——学生尽管会有暂时的精神涣散，尽管会碰到令人不愉快的障碍，但他们还是能坚持工作。一个活动要是不会增加意义，那么诉诸原则要么纯粹是在字面上下功夫，要么就是养成一种顽固的傲慢，要么就是诉诸披上庄严称号的外衣的外在考虑。毫无疑问，当一个人对所做的事情暂时没有兴趣并且注意力减退的时候，就需要援助了。但是，一个人之所以能走过这段艰难的路程，并不是因为他对抽象职责非常忠诚，而是因为他对所做的事情确实有兴趣。职责就是“公事”——它们就是为实现一种职能而采取的专门行为——或者用朴实的话说就是做好他的工作。如果一个人对他的工作真的感兴趣，他就能够忍受暂时的沮丧并在障碍面前依然坚持不懈，而且不会挑肥拣瘦：就会在面对困难与精神涣散和克服困难与精神涣散中找到兴趣。

三、智力和性格

道德讨论常常会伴随产生一种值得注意的悖论。一方面，道德与理性被等同起来。理性被作为一种可以从中产生最终的道德直觉的官能。有些时候，就如康德的理论所认为的那样，理性可以提供唯一正确的道德动机。另一方面，具体的日常智慧的价值总是被低估，甚至被故意贬低。道德常常会被认为是与日常知识无关的事情。人们认为道德知识是孤立的东西，意识是与良心有着本质区别的东西。这种分离如果是有效的，对教育而言就有特殊的意义。当我们把品格的发展作为最高目的，与此同时又把必然占据学校主要时间的获取知识和发展理解力看作与品格没有关系时，学校里的道德教育就没有希望可言。在这种基础上，道德教育会不可避免地降格为一种教义问答式的教学，或者是变成关于道德的课程。“关于道德”的意思当然就是指它是关于别人对德行和职责的想法的课程。只有通过学生富有同情和尊敬地关注他人的思想感情，从而碰巧使学生受到激励时，这样的道德课程才会有效果。如果没有这种关注，这种课程对品格产生的影响就如亚洲山脉的知识信息对学生的品格产生的影响一样，不会有多少效果的；如果只是一种奴性的关注就会增加对他人的依赖，从而把行为责任扔给有权有势之人。事实上，直接的道德教学只有在少数人统治多数人的社会群体中才会有效。它之所以有效不是由于教学本身的缘故，而是由于整个政权会增强这种教学，使其成为有效事件。在民主主义的社会中，企图用“关于道德”的课程来获得类似的结果就如同依靠感情用事的魔术。

相反，有的人赞成苏格拉底－柏拉图的学说——知识即德行——这种学说认为人不会明知故犯地作恶，他之所以会作恶，是由于对善无知。这种学说常常受到抨击，因为司空见惯的是一个人明明知善却还是会作恶。因此行善需要的不是知识，而是养成习惯或进行实践，并且要有善的动机。事实上，亚里士多德正是在这一点上抨击了柏拉图的学说，他认为德行就像艺术，比如说医学就是这样的——有经验的医生比一个仅有理论知识而没有治疗疾病的实践经验的人要好得多。然而，问题却转向了什么是知识。亚里士多德对柏拉图的反对忽略了柏拉图学说的核心思想。柏拉图的学说认为，一个人不经过多年的实践锻炼和艰苦训练，就不会获得对善的理论洞见。他认为，善的知识不是可以从书本或从别人那里获得的东西，而是通过长期的教育才能获得的东西。这种善的知识是成熟生活经验的最后的也是最高恩赐。不管柏拉图是站在什么立场看问题的，我们都很容易觉察到知识这个术语被用来指称两种很不相同的东西：一种是富有亲切感的、富有生命力的个人的真知灼见——在经验中获得并经过检验的信念；另一种是第二手的符号性认识，人们在一般意义上相信如此的东西——没有生命力的陌生知识。不用说，后面这种知识并不保证行为也会对品格产生深刻的影响。但是，如果知识是通过尝试和检验而获得的，就像我们通过尝试和检验而确信糖是甜的、奎宁是苦的一样，那么情况就完全不同了。任何时候，一个人坐在椅子上而不坐在火炉上，下雨时就带伞，生病时就看医生——简言之，他所做出的诸多行为就构成了他的日常生活，他会证明某种知识在行为上产生的直接影响。每个理由都可以假定同样的善知识可以有类似的表达。事实上，“善”如果不包括上面所说的情境中所体验到的满足感，它就只是一个空洞的术语。从他人那里知道的知识也许能使一个人采取行动，以赢得他人对某些活动的认可，或者至少给他人留下一种印象——他和他们的意见一致；但没有理由说明这个人就应该积极主动地去忠诚于别人的信念。

因此，没有必要争论知识这个术语的正确意思是什么。为了教育的目的，只要注意一个术语所涵盖的不同性质，并且认识到通过经验的种种要求而获得的直接知识，会对行为产生意义重大的影响就足够了。如果一个学生只是从与学校课业有关的书本中学习知识，并且只是用来应付点名背诵，那么他所学的知识只会影响其某种行为——也就是说，应别人的要求而复述所学到的东西。这种“知识”对学生的校外生活应该没有多大影响，这一点都不足为怪。不过，我们不能把这一点作为理由进而把知识与行为分离开来，我们最多只能把这种知识看轻点而已。就与孤立的专业相关的知识而言，情况也是一样的，这种知识只是在它自己的狭窄范围内能改变行动。实际上，学校中的道德教育问题就是确保获得知识的问题，这种知识与冲动系统和习惯系统有关联，因为对任何的已知事实加以运用都取决于它的种种联系。一个撬开保险箱的盗贼所掌握的炸药知识，可能与一个化学家所拥有的炸药知识在字面上是一模一样的；但事实上盗贼拥有的这种知识与化学家拥有的知识并不相同，因为炸药知识会与不同的目标和习惯联系起来，因而产生了不同的含义。

我们前面对学科内容的讨论是从具有目标的直接活动开始的，进而讨论在地理和历史中的意义的拓展，然后讨论井然有序的科学知识，这个讨论是建立在保持知识和活动之间的重要联系的思想观念基础上的。在一个有目标并且需要与他人合作的事务中所学到的和所应用的知识就是道德知识，无论是有意识地还是无意识地把它视为道德知识，反正它就是道德知识。因为这种知识能培养一种社会兴趣，并且会赋予所需要的智慧使其在实践中生效。课程中的各门学科代表社会生活中的各种标准因素，它们是启迪社会价值的手段。如果只是把学校里的科目当作学校的科目，那么掌握这些知识就只有技能价值。在认识这些科目的社会意义的条件下获取这些知识，它们就会触发道德兴趣并形成道德洞察力。而且，我们在学习方法的标题下所讨论的各种心灵品质，从本质上讲都具有道德特性。开放的心态、专心致志、真诚、见多识广、彻底、承担所接受思想带来的后果的责任，这些都是道德特性。把道德特点等同于在外表上服从权威规定的这种习惯，可能会使我们忽略这些理智态度的伦理价值。但就是这种习惯可能会把道德变成死板、机械的常规。因此，虽然这种态度会产生道德的结果，但这种结果在道德上，特别是在如此依赖个人倾向的民主主义的社会中，是令人不满意的。

四、社会和道德

我们已经批判过的所有的割裂情形——前面几章中所提出的教育观

就是设计来避免这种割裂情形的——起源于把道德看得太狭隘。一方面给道德一种感情用事的伪善倾向，而不去考虑如何能够有效地去做社会所需要的事情；另一方面又过于强调习俗和传统，这样把道德限制在明确规定的行为表中。事实上，道德与行为同样广泛，这种行为涉及我们与别人的种种关系。尽管我们做事时可能并没有想到这些行为的社会意义，但道德潜在地包括了我们的所有行为。因为每个行为会通过习惯原理来改变人的倾向——每个行为都会建立起某种爱好和引发某种愿望。我们不可能知道这种强化了的习惯，什么时候会对我们与他人的交往产生直接的、看得见的影响。我们的某些性格特征与我们的社会关系有着明显的关联，在强调的意义上我们把它们称为“道德”——比如，真诚、诚实、贞洁、和善等。但与其他态度比较而言，这只是意味着这些特征是居于中心地位的——它们会带动其他的态度。在强调的意义上这些特征是道德性的，并不是因为它们具有独立性和排他性，而是因为它们与其他我们还没有明确认识的态度有着密切的联系——这些态度也许我们从未对其命名过。把它们隔离出来称之为德行，就好比把骨骼当作有生命的身体一样。骨骼当然很重要，但骨骼的重要性在于它们会支撑身体的其他器官，并使它们能够整体地参与有效的活动。我们专门命名为德行的品格特征也是这样的。道德与整体素质有关，而整体素质又与人的所有具体特点和表现是一致的。有德行并非指培养了少数可以指名道姓的排他特性；德行意味着一个人能够在与别人的事务交往中，完全而充分地成为他所能够成为的人。

就最终的分析而言，行为的道德性质和社会性质是彼此一致的。这么说不过是有意地重述我们在前面几章中所说的关于教育的社会功能的含义罢了，也就是说，衡量学校的行政管理、课程和教学方法的价值标准就是看它们通过社会精神所受到的鼓舞程度。威胁学校工作的巨大危险就是缺乏能够渗透社会精神的条件；没有渗透社会精神的条件是进行有效的道德训练的大敌。因为只有当一定的条件具备时，这种社会精神才可能主动出现。

1. 学校本身必须是一种包罗万象的社会生活。社会见识与社会兴趣只有在一个真正的社会环境中才能得到发展——在这种社会环境中，一个人是在建立共同经验的过程中给予并获取的。一个人在和他人的充分交往中先学会了语言，这样他才能在相对孤立的情况下获得关于事物的知识。但要认识语言符号的意义则完全是另一回事。要认识语言符号的意义就必须涉及与别人共同工作和游戏。本书恳请读者通过持续不断的建构性活动进行教育，这种教育的事实根据就是它们会提供相应的社会氛围。我们的学校不再是与生活脱离的专门用于学习功课的场所，我们有一个雏形的社会群体，在这个群体里学习和成长就是眼下的共享经验的副产品。运动场、商店、工厂、实验室不但能够指导青少年的自然的行动趋向，而且包含交往、交流和合作——所有这一切都会拓展对各种联系的领悟。

2. 校内学习应该与校外学习保持连续性。这两者应该自由地产生相互影响。只有当其中一方的社会兴趣与另一方的社会兴趣之间有无数接触点时，这种相互影响才有可能发生。虽然我们可以构想具有同伴精神和共享活动的学校，但这种学校的社会生活根本不能代表学校之外的生活，这种生活就如同寺院生活一样。在这种学校里可以培养对社会的关注和增强对社会的理解，但在校外就没有可能了，这种教育不能从校内迁移到校外。校外居民和校内师生之间的隔阂以及学究式退隐的文化修养就存在着这种情况。对过去文化的依恋会产生一种怀旧的社会精神，这样一来，一个人对过去的别人的生活要比对他自己的生活习惯得多。自我标榜为文化修养的教育尤其面临着这种危险。理想化的过去使这种怀旧精神得到庇护和慰藉；当今的事务则被认为是肮脏的、不值得关注的。但一般来说，学校和社会隔离的主要原因在于缺乏社会环境，与社会环境密切相关的学习既是一种需要也是一种报酬；学校与社会的隔离使得学校里的知识不能应用于生活，因此也就对品格的形成起不到作用。

教育中令人向往的一切目标和价值本身就是合乎道德的，这一点没有被认识到归咎于狭隘的说教式的道德观。纪律、自然发展、文化修养和社会效能感都是道德的特征，都是教育工作所要造就的有价值的社会成员的标志。俗话说，一个人只做好人还不够，他还必须做一个有用的好人。必须做一个有用的好人的意思就是，他能生活得像一个社会成员，这样他在与别人的共同生活中所得到的与他为社会所奉献的就能保持平衡。作为一个人，作为一个有欲望、有情绪情感和有思想的人，他所接受的与所给予的不是外部占有物，而是拓展和深化有意识的生活——各种意义实现得更加强烈、更加训练有素和更加广泛。他在物质上所接受和给予的东西，最多不过是提升有意识的生活的机会和手段。否则这种行为就既不是给予也不是获取，就好比用棍子搅动水和沙一样，只不过是事物空间位置的移动变化而已。纪律、文化修养、社会效能感、个人的优雅、品格的提升，都不过是高尚地分享这种平衡经验所获得的几个方面的能力而已。教育不仅仅是这种生活的手段，教育就是这种生活。维持教育的这种能力就是道德的本质所在，因为有意识的生活是持续不断的重新开始。

总　　结

学校中的道德教育涉及的最重要的问题就是知识和行为的关系。因为，如果正式的学习科目使人增长的学问对其品格没有影响的话，那么即使把道德目的作为教育上统一的最高目的也没有用。当知识方法和知识内容与道德发展之间没有密切的有机联系时，就不得不求助于特定的修身课程和训练模式：知识没有与通常的行为动机和人生观融为一体，而道德则变成了一种说教——成为各自分隔开来的德行组合。

主要有两种理论与学习和活动的分离有关联，学习与道德也是分离的。一种理论把内在的心理倾向和动机——有意识的个人因素——与纯粹物质的、外在的行为分离开来看待；另一种理论则把根据兴趣采取行动与根据原则采取行动对立起来看待。这两种分离现象可以通过一种教育计划来克服。在这种教育计划中，学习是伴随持续不断的活动或主动作业而来的，这些活动或主动作业具有社会目标并且会利用社会情境中的典型材料。因为在这种情况下，学校本身就变成了一种社会生活的形式，变成了一个雏形的社会，并且与校外其他各种形式的共同经验产生了密切的互动。一切能发展有效参与社会生活的能力的教育都是道德教育。这种教育会形成一种品格，不但能采取社会所必需的特定行为，而且对成长所必需的持续不断的重新适应颇有兴趣。对从生活接触中所学到的一切充满了兴趣，这就是道德兴趣的本质。

附录：杜威简介

约翰·杜威（John Dewey，1859—1952），美国早期机能主义心理学的重要代表，美国最著名的实用主义哲学家、教育家和心理学家。

他出生在佛蒙特州，1879 年毕业于佛蒙特大学，1884 年在霍普金斯大学获得博士学位。1884—1888 年，1890—1894 年在美国密歇根大学，1889 年在明尼苏达大学教授哲学。1894—1904 年在芝加哥大学任哲学、心理学和教育学系主任，1902—1904 年任该校教育学院院长。1904—1930 年，任哥伦比亚大学哲学系教授。曾担任美国心理学联合会、美国哲学协会、美国大学教授联合会主席。1896—1903 年创办了芝加哥大学实验学校作为其教育理论的实验基地，并任该校校长。

杜威的主要著作有《我的教育信条》（1897）、《学校与社会》（1899）、《儿童和课程》（1902）、《教育上的道德原理》（1909）、《教育上的兴趣和努力》（1913）、《民主主义与教育》（1916）、《哲学的改造》（1920）、《经验与自然》（1925）、《确定性的寻求》（1929）、《教育科学的资源》（1929）、《旧个人主义与新个人主义》（1930）、《我们怎样思维》（修订本，1933）、《教育与经验》（1938）、《自由与文化》（1939）、《价值的学说》（1939）、《人的问题》（1946）等。